Empreendedor
Total

**Estratégias para você se tornar
um empreendedor de sucesso e
conseguir investimentos milionários**

Presidente:
Mauricio Sita

Capa e diagramação:
Cândido Ferreira Jr.

Revisão:
Samuri José Prezzi e Gisele Giornes

Gerente de Projetos:
Gleide Santos

Diretora de Operações:
Alessandra Ksenhuck

Diretora Executiva:
Julyana Rosa

Relacionamento com o cliente:
Claudia Pires

Impressão:
Rotermund

Dados Internacionais de Catalogação na Publicação (CIP)
(Câmara Brasileira do Livro, SP, Brasil)

Empreendedor total : estratégias para você se
tornar um empreendedor de sucesso e conseguir
investimentos milionários / coordenação editorial
Mauricio Sita. -- São Paulo : Literare Books
International, 2016.

Vários autores.
Bibliografia
ISBN 978-85-9455-001-9

1. Administração de empresas
2. Empreendedorismo 3. Estratégia empresarial
4. Negócios - Planejamento 5. Realização pessoal
6. Sucesso em négocios I. Sita, Mauricio.

16-06011   CDD-658.421

Índices para catálogo sistemático:

1. Empreendedorismo : Desenvolvimento pessoal e
profissional : Administração   658.421

Literare Books International Ltda
Rua Antônio Augusto Covello, 472 – Vila Mariana – São Paulo, SP
CEP 01550-060
Fone/fax: (0**11) 2659-0968
site: www.literarebooks.com.br
e-mail: contato@literarebooks.com.br

Sumário

Sumário

1

Por que ninguém me disse isto antes?

Quais os comportamentos que, se desenvolvidos, facilitam o empreendedor? O que vale a pena treinar para que seu perfil não seja um obstáculo para sua ideia? Num paralelo com o esporte radical do *canyoning,* você encontrará reflexões importantes sobre os tipos de modelo mental que podem ajudar ou atrapalhar seus sonhos e atalhos para evitar erros comuns no desafio de ter o próprio negócio

Adriana Gattermayr

Adriana Gattermayr

CEO e *Head Coach* da Gattermayr Consulting. *Coach* executiva e de carreira com *background* em gestão de pessoas, sustentabilidade, gestão de conflitos e *marketing* cultural. Membro do *Coach Team* da World Business Executive Coaching Summit, *Master Coach* pela Sociedade Latino Americana de Coaching (SLAC) / International Association of Coaching (IAC), *Senior Coach* pelo aclamado curso do Integrated Coaching Institute (ICI) e Kahler Coach (Process Communication Model). Possui também MBA em Gestão e Empreendedorismo Social pela FIA-USP, extensão em gestão de pessoas pelo IBMEC e pelo Disney Institute, além de experiência profissional, tanto em multinacional quanto em agência, em cargos de liderança. Foi empreendedora do terceiro setor com a ONG Instituto Baraeté, por cinco anos. É escritora de romances, dramaturgia e livros infantis.

Contatos
www.gattermayrconsulting.com
adriana@adrianagattermayr.com
(11) 5561-6047

A cachoeira, diziam, tinha cento e quatro metros no total. Hoje sei que na verdade deve ter uns oitenta, oitenta e cinco, quando muito. Naquele dia pareciam oitocentos e cinquenta. Um monstro. Um colosso. Tão linda, tão soberba que era quase impossível respirar diante dela. E eu tinha descido. Descido a majestade inteira, de rapel, num meio *canyoning*, o primeiro da minha vida.

Paramos alguns segundos para admirar, de baixo, aquele véu de água. De cima, não dá para ver nada. Em época de seca, o leito do rio Água Fria, na parte mais alta, é só um chuveirinho. Antes de descer de rapel, colocamos os equipamentos e descemos um pedacinho a pé mesmo, pela lateral do leito, onde tinha vegetação. A descida pela corda começava mais abaixo, de uma árvore que mal comportava as três pessoas que esperavam os instrutores se acharem no meio dos mosquetões.

Acho que nunca senti tanto medo na minha vida. Só que era um medo bom. Um medo de perceber que, posso sim, ser imensa.

Claro que devo ter parecido um albatroz no trapézio com dor de barriga, já que tinha aprendido rapel no dia anterior. Mas até que me virei bem. E a corda, molhada, pesada que nem imposto, precisava era de ser puxada e não brecada. Dava até para soltar e ficar parada ali, no meio do penhasco, olhando a paisagem de documentário do Discovery. Fotografia tirada com os olhos, que é a mais preciosa que tenho da viagem.

Quando se passa por uma experiência assim, que mexe tanto com a gente, é difícil sair imune.

Abri uma ONG de educação para a sustentabilidade

Ter um negócio próprio, mesmo que peculiar (como uma associação sem fins lucrativos), é parecido com descer aquela cachoeira. Não dá para ver bem onde está indo e você acha que dá. O único jeito de descobrir é soltar a corda e descer.

Sou uma pessoa lógica, de planejamento, de mente exata e praticidade. Já trabalhava com o terceiro setor, já tinha estudado sobre o tema sustentabilidade, tinha recursos disponíveis para o fixo, enfim, tinha colchão e mapa. Tenho que *chover no molhado* e dizer que imaginar o percurso é algo diferente do que caminhá-lo. Os desafios que sabia que teria, as tarefas que sabia que adoraria, as pirações que sabia que enfrentaria, as burocracias que sabia que odiaria estavam todas lá. Ainda assim me pegava pensando "onde é que fui me meter?"

Ser empreendedor é um pouco como ser mãe ou pai. Você vê aquele monte de livros sobre o assunto, especialistas falando, gente bem-sucedida recomendando, mas a verdade mesmo é que não tem o raio do manual. A gente quer, a gente pede, mas não tem. Eu até arriscaria dizer que criar filhos é mais difícil que empreender, o que daria certo alento para quem está lendo aqui. Não quero desanimar ninguém, no entanto.

Se não tem a tal da receita de bolo, se não tem uma coisa que dê certo para todo mundo, para todas as ideias, para todos os projetos, por que estou aqui escrevendo? Simplesmente porque gostaria, lá atrás, que alguém tivesse me dito algumas coisas quando abri a ONG. Achamos sempre que já temos o caminho traçado (juro, achamos) e, quando o barco está andando, gritamos "E agora, direita ou esquerda?".

Para você se achar na latitude / longitude da sua ideia-mar, ajuda se pensar em comportamentos que facilitam sua vida. Vou falar de quatro deles aqui, que algumas pessoas possuem naturalmente, outras têm que treinar. Sim. Você leu certo. Comportamento se aprende, mesmo aquele que parece que "não somos". Esqueça o "eu sou" assim ou assado. Pense em tendências. Tenho tendência a me comportar assim e agora preciso aprender a me comportar assado.

O primeiro é o que chamo de "longe e perto"

Há alguns anos, assisti a um documentário sobre um desastre no Himalaia. Eram dois sujeitos escalando e aconteceu que um deles escorregou e eles deslizaram até um desfiladeiro de gelo. O de cima fincou a ferramenta e segurou ambos pela corda. Não conseguia puxar o amigo, porém, sem que os dois caíssem lá embaixo. A escolha ficou entre morrerem os dois ou o primeiro cortar a corda e se salvar. Tranquilo, não?

Depois de muita briga e discussão, o que estava embaixo convenceu o que estava em cima a cortar a corda e sobreviver. E assim o amigo fez. O sujeito debaixo caiu vários metros e tinha certeza de que morreria. Mas não morreu, só quebrou as pernas e a bacia. O que fazer? Esperar pela morte? Ele até esperou, mas estava demorando muito. Então, para o tempo passar, o alpinista elegia um ponto no chão, digamos, uma pedrinha da neve a uns vinte metros de distância e tentava adivinhar em quanto tempo chegaria até lá se arrastando no chão. Depois elegia outro e tentava chegar num tempo menor do que tinha estabelecido. Gradualmente, ia aumentando as distâncias percorridas.

Quando percebeu que tinha cumprido uma distância considerável e que tinha chances de conseguir chegar a algum lugar com vida, intensificou os desafios, superando-se a cada tempo conquistado.

Foi assim, focando nos pequenos desafios e esquecendo o maior, que ele acabou chegando num local onde havia pessoas acampadas e se salvou.

Esse método foi meu norte durante os anos da ONG. Sempre que o desafio parecia maior do que poderia dar conta, focava onde ia pôr o pé, aonde ia chegar me arrastando; ou seja, dividia o todo em partes pequenas, para focar em uma de cada vez. Tirar o olho do bicho grande distrai o cérebro. Qual o primeiro passo? Execute. Antes de pensar que tem de haver um segundo ou terceiro passo. Ocupe o cérebro com o *aqui e agora*. É um pouco o que hoje está na moda com o *mindfulness*, resumindo bastante. E é excelente!

O segundo comportamento é o otimismo. Caso você se considere um realista, pode marcar aí, é pessimista. Falo com conhecimento de causa. Minha tendência é sempre pensar "Não vai dar certo, não tem jeito". Tendo treinado alguns bons anos, já não *estou* mais assim.

Desde pequena que não vou muito com a cara dos insetos. Eu era uma criança que tinha medo de formiga, imagine. Eventualmente passa. Agora, besouros e afins de casca dura... Até hoje não dividimos a mesma sala.

Embora eu quase tenha saído pelada pela área comum de um *hostel* na Austrália, quando uma barata voadora resolveu dar o ar da graça no chuveiro, o besouro gigante que pousou na minha perna, no meio da descida de rapel naquela cachoeira, não teve o mesmo charme. Eu simplesmente dei um peteleco no dito e continuei descendo. O que era um besouro cascudo frente a um desfiladeiro de "oitocentos e cinquenta metros"? Isso mesmo. Um nada.

O tal do besouro nos aponta dois dos comportamentos essenciais do empreendedor: o otimismo, que estamos entrando agora, e o sangue nos olhos, que é o terceiro. Explico.

O otimismo é a tinta colorida da sua obra de arte, mas ser positivo não é viver em *cloud cuckoo land*. É conhecer a realidade, os problemas e as ameaças, mas ter a certeza de que tudo vai dar certo no final. Até aqui todo mundo sabe e é muito simples. Quero saber quem já tentou sentar na cadeira do escritório e ficar pensando "vai dar certo, vai dar certo, vai dar certo", para depois dar uma escorregada imensa e concluir que isso tudo é bobagem. Se você ainda não fez isso, vai fazer. Eu fiz. Agora, já adianto o expediente para você não perder tempo. Não é assim que se faz – e é aí que entra o sangue nos olhos.

O sangue nos olhos é aquela vontade imensa de fazer dar certo, aquele fogo no estômago que faz você lutar, lutar e lutar, até que dê certo. Assim, o projeto dá certo porque lutou por ele, sabendo que não tinha a escolha de fracassar (motivação interna). Com isso acreditou que venceria (otimismo), mesmo sabendo dos percalços, das dificuldades, dos perigos. É por isso que é tão difícil para herdeiros de pais batalhadores poderem repetir o sucesso dos pais. Eles não *precisam* do sucesso, já estão garantidos. Eles *têm* a escolha de fracassar. O que é um problema.

Sempre me convenci de que não tinha sangue nos olhos. Como alguém que teve boas oportunidades na vida e nada faltando, felizmente, eu tinha sim a opção do fracasso, infelizmente. Isso me prendia na hora de arriscar. Embora minha mãe tentasse me convencer do contrário, por alguma razão, achava que não tinha perfil de empreendedora. E por achar, não tinha mesmo.

Só que o caminho não é torcer o cérebro para virar um otimista, mas abraçar as qualidades dos dois perfis de pessoas: os pessimistas e os otimistas. Aí entra Fernando Pessoa, que sugeriu o belíssimo "Esperar o melhor, se preparando para o pior". Alguns dizem que foram os chineses, num provérbio. Não importa. Importa que esse é o espírito.

A partir daí, é que pude desenvolver essa motivação interna. Não tinha mais o breque do pessimismo. Estava livre para acreditar que dava para descer na cachoeira e ir para frente na vida. A força interior vem do quanto quer realizar seu sonho, do quanto ele é forte em você, do quanto acredita que dá, do quanto está disposto a se esforçar para *fazer dar*.

Quem tem negócio próprio passa mais tempo se preocupando com as finanças do que com a missão em si. ONG nem se fala. Embora pareça um paradoxo, é a realidade. Daqui parto para o último comportamento que, na verdade, é um conjunto deles e deixo uma reflexão: quem você vai ser quando seu sonho tiver se realizado?

Tínhamos patrocinadores e apoiadores na ONG, gente que acreditava em nós. Aos poucos, construímos um nome e o reconhecimento vinha de matérias na Globo, no Canal Futura, nos seguidores do Facebook, no elogio do diretor do Greenpeace. Só que eu não dormia à noite.

Minha irmã trabalhou muito tempo em *marketing* numa multinacional de bens de consumo. Quando ia ao supermercado para fazer as compras da casa, gostava de ficar olhando seu produto, os concorrentes, a disposição das marcas nas gôndolas. Ficava um tempão fazendo isso, achava divertido. Depois, em casa, ligava a televisão e assistia a um seriado sobre o mundo corporativo. Só para relaxar.

Antes, quando eu trabalhava em produção de *shows* musicais, chegava do trabalho e ouvia música. Assinava a Billboard e a Rolling Stone. Só lia o caderno de cultura do jornal e ficava olhando quem eram os patrocinadores e realizadores dos eventos que anunciavam lá. Só por curiosidade.

Às vezes você tem uma inquietação e não sabe explicar bem o que é. Um dia percebi o que significava esse sentimento com relação à ONG, quando chegou uma revista em casa. Era (e ainda é) uma revista conceituada, sobre sustentabilidade, com artigos excelentes. Nem abri. Mandei dentro do plástico para outra ONG, que tinha uma biblioteca para crianças e adolescentes em situação de risco. Aquilo me encafifou.

Eu ainda tinha aquela vontade imensa de cuidar desses pedacinhos de céu na Terra. Como é que podia não ter a menor vontade de ler sobre preservação? Adoro ler. Ler é meu *hobbie*. Eta! Esse tipo de coisa, embora possa não ser nada, tem que levantar uma bandeira vermelha para você, empreendedor, que trabalha com sonhos.

Para que não se depare com essa realidade, não ser mais aquele que queria este sonho, pare tudo e respire. Qual seu objetivo? Para onde quer ir? Por que quer ir? O que é importante para você? Quem vai ser você quando tudo isso virar realidade? Terá orgulho de si mesmo? Poderá continuar fazendo as coisas das quais gosta no longo prazo? Questione-se, investigue. Se não souber responder, converse com outros empreendedores. Sua ideia pode até dar certo, como a minha deu. Mas uma hora bate o vazio.

Foram cinco anos de dedicação exclusiva à ONG. Não me arrependo nem de um milésimo de segundo e carrego tudo comigo até hoje. Meu marido adora dizer que sou *ecochata*, só para tirar sarro. Ele sabe que isso vive no meu coração. Só que eu já não era mais aquela pessoa que queria ser uma ambientalista em tempo integral.

Hoje sou *coach* executiva, com empresa própria. Embora um *coach* não precise entender dos negócios que os *coachees* desenvolvem, já que seu trabalho é ajudar o cliente a descobrir as próprias respostas, penso que sou uma profissional melhor por causa da ONG. *Coach* não precisa entender de todos os negócios, mas precisa ter vivido.

2

Anões em ombro de gigantes

Já pensou no que a História pode ajudá-lo? O presente capítulo busca retomar as origens da disciplina como "mestra da vida", buscando usar a História como guia para o dia a dia. O empreendedor atual, que busca o sucesso, não pode ignorar as lições vindas do passado, pois melhor que aprender com os próprios erros é aprender com os erros e acertos alheios

Álvaro Fonseca Duarte

Álvaro Fonseca Duarte

Formado em História e com Mestrado na mesma área, atua como professor universitário de graduação e pós-graduação em diversos cursos. Também é *Professional Coach* e desenvolve trabalhos de aperfeiçoamento profissional e pessoal. Trabalha em vários estados com formação de professores, palestras e cursos de aprimoramento. Tem dois projetos em andamento: o "Diário da Resistência", em que faz discussões gerais sobre diversos assuntos e o "Discutindo Educação", compartilhando suas experiências e impressões sobre o tema.

Contatos
discutindoeducacao.com
alvarofduarte@gmail.com
www.facebook.com/AlvaroFonsecaDuarte
(41) 9255-6866

Qual o papel da História na nossa vida?

Com certeza, ao ler a pergunta acima, você, caro leitor, deve ter se lembrado de suas aulas de História do tempo de escola. E aqui temos duas opções: ou você teve bons professores que o ajudaram a descobrir os encantos da disciplina, por isso estava curioso para ler essas páginas; ou você não teve experiências tão boas, lembrou o quanto detesta a disciplina e talvez tenha deixado esse capítulo por último, como forma de confirmar que a História é um *porre* mesmo. Bem, não sei qual é o seu caso, mas sei que, com certeza, dificilmente você teve na escola uma visão da História como a que está aqui.

O que aprendemos na escola é muito interessante. Independentemente de gostar ou não, creio que nunca pensou na utilidade da História para o seu dia a dia. Talvez saiba da importância dela para criar um espírito crítico e formar bons cidadãos, nunca deve ter pensado como a História pode ajudá-lo a resolver os seus problemas de relacionamentos, negócios ou questões familiares.

Pois digo que a História tem muito a contribuir em todas essas áreas e muitas mais.

Desde a antiguidade, o estudo da História sempre teve um caráter prático de como ensinar as pessoas a viver. Marco Túlio Cícero, um dos grandes políticos e oradores romanos, disse que a história era a "mestra da vida". Isso significa que serve para nos ensinar a viver. Dizem que é bom aprender com os próprios erros. Concordo em partes. É bom, sim, aprender com os próprios erros. Melhor ainda, com os erros alheios e evitarmos passar por situações que outros já passaram e nos legaram as lições tiradas disso. Nesse sentido, a História é a mestra da vida, pois serve de guia para as nossas ações.

Vários autores do passado escreveram manuais para o cotidiano baseados nas lições da História. Podemos citar "o Príncipe", de Maquiavel, como exemplo disso, ou um livro que ficou muito famoso durante a Idade Média, a

"Legenda Áurea". Uma coletânea com as biografias de vários santos da Igreja Católica, usada para ensinar como as pessoas deveriam se portar.

Creio que o exemplo mais conhecido na atualidade desse tipo de obra seja o livro "a Arte da guerra", do General chinês Sun Tzu. Há alguns anos, entrou para a lista dos *best-sellers* justamente por ter caráter de manual. Do que trata o livro? De estratégia, gerenciamento, organização, tanto para pessoas como para instituições. Mas é, basicamente, um livro de História. Os exemplos usados são fatos da História da China Antiga. Para isso servia a disciplina na concepção desses autores antigos e agora devemos resgatá-la. A finalidade prática de ensinar como devemos viver, agir e organizar nossos negócios deve voltar a fazer parte das funções da disciplina. Seria muito raso estudarmos a História e não tirarmos dela nenhuma lição prática.

Infelizmente, com o tempo, os estudiosos abandonaram a ideia mais prática, do dia a dia das pessoas, para se concentrar no que a História poderia nos ensinar como sociedade. Como diz o grande historiador Marc Bloch: "a incompreensão do presente nasce fatalmente da ignorância do passado. Talvez não seja menos vão esgotar-se em compreender o passado se nada se sabe do presente". Estudamos o passado tentando responder às angústias do presente. Por que não podemos usar as lições da História para o nosso dia a dia? O que teria um empreendedor do século XXI a aprender com o passado? Diria que muito.

Mas, antes de prosseguirmos, deixo outra pergunta: Afinal, o que é a História?

O historiador Marc Bloch escutou essa pergunta de seu filho e, quando foi preso pelos nazistas durante a ocupação da França na Segunda Guerra, escreveu um livro para tentar responder ao questionamento, *Apologia da História*. Nele, o autor diz que a História é a ciência que estuda o Homem no tempo. Tudo que é fruto das ações ou do gênio humano é objeto de estudo da História. Para ele, o historiador deve ser como o ogro das lendas antigas, que é atraído pelo cheiro de carne humana. Na definição do maior historiador da ficção, Indiana Jones: "sou um cientista. Nada do que é humano me é estranho".

Assim a História é essa ciência que se preocupa em estudar o que a humanidade tem produzido ao longo dos anos. Não só como sociedade, mas cada homem e mulher deve reconhecer que a sua história pessoal de vida também é a História da humanidade. Afinal, não são apenas as grandes personalidades, os grandes fatos e acontecimentos que fazem parte da História, mas cada ação humana tem sua contribuição na grande colcha de retalhos.

Ao reconhecer isso, estamos retomando o caráter de História como "mestra da vida" e podemos pensar em quais lições podemos tirar do estudo dessa disciplina.

Vamos a alguns casos.

Começamos com um tema clássico de História e que deve não trazer boas recordações para alguns: por que saber quem descobriu o Brasil? Inclusive, nem se usa mais esse termo "descobrimento", pois passa a ideia de que aqui nada havia antes da chegada dos portugueses, relegando a segundo plano uma cultura milenar dos nossos indígenas. Mas de que me adianta saber tudo isso simplesmente? Não seria melhor tentar, numa visão de empreendedor, entender a estratégia usada por Portugal nesse caso?

Vamos lá.

Durante as grandes navegações, na era de exploração dos mares, Portugal saiu na frente e encontrou um caminho para as Índias. Com isso, quebraram o monopólio das cidades italianas no comércio de produtos vindos do oriente. A compra e venda de especiarias, sedas e pedras preciosas vindas do outro lado do mundo geravam um lucro fantástico. Dizem que a expedição de Vasco da Gama deu um lucro de 6000%. Isso mesmo. Mas os portugueses preferiram não colocar os ovos numa única cesta e resolveram tomar posse das terras a oeste das quais já tinham algum conhecimento.

Sim. A expedição de Cabral não chegou aqui por acaso, como por muitos anos foi ensinado. Tanto é assim que mandaram um cartorário, Pero Vaz de Caminha, para fazer o registro oficial da chegada e garantir que ninguém questionasse a posse dessas terras. O que isso nos ensina? Que não importa quão bem o negócio esteja indo, às vezes é preciso diversificar os investimentos.

Cerca de trinta anos depois, o comércio com as Índias começou a esfriar, os lucros não eram mais tão expressivos, mas o governo português tinha aqui uma série de possibilidades para não falir e construiu um dos maiores impérios coloniais. Assim, podemos ver que a diversificação nos negócios, além de oxigenar tudo, pode ser uma estratégia de sobrevivência e que talvez, algo que começa como secundário, pode vir a ser o principal ramo do seu negócio.

Outro exemplo dessa época das navegações é o de Hernan Cortez, conquistador espanhol do século XVI. A coroa espanhola tinha lhe dado como missão conquistar as terras do que hoje é o México. Para realizar, tomou medidas drásticas. Ao chegar, queimou os seus navios, acabando com a possibilidade de voltarem para a Espanha. Com isso, deixou aos seus cerca de quinhentos cavaleiros uma única opção: vencer. Ou eles dominavam e acabavam com os astecas, ou morreriam. Fugir não era uma opção. Bom, o resultado disso é meio óbvio: o México hoje fala espanhol.

Quantos de nós temos a coragem de queimar nossos navios? Abandonar nossas falsas seguranças e nos lançar numa empreitada em que o fracasso significa simplesmente a "morte"? Quantos de nós não queimaram seus navios ao largar a segurança de empregos para abrir seu próprio negócio, ou investir as economias num sonho? Para ser um empreendedor vitorioso, às vezes, devemos reduzir nossas opções a uma: sucesso. Lógico que o fracasso pode ocorrer. Para isso buscamos outra lição da História.

Ele nasceu numa família pobre e teve que aprender a ler e a escrever sozinho. Trabalhou como lenhador. Faliu duas empresas e se endividou muito. Chorou a morte de dois de seus filhos. Perdeu várias eleições às quais concorreu. Tentou mais uma vez, só que agora para presidente. Ganhou e se tornou o maior presidente americano. Estamos falando de Abraham Lincoln.

Esse presidente americano, que entrou para a História como o líder que reunificou os Estados Unidos, que libertou os escravos e hoje está presente nas notas de cinco dólares, poderia ter desistido frente às adversidades, poderia não ter insistido. Mas mirou alto. Não é porque havia falhado antes que não deveria tentar algo mais ousado. Aqui temos mais uma grande lição, nas palavras do próprio Lincoln, para os empreendedores: "o campo da derrota não está povoado de fracasso, mas de homens que desistiram antes de vencer".

Tentou um negócio simples e não deu certo. Por que não tentar algo maior?

Talvez, se não tivesse falido, poderia ser apenas o dono de uma loja de ferragens. Poderia ter se acomodado nisso. Mas foi justamente o fracasso nas coisas simples que fez com que buscasse coisas maiores. Assim, se não deu certo sua primeira empreitada, não significa que as próximas não darão. Talvez você seja alguém moldado para grandes coisas, como Abraham Lincoln. Afinal, a História nos ensina que é escrita pelos persistentes.

Espero que esses exemplos simples sirvam como pequenos acepipes para que o leitor busque outras lições na História. Conforme o mesmo Cícero citado no início, "ignorar o que aconteceu antes de termos nascido equivale a ser sempre criança". Assim, podemos dizer que a História faz de nós "anões em ombros de gigantes". Podemos olhar melhor e mais longe que eles não por nossa estatura, mas por estamos amparados por eles.

Referências
CICERO, Marco Tulio. *Do Orador e Outros textos*. Res Editora, 2010.
BLOCH, Marc. *Apologia da História, ou, O Ofício do Historiador.* Rio de Janeiro: Jorge Zahar, 2001.
MAQUIAVEL, Nicolau. *O Príncipe*. São Paulo: Martin Claret, 2001.
SUN TZU. *A Arte da Guerra*. São Paulo: Martin Claret, 2001.

3

Essência em ação

O segredo do bom empreendedor está em se conectar com a sua essência. Como escreveu Marianne Williamson, *"à medida que deixamos nossa própria luz brilhar, inconscientemente damos às outras pessoas permissão para fazer o mesmo"*. Se você quer desfrutar de mais energia e empreender, alimente seus sonhos e se permita exercer seus dons. Faça brilhar a sua luz!

Ana Carolina Mendonça &
Janaína Bortoluzzi

Ana Carolina Mendonça

Master Coach Integral Sistêmico, certificada pela Federação Brasileira de *Coaching* Integral Sistêmico, em parceria com a Florida *Christian University*, nas especialidades *Life* e *Executive Coaching*. Eterna aprendiz, entusiasta pela mente e capacidades humanas. Terapeuta Junguiana. Terapeuta de EFT - *Emotional Freedom Techniques* (acupuntura sem agulhas); Barras de *Access Consciouness*™; *Facelift Energetic Access* (rejuvenescimento energético facial). Palestrante. Colunista na Rádio Justiça. Contadora, com experiências em Planejamento Estratégico, Auditoria, Escritório de Processos e Gerência de Projetos. Atua em Brasília/DF.

Contatos
www.coachee.com.br
coachanacarolina@gmail.com

Janaína Bortoluzzi

Master Coach Integral Sistêmico, certificada pela Federação Brasileira de *Coaching* Integral Sistêmico, em parceria com a Florida *Christian University*, nas especialidades *Life* e *Executive Coaching*. Formada em Enfermagem pela UnB e em Arteterapia Junguiana pela Clínica Pomar - RJ. Certificada em Feminino Consciente (TeSer), com Soledad Domec e Tássia Félix; em Rastreamento de Pegadas e Mentores – *Tracking Project*, com John Stokes. Palestrante. Terapeuta de EFT - *Emotional Freedom Techniques* (acupuntura sem agulhas); ThetaHealing; Barras de *Access Consciouness*™; *Facelift Energetic Access*. (rejuvenescimento energético facial). Atua em Brasília/DF.

Contatos
www.coachee.com.br
jbccoaching@gmail.com

Aos olhos de todos, uma mulher bem-sucedida. Sonhou, traçou metas e objetivos, concretizou! Mas, com o tempo, parou de sonhar. Veio o vazio!

Cibele era conhecida por seus olhos brilhantes e sonhadores. Formou-se, construiu uma carreira sólida, casou-se, teve um lindo casal de filhos. Vários sonhos realizados. Porém, vivendo em função de tudo o que tinha alcançado, pouco a pouco parou de cultivar novos sonhos e aspirações. Ao mesmo tempo, uma sensação de vazio, antes desconhecida, passou a ser familiar.

Dedicada ao marido, ao bem-estar de toda sua família e à sua carreira, parecia estar sempre se desdobrando entre milhares de tarefas a cumprir. Assim, Cibele adotou um estilo de vida que a fez se sentir cada vez mais sobrecarregada e quase sempre se deixando em segundo plano.

O que teria acontecido com ela? Onde estava aquela mulher leve, alegre e colorida de antes?

Tinha ouvido falar de casos e sintomas de depressão. Apesar de ser cética e até, intimamente, desprezar quem se dizia estar passando por isso, começou a identificar nela própria alguns alertas. A falta de ânimo, de energia, o cansaço eram crescentes, e ela precisava de muito esforço para se levantar da cama a cada manhã.

Movida como que pelas obrigações, sua rotina entrou em uma roda viva, marcada pelo automatismo. Cibele não se deu conta de que não alimentava mais sonhos pessoais. Sua rotina lhe cansava bastante. Foi perdendo a motivação e as rédeas dos próprios pensamentos e sentimentos.

O que Cibele estava vivenciando pode ser visto como uma falta de conexão com sua própria essência. Ela precisava se reencontrar o mais rápido possível.

Muitas pessoas, acreditando não ter tempo e criatividade suficientes, deixam de lado seus planos e projetos pessoais. E assim, fica adormecido e esquecido um importante combustível para o ser humano: seus sonhos.

É comum ver pessoas que, depois de alcançar alguns degraus, passam a viver no automático e estagnam. Com o tempo, não conseguem mais se automotivar, cansam-se da rotina e se desconectam dos valores e princípios que as conduziam até então.

Em geral, passam grande parte do dia, do ano e da vida dominadas pela correria, alternando-se entre momentos de exaustão e estresse, com outros de tédio e melancolia. Sequer percebem que pode estar justamente aí a razão para a sua falta de fôlego e de gana para continuar o dia a dia.

Pense bem! O que cansa mais? Meia hora em pé parado sem se mover ou o mesmo tempo praticando seu esporte favorito?

Consideremos uma pessoa que gosta de frescobol. Certamente, despenderá mais energia numa partida do que se estivesse simplesmente parada em uma fila de supermercado, por exemplo. No entanto, o que faz com que essa pessoa considere muito mais cansativa a fila do que uma boa partida do seu esporte?

Quando realizamos atividades relacionadas ao nosso propósito pessoal, sentimo-nos energizados, ainda que estejamos fisicamente cansados. É como se houvesse uma retroalimentação da energia. Poder-se-ia fazer uma alusão ao automóvel, que recarrega suas baterias a partir da rotação do motor: gasta e produz energia ao mesmo tempo.

Isso é o que ocorre quando uma pessoa está em busca de realizar seus verdadeiros sonhos e de alcançar seus objetivos mais sinceros. Nessas condições, verificamos que a pessoa é alimentada por uma motivação interna. Encontra ânimo e alegria no simples fato de progredir em sua empreitada.

Contudo, o que percebemos é que muitos desconhecem seus sonhos ou com o tempo passam a desprezá-los, não atribuindo o valor que possuem.

Há de se considerar que a nossa sociedade, da forma como está constituída, tende a nos afastar de nós mesmos. Na era da informação, surge a todo tempo algo novo (ou com cara de novo), apresentando fórmulas para trazer mais facilidade, bem-estar e, por que não, mais felicidade para nossas vidas. A tecnologia, a todo vapor, oferece-nos mil e um recursos.

E ainda, vende-se uma ideia de que estamos permanentemente atrasados. E para estar por dentro dos fatos e acontecimentos, não faltarão noticiários. A maioria deles, pessimista e sensacionalista, potencializa toda sorte de problemas. Cria-se, com isso, o caos, o medo, a dependência e a insegurança.

De outro lado, há sempre algo revolucionário para resolver todos os nossos problemas e ainda nos trazer uma temporária sensação de bem-estar.

Tudo isso tende a manter a nossa atenção demasiadamente direcionada para o "mundo lá fora", enquanto que nos distanciamos de nós mesmos, do nosso "mundo de dentro", gerando, com o tempo, uma sensação de vazio.

No entanto, qualquer um pode romper com esse círculo vicioso e construir um círculo virtuoso. A partir do momento em que alguém passa a estar atento a si mesmo, será capaz de conhecer seus sonhos, dons e princípios. E assim, ser capaz de estipular objetivos e metas coerentes com seus reais interesses. Em outras palavras, consegue perceber melhor o lugar onde se encontra e projetar a direção para a qual quer seguir.

Analisando sob o prisma profissional, a pessoa torna-se propensa a expressar, de forma livre e sincera, o seu lado mais essencial, vivenciando verdadeira realização pessoal e vocacional.

É o que chamamos de colocar a **essência em ação**.

Cada um possui a sua essência. Todos possuímos dons e virtudes intrínsecos e que se diferem de pessoa para pessoa. O que é importante ou prioritário para um, não necessariamente será para outros.

Compreendemos que, quando a pessoa investe energia e dedicação naquilo com o que mais se identifica e que, no fundo, é o que confere mais sentido à própria vida, fortalece sua identidade e preenche-se de um sentimento de plenitude.

Isso a realimenta para seguir aprendendo, desenvolvendo-se e exercendo seu melhor lado. A própria atividade desenvolvida faz gerar motivação, o que impactará positivamente os resultados.

Verificamos que colocar sua essência em ação contribui para adquirir um estado de equilíbrio emocional que traga paz e serenidade, mesmo diante de situações eufóricas, de medo ou de sofrimento, o que propicia o bem-estar pessoal e os bons relacionamentos pessoais e familiares.

Do ponto de vista de um bom empreendedor, as pessoas que conseguem viver de forma mais coerente consigo mesmas, apresentam certas vantagens:

a) estão inclinadas a se conectarem a boas ideias, permitindo uma criatividade fluida;

b) tendem a enxergar as oportunidades, bem como a encontrar meios de realizá-las;

c) possuem a mente mais direcionada a soluções do que a problemas.

Já reparou como certas pessoas veem oportunidades em tudo, enquanto outras só conseguem perceber as limitações? Com o que cada uma delas está sintonizada?

Por meio de uma visão cada vez mais ampla do seu papel na sociedade, e mesmo no mundo, aos poucos essas pessoas começam a perceber cada experiência vivenciada como uma rica fonte de aprendizados cruciais para o seu desenvolvimento pessoal, profissional e humano.

Quando cada um assume o seu papel na sociedade, conhecendo suas potencialidades, dedicando-se a exercer seus dons e conseguindo desfrutar do seu ofício, é que se forma um complexo de engrenagens harmônico e eficiente. O indivíduo se fortalece e contribui para uma coletividade também mais forte e coesa.

E você, já parou para refletir sobre seus dons, sonhos, valores e princípios? Estar atento ao que traz sentimento de plenitude e paz proporciona dicas valiosas sobre si mesmo em nível mais essencial. A chave está no **autoconhecimento e na sua aplicação prática.**

Experimente agora mesmo realizar uma atividade que pode ajudá-lo a conhecer melhor sua essência e o que é importante para você. Permita-se a oportunidade de fechar seus olhos e se visualizar no futuro, no dia do seu aniversário, já no final da sua vida. Você organizou uma festa ou fizeram uma festa surpresa para você, e lá estão reunidas pessoas importantes na sua vida. Imagine-se agora recebendo alguém na porta e, enquanto isso, em outro lugar da festa, um grupo de amigos e familiares que o conhecem há mais tempo está numa mesa conversando. O assunto nesse momento é você.

Eles estão comentando sobre seus hábitos, manias, costumes, sua forma de tratar a si mesmo e a outras pessoas, sua trajetória de vida e como você lidou com os fatos e circunstâncias que aconteceram. Você não está presente naquela mesa, portanto falam livremente. O que estão falando? De olhos fechados, permita-se escutar com atenção e de forma imparcial. Visualize os detalhes. Mergulhe na conversa, no momento futuro.

Na cena, o que as pessoas falaram sobre você? Você marcou a vida delas? Como? Que qualidades ressaltaram em você? De que manias se lembraram e comentaram? A que você deu importância na sua vida? Em que aplicou a maior parte do seu tempo? Para o quê direcionou sua energia, seu tempo e seus recursos financeiros?

Antes de continuar a leitura deste texto, faça o exercício acima. É rápido e pode lhe trazer profundos benefícios. Experimente sentar-se confortavelmente, descruzar pernas e braços, fechar os olhos, respirar suave e profundamente e se visualizar na situação descrita. Vamos lá!

A partir do que você percebeu com tudo o que viu, ouviu e sentiu, em uma folha de papel, responda às perguntas que seguem:

1) O que foi mais relevante para você nessa experiência?
2) Quanto tempo da sua vida tem desperdiçado com coisas que não são importantes para você?
3) O que é importante para você?
4) O que decide fazer diferente? (liste tudo o que pretende ser, realizar, exercer, ter, conquistar, alcançar na sua vida).

Feito isso, será crucial **priorizar** seus sonhos e objetivos. Diante de tantos interesses e considerando as oportunidades, imprevistos e demandas a que estamos expostos, é importante conseguir ordená-los e organizá-los (por tema, por exemplo) no tempo e no espaço.

Conforme o dito popular "quem tudo quer nada alcança", sem uma adequada priorização, a pessoa tende a se frustrar. E sem um consequente sequenciamento do que é mais importante a cada momento da vida, gasta-se muita energia desnecessariamente. Uma dica é priorizar no máximo oito objetivos por ano.

Mas não espere o início de janeiro, o dia do seu aniversário ou chegar segunda-feira para fazer isso. Na mesma folha de papel, liste **oito objetivos que você quer concretizar nos próximos 12 meses.**

Para a construção desses objetivos, atente a essas dicas:

1) Especifique e os torne mais claros e precisos quanto possível (exemplo: caminhar 5 km, às terças e quintas, às 7h);

2) Mensure-os, ou seja, defina uma medida objetiva para verificar o atingimento do objetivo (exemplo: até novembro deste ano, emagrecer 3 quilos);
3) Certifique-se de que o que está se propondo é realizável dentro do período de 12 meses. Lembre-se de que metas excessivamente desafiadoras tendem a ser ignoradas;
4) Verifique se o alcance desse objetivo não entra em conflito com outros interesses prioritários.

Com seus objetivos traçados para os próximos 12 meses, você terá em mãos uma bússola. Tendo-a sempre visível, norteará e incentivará suas próximas ações, que serão estabelecidas por meio de metas mensais e semanais.

Desafie-se! Ouse! Coloque sua Essência em Ação e descobrirá que essa é uma forma poderosa de empreender em si mesmo e, consequentemente, no mundo. Você verá que possui um eficiente motor de automotivação. Descubra o seu melhor lado! A vida pode fazer mais sentido do que se imagina.

Negócio
efetivo

Livre-se do marasmo do
autoemprego e construa
uma empresa de verdade

Cido Rodrigues

Cido Rodrigues

É administrador de empresas e jornalista com especialização em *Marketing*. É *Master Coach* pela Sociedade Brasileira de *Coaching* com certificação internacional pela *Graduate School of Master Coaches*, *Behavioral Coaching Institute* (BCI) e Institute *Coaching Council (ICC)*. Fundador e diretor da Spar Comunicação e *Marketing* e da Criativitate Comunicação e Mídia. Implementou negócios na área no setor de mídia impressa e na área de educação a distância onde ainda milita. Fundou em 2013 a Consultoria Negócio Efetivo onde ajuda empreendedores a saírem da armadilha do "autoemprego", por meio de *business coaching*, consultoria e treinamentos. Na área de associativismo, participa de diversas associações e do Conselho do SESI/SENAI, coordenador no NJE - Núcleo de Jovens Empreendedores do CIESP, e participa ativamente do Rotary International, entre outras organizações de apoio a negócios e empreendedorismo.

Contatos
www.negocioefetivo.com.br
fb.com/cidorodrigues
linkedin.com/cidorodrigues
youtube.com/cidorodrigues
twitter.com/cidorodrigues

Tudo flui. Esta pequena frase do filósofo Heráclito (535 a.C. – 475 a.C.) expressa bem como deve ser a alma de uma empresa. As organizações – principalmente as modernas – passam por crises internas e tensões externas, que as transformam para o bem ou para o mal. A ideia é que, dessa transformação, surjam soluções cada vez melhores, que ajudem a empresa a entregar cada vez mais valor para seus clientes.

Ocorre que, da mudança, todos temos medo. A mudança é um espaço sem apoio, no qual precisamos criar asas e voar. O problema do voo, por sua vez, é que ele nos exporta para fora da zona de conforto. No início, ele nos provoca uma sensação de insegurança. Daí, como diria Fiódor Dostoiévski em *Os irmãos Karamazov*, "trocamos o voo por gaiolas".

Sei disso, pois sou empreendedor desde 1996, quando decidi que queria fazer a diferença no mundo e ser pago pelo valor que eu entregava para as pessoas, ao invés depender de salário fixo e do julgamento dos meus empregadores sobre o quanto eu merecia ou quanto valia o tempo que eles compravam de mim para ajudar eles realizarem seus próprios sonhos e objetivos.

Quando abri meu primeiro negócio formal, comecei a sentir na pele o quanto o medo e a insegurança adoram roubar sonhos.

Tinha uma família para sustentar, aluguel para pagar e investimentos para fazer, porém os limitadíssimos recursos financeiros, e pensamentos aterrorizantes que povoavam minha mente, me atormentavam e me paralisavam.

Eu queria crescer, mas o medo de errar, de perder, o pouco dinheiro que tinha, me seguraram por anos, em uma situação de empresário, da qual eu definitivamente não me orgulhava.

Conheço na prática o quanto as gaiolas podem nos tolher a liberdade. E se você me permite dizer, sem trocadilhos, a liberdade que proponho neste capítulo do livro é aquela que se opõe às condições do autoemprego em que muitos empreendedores se encontram, assim como um dia eu também me encontrei.

Preciso esclarecer que não tenho nada contra o autoemprego. Esta forma de trabalho garante o mínimo de segurança econômica e é, às vezes, a única opção de muitos micro e pequenos empreendedores. No Brasil, há milhares de indivíduos que vivem e/ou sobrevivem em seus autoempregos e conseguem manter a si mesmos e suas famílias, trabalhando nos mais variados tipos de negócios.

O que pretendo, na verdade, é incentivar você, leitor, a se desvencilhar da estagnação, do marasmo, que muitas vezes o autoemprego provoca nas nossas mentes e corações. O que espero é que entenda que com a informação certa, a mentalidade certa e as atitudes certas, podemos escapar das gaiolas do autoemprego, e voar para um lugar onde a luta por mais clientes, mais lucro e menos estresse é menos cruel.

E por que quero fazer isso? Porque a vida é muito curta para ser vivida em uma gaiola, enquanto você pode, se quiser, voar para novos e melhores lugares e viver muito melhor como empresário. Compreende?

Espero que você, ao final deste capítulo, esteja apto a se livrar do marasmo do autoemprego para construir uma empresa que lhe dê toda liberdade financeira e tempo que os empreendedores de sucesso já conquistaram.

Um negócio efetivo contém em si uma série de elementos que o autoemprego não possui, como dinamismo, superação de crises, crescimento econômico, estabilidade, foco na otimização e atualização de produtos, vínculo que pode chegar a ser afetivo (de amizade) e emocional com os clientes e colaboradores, desejo de criar novos produtos e novos serviços que atendam às demandas e entreguem cada vez mais valor aos consumidores, que trocarão este valor por dinheiro.

Perceba que estamos falando aqui de contrapontos. De um lado temos a segurança, a certeza, a zona de conforto, a inflexibilidade, o controle do poder, o casulo fechado, a gaiola, a estagnação, o marasmo do autoemprego. Do outro temos o voo, a mudança, a liberdade, a criatividade, o dinamismo, a coordenação, a flexibilidade, a inovação, a delegação de poderes, as parcerias, a esperança de dias melhores, a empresa dos sonhos.

Entretanto, se pretendermos deixar a gaiola do autoemprego, precisaremos de um plano de voo. Qualquer ave ou aeronave que se preze precisa de um bom plano, de modo que ela saiba de qual ponto sair, onde deverá chegar e por quais locais deverá passar durante o trajeto.

É nesse ponto que se faz necessário o uso de ferramentas de inteligência organizacional, que possibilitam mapear a nossa condição atual e traçar rotas para voos inesquecíveis na vida e nos negócios. Só que isso não bastará...

Além de criar um plano, é necessário vencer os hábitos que jogam contra nossos objetivos e metas. Algumas crenças e modelos mentais, às vezes, nos colocam em uma sucessão de costumes repetitivos, que nos fazem realizar tarefas automaticamente mesmo que elas, há muito tempo, já não nos satisfaçam e nem nos ajudem a atingir os objetivos e metas que traçamos.

No caso de quem se apega ao autoemprego, há não apenas um, mas muitos hábitos. Mudá-los todos de uma vez, pode ser muito desafiador. A estratégia é identificar uma mudança importante e incorporar a rotina de seus negócios até que se torne natural para você, como veremos adiante.

A seguir, vou falar de algumas ferramentas que podem fazer a diferença na fase inicial de uma empresa, em um pequeno negócio ou naqueles momentos em que você estiver se sentindo estagnado, sem esperança com a empresa que um dia criou com o sonho de construir um grande e lucrativo negócio.

O Modelo de Greiner
Como as crises favorecem (ou não) o crescimento das empresas

Empresas crescem nas crises, autoempregos são inertes e mantêm as pessoas em um ciclo perverso que eu chamo de corrida dos ratos, que é uma alusão aos ratos de laboratório que percorrem uma roda sem sair do lugar.

Um negócio efetivo é, portanto, um ciclo positivo que favorece a criatividade, a mudança e a evolução como nos deu a conhecer o professor emérito de *Gestão e Organização* da Universidade do Sul da Califórnia (EUA), Larry E. Greiner, com o estudo *"Evolution and revolution as organizations grow"* (Evolução e revolução: como as organizações crescem), onde sustenta que as organizações têm 5 fases de desenvolvimento. Em 1998, ele aperfeiçoou o sistema ao incluir um sexto estágio. Juntos, eles são denominados atualmente como "Modelo de Greiner".

De acordo com o professor Greiner, o estágio inicial de uma empresa é o de crescimento por meio da criatividade de seus empreendedores/fundadores, que desenvolvem um produto ou serviço e o colocam no mercado.

Neste início, a organização tem poucos ou nenhum funcionário. Em muitos casos, dois ou três sócios apenas tocam a empresa. A comunicação entre eles, que não requer protocolos ou documentos, é praticamente informal.

Tão logo, porém, o produto ou serviço começa a vender, cria-se uma demanda por funcionários e ocorre uma crise de liderança, em que os fundadores precisam contratar colaboradores para ajudar com a administração e outras tarefas do negócio.

Se a decisão de contratar colaboradores para funções estratégicas não for tomada, a organização para no tempo. Em outras palavras, transforma-se em autoemprego. Mas se o contrário for feito, ela entra no segundo estágio, onde o crescimento se dá por meio da direção/administração.

A direção/administração contratada organiza o fluxo de caixa, formaliza a comunicação, investe em infraestrutura, otimiza o relacionamento com clientes, faz melhorias e a empresa se desenvolve. Contudo, é normal surgir uma crise de autonomia, em que os novos gerentes pedem que os fundadores lhes deem mais liberdade para decidir.

Os fundadores, então, têm que escolher se proporcionam mais liberdade aos gerentes e colaboradores (o que pode fazer a empresa crescer) ou se mantêm as coisas como estão (o que pode fazer a organização estagnar e/ou involuir).

Feita, porém, a escolha pela liberdade, o poder é delegado aos colaboradores que passam a tomar algumas decisões por si próprios sem consultar os fundadores. Acontece, então, o terceiro estágio, com crescimento por meio da delegação, onde a empresa se desenvolve com mais agilidade. No entanto, os colaboradores ou gerentes acabam imprimindo um estilo próprio em suas decisões, fazendo com que a organização entre em uma crise de controle (ou falta dele).

Para corrigir este desvio, os fundadores precisam fomentar uma cultura organizacional que estabelece boas normas de trabalho, alinha todas as ações e faz com que a empresa passe para o quarto estágio, o de crescimento por meio da coordenação.

Nesse ínterim, surgem protocolos, procedimentos, *modus operandis* e, com isso, uma crise de burocracia, que trava o desenvolvimento da corporação. Então, os fundadores têm que tomar a decisão de investir em treinamentos de equipes para aumentar a flexibilidade, a integração, o comprometimento e a capacidade produtiva da empresa, de modo que seja possível passar para o quinto estágio, o de crescimento por meio da colaboração.

Esse modelo de equipes colaborativas tem um ciclo com início, meio e fim, onde seu desenvolvimento estaciona. Os acionistas, contudo, não entendem. Eles querem mais e mais lucros. Daí surge uma crise de crescimento interno, que só pode ser superada com o sexto estágio, o de crescimento por meio de alianças. Os fundadores, então, ou tomam a decisão de fechar parcerias, adquirir outras empresas abrir novos nichos de mercado ou escolhem a estagnação.

Em resumo, em todos esses estágios, tudo o que os fundadores de uma empresa precisam fazer é tomar a decisão certa na hora das crises: crescer ou estagnar, ser empresa ou autoemprego, ter um negócio duradouro ou passageiro, ser um negócio efetivo ou negócio que se arrasta incerto e sem propósito.

Veja no gráfico a seguir o Modelo de Greiner e o crescimento das empresas.

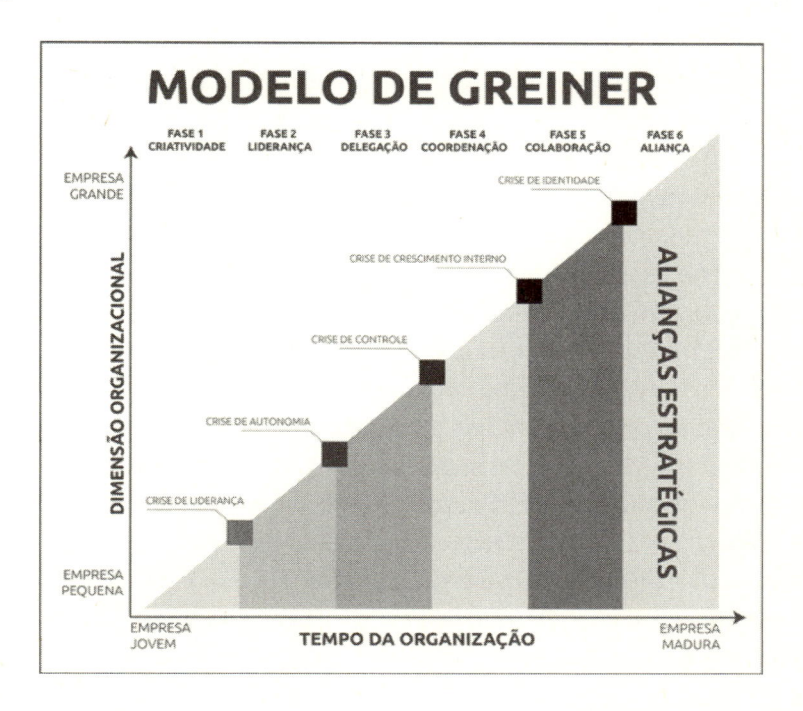

Engenharia organizacional
(não se assuste com este nome pomposo)
O seu mapa para reconhecimento do espaço e criação de um plano de voo

Como vimos anteriormente, o Modelo de Greiner prevê 5 momentos pelos quais as empresas passam por riscos que podem ser fatais. São eles as crises de liderança, autonomia, controle, burocracia e crescimento, onde podem haver retrocesso, estagnação ou evolução conforme a reação dos fundadores.

Agora, veremos como é o método de mapeamento da Engenharia organizacional, que nada mais é uma lista de perguntas ou *checklist* que ajuda o empreendedor a conhecer ainda melhor o terreno onde pisa. Com essa lista de verificação será possível analisar a empresa no nível dos detalhes e fazê-la crescer de dentro para fora.

Uma das coisas mais incríveis desse método é que ele não lhe confere respostas prontas. Pelo contrário, como em um processo de *Coaching*, as respostas aqui são sempre criadas pelos responsáveis pelo negócio e nunca dadas de presente.

No *post "Será que você nunca vai ser rico com sua pequena empresa?"* publicado em meu *blog* <www.negocioefetivo.com.br>, disponibilizo gratuitamente um exemplo de mapa mental de Engenharia organizacional com perguntas claras e objetivas que farão você refletir sobre padronização, procedimentos operacionais, plano de metas, controle de qualidade e melhoria contínua. Recomendo que veja o conteúdo. No entanto, é possível criar perguntas sobre outras áreas de sua empresa a fim de otimizá-las também.

Ao entender exatamente onde estão os desafios da sua empresa, você poderá fazer também uma revisão do seu modelo de negócios por meio de ferramentas como o *Business Model Canvas* (BMC), que é um quadro que incorpora a análise dos custos, receitas, parcerias, recursos e atividades-chave, propostas de valor, segmentos, relacionamentos e canais de comunicação com os clientes da empresa.

Cinquenta por cento do sucesso dessa análise vai depender das perguntas e os outros 50% das respostas dadas para tais questões. Isto é, as questões devem gerar respostas objetivas, que serão colocadas em um quadro para facilitar a visualização e compreensão pelos sócios e colaboradores. A visão de um consultor externo nesse processo é extremamente importante, pois tanto as empresas quanto as pessoas que nelas trabalham crescem quando têm mentores ou *coaches*, afinal, ninguém é bom em tudo.

Essas ferramentas ajudam enormemente o empreendedor, mesmo que erroneamente você acredite que esse tipo de coisa só funciona para grandes. Eu mesmo sou um exemplo disso. Ao final do primeiro ano da minha primeira empresa, há mais de 15 anos, eu não tinha sequer dinheiro para almoçar. Mas me superei por meio de planejamento, muito estudo e ação focada e persistente.

E aqui vai um aviso que preciso dar: cuidado para não ficar viciado em planejamento e acúmulo de conhecimento. Você precisa agir e criar novos hábitos mais estimulantes, saudáveis e produtivos, que servirão como alavanca para levá-lo em direção aos seus sonhos e objetivos.

De nada adianta saber muito e fazer pouco. É o que você faz que ajuda seu negócio avançar, e não apenas o que você sabe.

Tudo flui
Como criar uma alavanca de bons hábitos e fazer sua empresa crescer

Nas academias, os usuários são orientados a trocarem a rotina de treinos após um tempo para que o ganho de massa muscular não estagne. E, como cada pessoa tem biótipo e objetivo diferente, os treinadores personalizam novas sequências de treinos periodicamente, conforme a necessidade individual, para que o ganho de massa muscular evolua. Assim também são as empresas.

As organizações têm tamanhos, propósitos, crises e ciclos diferentes, como já expliquei no Modelo de Greiner. Mas em todos os casos, quando seus gestores não conseguem fazê-las evoluir e a rotina negativa perdura e transforma-se em maus hábitos comportamentais e procedimentos ineficientes, que estagnam, por vezes fazem as empresas retrocedem, quando não vão à falência.

Por isso, os empresários precisam identificar os procedimentos e costumes que não estão favorecendo suas empresas e mudá-los. Sem novos e melhores processos e atitude de todos na organização, é quase impossível evoluir de um autoemprego para a criação de um negócio efetivo.

A criação de novos hábitos e processos que instalem comportamentos e atitudes mais eficientes vai fazer toda a diferença para os empreendedores que querem se diferenciar e vencer. A questão é: mas, como criar novos e melhores hábitos?

O jornalista e escritor americano Charles Duhigg, autor de *"O poder do hábito: porque fazemos o que fazemos na vida e nos negócios"* explica que um hábito é um *loop* de três estágios em nosso cérebro:

1. **<u>Gatilho:</u>** estímulo que faz com que o cérebro inicie uma resposta automática para obter algo;
2. **<u>Rotina:</u>** é a resposta automática (que pode incluir ações físicas, mentais e/ou emocionais), que o cérebro faz uma pessoa realizar;
3. **<u>Recompensa:</u>** sensação de satisfação que o cérebro libera após ter obtido o que queria.

Assim, a mudança só acontece quando os empresários mudam ou criam estímulos (gatilhos) que fazem eles e seus colaboradores desenvolverem boas respostas automáticas (rotinas) e os levam ao crescimento (recompensa), em um processo parecido com um bom treino muscular em uma academia.

No mesmo livro, Duhigg exemplifica o poder do hábito por meio do caso da Alcoa, uma das maiores empresas de alumínio do mundo, que em 1987 passava por uma crise de burocracia, para desespero dos acionistas. Na época, os fundadores contrataram um ex-burocrata do governo chamado Paul O'Neill para ser seu novo diretor.

No dia de sua apresentação, O'Neill não falou nada sobre superar a crise. Ele fez apenas um discurso, no qual implementou seu **gatilho**. "Pretendo fazer da Alcoa a empresa mais segura dos EUA. Minha meta é um índice zero de acidentes", disse. Ninguém entendeu nada. Vários investidores, com medo de perder, venderam suas ações.

Nos meses seguintes, estabeleceu-se uma **rotina** de segurança no trabalho com treinamentos, diálogos e análises, que produziram como **recompensa** a redução das estatísticas de acidentes na companhia. Mas não foi só isso. Em menos de um ano, os lucros da Alcoa tiveram uma alta recorde, conta Duhigg. E os acionistas que ficaram com a empresa se deram muito bem com ações cinco vezes mais valiosas.

O'Neill teve sucesso porque focou na criação de um único hábito que estava longe dos holofotes e que serviu como alavanca para outros. A busca pelo índice zero de acidentes provocou uma onda de bons hábitos que se espalhou para outras partes e setores da empresa, fazendo-a crescer com colaboradores engajados em mudanças e melhorias contínuas.

Então, entre em ação agora. Use o *Modelo de Greiner para reconhecer o momento da sua empresa. Reveja seu modelo de negócios com o *BMC (*Business Model Canvas*). Elabore um plano de crescimento de dentro para fora com a *Engenharia organizacional. Supere a inércia com o poder de novos e bons hábitos. Daí em diante, tudo flui. E você vai construir o negócio dos seus sonhos, um negócio que vai lhe dar orgulho, liberdade e segurança, um negócio efetivo.

5

Coração empreendedor

Empreendedores de sucesso também passaram por muitas dificuldades até conquistarem seus sonhos. O desafio de ir em busca do que se quer, superar obstáculos e alcançar o que se deseja é o que move incessantemente empreendedores do mundo todo. Não tem sensação melhor no mundo do que estar exausto, mas se sentindo vitorioso!

Delis De Zorzi

Delis De Zorzi

Delis é *Trainer* em Programação Neurolinguística (PNL) pela *Society of Neurolinguistic Programming of Richard Bandler*. Atualmente, atua como consultora de PNL e realiza treinamentos nessa área. Bacharel em Ed. Física UCS. Pós-graduação em Educação do Movimento, UCS. MBA em Gestão Empresarial, FGV. Curso de Neurociência pela UFRGS. *Unleash The Power Within* – Anthony Robbins, Chicago, USA. Todos os cursos abaixo foram feitos pela *"The Society of Neuro Linguistic Programming Richard Bandler"*, o co-criador da PNL: *Master Practitioner* PNL, *Neuro Hypnose Reppartening, Trainer* PNL, Meta *Master* PNL, *Design Human Engineering*, nos Estados Unidos com Richard Bandler e John La Valle.

Contatos
www.pnlway.com.br
pnlway@gmail.com
(54) 9157-2308

Coração empreendedor

No entardecer de julho, chuva leve caindo lá fora e vento soprando forte em Fazenda Souza, no interior de Caxias do Sul. O fogão à lenha aceso, esquentando o ambiente e fazendo a chaleira de água chiar, parecendo melodia musical. Enquanto olho pela janela e vejo a escuridão da noite chegando, vem à mente lembranças do passado. Lembro-me das horas difíceis, dos erros que cometi... De tantos momentos duros que aconteceram e que hoje já não incomodam mais. Esperava que algo acontecesse e mudasse minha vida. Nada acontecia.

Algumas vezes nos deparamos com grandes monstros: raiva, tristeza, frustração, culpa, medo e desespero. Quando temos a coragem de encará-los, damos o primeiro passo rumo à liberdade. Nunca mais toleraria sentimentos ruins que eu estava acostumada a sentir no passado. Finalmente, estava me sentindo livre.

Como diz Richard Bandler: "O passado passou, não volta mais. Podemos aprender com os erros do passado e lembrar os bons momentos."

Durante os aprendizados com Richard Bandler, o cocriador da **PNL (Programação Neurolinguística), sempre ouvi dizer que hesitar é o pior comportamento que um ser humano pode ter. Se não hesitarmos, nos entregamos 100% na experiência e isso é vida. Infelizmente, as pessoas procrastinam e não agem em direção aos seus objetivos. No entanto, raramente as pessoas hesitam em ter medo. As pessoas não procrastinam em colocar a culpa nos outros, tirando a responsabilidade sobre os fatos.

Eis uma das características que distingue empreendedores de sucesso das outras pessoas. Não hesitam, não deixam para depois o que precisa ser feito ago-

---

**A PNL é uma nova tecnologia da mente que começou com Richard Bandler e John Grinder nos anos 1970. Eles criaram uma metodologia altamente eficaz para modelar a excelência e a mudança em si mesmos e nos outros. O método pode ser visto como um caminho para o autoconhecimento e a evolução, uma ferramenta para melhorar a comunicação com as outras pessoas e consigo mesmo. A "modelagem" foi a primeira técnica desenvolvida por eles e envolve a reprodução cuidadosa dos comportamentos e crenças daqueles que atingiram o "sucesso".

ra. Não esperam ficar certos de algo para tomar decisões. Como seres humanos, estamos aprendendo algo novo a cada dia que passa. É como escrever um livro. Se esperarmos para editar somente quando estiver perfeito no nosso ponto de vista, nunca editaremos. Sempre terá um detalhe para acrescentar.

Durante minha infância, lembro de meu pai, Luiz Jahir, que estava sempre procurando novas oportunidades de negócios. Não tinha medo de arriscar. Motivação, otimismo e vontade de crescer não faltavam para ele.

Porém, a infância dele não foi nada fácil. Perdeu a mãe quando tinha sete anos e foi morar num internato somente para meninos. Aos quinze anos, perdeu seu pai. Morou um tempo com cada um dos treze irmãos. Era uma família grande. Assim, foi construindo suas experiências de vida, estudando e trabalhando muito. Juntos, os irmãos De Zorzi construíram a segunda maior empresa do Rio Grande do Sul nos anos 70, a Madezorzi. Ficando atrás apenas da Companhia Aérea Varig. A utilização do talento de cada um, trabalho duro com paixão, determinação, persistência e foco no objetivo fizeram deles um grande grupo.

Depois, passou por diversas crises (financeiras, familiares, administrativas). Tivemos que nos ajustar àquela nova vida com dificuldades financeiras. Para dar um exemplo claro, é como se hoje tirassem o seu celular e você tivesse que se acostumar a viver sem ele. É mais fácil viver sem celular quem nunca conheceu um, do que tirar de quem já possui.

Ele voltou a reconstruir sua vida, mesmo passando por tantas outras tempestades e obstáculos familiares. Não desistiu nunca! Seu otimismo e garra, sempre presente no sorriso largo, são características que admiro muito e sinto saudades. Mesmo quando estava em seus últimos dias de vida, com um enfisema pulmonar por ter fumado por muitos anos, ele me propôs construir um prédio em Florianópolis, SC.

O desejo de construir é o que impulsiona os empreendedores ao redor do mundo. Vontade de crescer que surge no coração, sentindo o desafio das oportunidades que aparecem e das inovações que criam.

Olhar para o mundo

Se olharmos para a História, podemos ver o exemplo de alguns empreendedores ilustres que tiveram muito sucesso e possuem algumas características em comum.

Coco Chanel, da famosa grife "Chanel", era órfã desde pequena. Trabalhou com sua irmã em um chapeleiro. Ela se orgulhava de seu bom gosto na moda. Combinava praticidade ao que as pessoas queriam, desse modo revolucionou a moda feminina. Lançou as calças e ternos para mulheres. Chanel se tornou uma marca ímpar, extremante lucrativa até hoje. A qualidade de seus produtos, feitos com extrema dedicação, bom gosto e paixão fazem da Chanel grande referência no mundo da moda.

Richard Branson Charles Nicholas é um empresário e investidor Inglês. Richard é fundador do Virgin Group com mais de 400 empresas. Abriu o seu primeiro negócio aos dezesseis anos, uma revista - Student. Montou um negócio de vendas por correspondência e uma cadeia de lojas de discos, a Virgin Records. Tem paixão pelo trabalho e pelos desafios. Ele nos deixa isso claro quando diz que seu interesse na vida é ter desafios aparentemente inatingíveis e tentar superá-los... a partir da perspectiva de querer viver a vida ao máximo.

Donald Trump é atualmente um magnata americano. Aos 13 anos, foi para a Academia Militar, tornou-se cadete e capitão de um time de beisebol. Após construir um grande império, Trump passou por uma tempestade financeira, devendo bilhões de dólares no início dos anos 90. Ele deu a volta por cima, considerada pelo *Guinness Book of World Records*, como a maior guinada financeira de todos os tempos. Isso se deve a sua boa capacidade de lidar bem com pressão, ao seu desejo obsessivo de lutar pelo que quer e pelo que acredita que pode ter. Donald é um exemplo de quem vive a vida ao máximo por seu estilo luxuoso, agarrando os desafios com muita coragem. Coragem não é a ausência do medo, mas agir apesar do medo. Ter seu sonho, sua paixão e ir em direção a ele, mesmo com um pouco de medo. Obstáculos vão aparecer sempre. O importante é focar na solução do problemas e nunca desistir.

Steve Jobs, o grande responsável pela tecnologia Apple, com uma semana de vida foi deixado para adoção. Passou por momentos duros em sua caminhada. Em 1985 foi demitido da Apple. Mesmo assim não desistiu. Fundou a Next Computer. Jobs vendeu a NeXT para Apple, em 1996, e retornou a Apple como conselheiro especial. Com sua energia e entusiasmo, tomou o seu lugar com a arte inteligente que hoje temos a nossa disposição. Criou o *iPod, iPhone*, o *Mac*. "Ser o homem mais rico do cemitério não importa para mim... Ir para a cama à noite dizendo que fizemos algo maravilhoso... Isso é o que importa para mim", comentou.

Este foi mais um de uma lista de empreendedores que passaram por muitos obstáculos e conseguiram superar as derrotas, os medos, as acusações, enfim, os monstros que apareceram no caminho. Todos passaram por períodos difíceis e momentos com vontade de desistir de tudo. Poderiam se sentir frustrados e se acomodar.

Empreendedores não sabem o que é isso. É claro que erram e fazem erros gigantescos. Porém, não ficam se culpando eternamente pelo que não deu certo. Aprendem com os erros e estabelecem novas estratégias para o futuro. Podemos falhar, mas falhas diferentes ou então, aprender com as falhas dos outros. Certamente, ganharemos muito tempo se aprendermos com os erros dos outros, porque não teremos tanto tempo de vida assim para cometermos os mesmos erros.

Um exemplo de florescer o espírito empreendedor foi com Cleyton, meu aluno do curso *Master Practitioner* em Programação Neurolinguística. Ele foi vendedor por muitos anos. Trabalhava como representante comercial. Apesar de vender muito, a empresa não reconhecia seu empenho e seus esforços. Isso lhe desestimulou fortemente. Então, mudou a crença limitante que tinha de que "isso não é para mim" para "isso pode ser para mim" e aumentou ainda mais a sua confiança pessoal. Sentiu que realmente poderia transformar a sua vida por meio de seus sonhos. Ser empresário parecia ser uma nova possibilidade para ele. Hoje montou seu negócio de móveis e está crescendo num ritmo exponencial, enquanto muitos concorrentes do mercado estão fechando as portas.

Uma pessoa comum como nós que foi em busca de sua realização profissional e pessoal. Também teve uma infância difícil, nem por isso colocou a culpa nos seus pais nem no governo. Não hesitou e assumiu 100% a responsabilidade por sua vida. Teve um grande desejo, traçou seu plano, suas estratégias e foi em busca para alcançá-lo. Essa é a maneira de agir de pessoas de sucesso: desenham o seu próprio destino e agem em direção a ele.

Modelando o sucesso

Muitas pessoas continuam vivendo no passado, remoendo as imagens dolorosas ou repetindo o mesmo comportamento que não funcionou, esperando um resultado diferente. Se algo não funcionou, faça diferente ou de outra maneira na próxima vez. Copie a estratégia de alguém que teve sucesso no que você quer fazer.

Podemos modelar excelentes empreendedores e encurtar um grande caminho, ganhando muito tempo. E o tempo é o bem mais precioso que temos na vida.

— Como você tem usado o seu tempo?

— Está indo em direção ou se distanciando dos seus sonhos?

— Quanto tempo de vida você ainda tem?

— Não sei! Ninguém sabe!

— Assuma a responsabilidade por suas glórias ou derrotas e comece a liderar a si mesmo. Se quiser liderar outras pessoas, é necessário liderar a si próprio em primeiro lugar.

— Tem o controle do que come e bebe?

— Tem o controle de suas emoções? Sabe reverter ansiedade e ficar tranquilo no momento que quiser? Sabe administrar momentos de pressão? Sabe enfrentar seus medos? Sabe ficar confiante em qualquer situação?

Grandes empreendedores são pessoas que têm um sonho, um desejo ardente de construir, de crescer e buscam alcançá-lo, sem desistir nunca. A partir disso, fazem o que têm paixão. O trabalho é tão estimulante que não veem a hora de acordar e começar a jornada.

Assim como quando nos apaixonamos por alguém, ter paixão é essencial para o sucesso do negócio. Dedicação, empenho, foco e determinação. Acreditar no seu projeto e acreditar em si é base fundamental para poder alcançar grandes resultados.

Comece a perceber que é possível alcançar os seus sonhos. Sinta o desejo de seu coração, acredite nele e coloque toda a energia do seu ser com foco no projeto. Busque tecnologias, conhecimento e estratégias de quem faz o que você quer fazer.

— Que características pessoais e profissionais esse empreendedor deve possuir? Como ele deve agir?

— Modelando o sucesso. A tecnologia PNL (Programação Neurolinguística) permite a modelagem de maneira fácil e eficiente, assim como nos ensina a ter mais controle sobre nossa vida.

Acrescente coragem e disposição para assumir riscos calculados. Sempre tendo em mente que o crescimento se dá quando o negócio é bom para ambos os lados, porque acaba gerando uma parceria de sólida confiança.

Tenho a certeza de que seu mundo ficará cada dia mais interessante quando começar a desenhar o seu destino, sem esperar, sem hesitar.

O tempo está passando. Coloque a força de sua alma em seu empreendimento, com muita paixão e determinação. Busque as melhores estratégias e o sucesso será garantido.

Referências

BANDLER, Richard, FITZPATRICK, Owen. *Freedom is everything and love is all the rest.* Mysterious Publishing, 2005.

TRUMP, Donald, MCIVER, Meredith. *Nunca desista.* Elsevier.

KAHNEY, Leander. *A cabeça de Steve Jobs.* Campinas: Agir, 2008.

6

Histórias que ensinam:

a relação entre o autoconhecimento e a realização na vida de empresários de sucesso

A relação do empresário com a empresa é interdependente. É a relação entre criador e criatura, ideia e ação. Trata-se de um fazer-se mútuo. A empresa tem o rosto e a identidade de quem a cria. É o jeito pessoal do empresário que regerá a cultura de sua empresa. O sucesso de ambos está, portanto, intimamente conectado com o *core business* pessoal e o real significado que a empresa tem na vida do empresário

Denise Bee

Denise Bee

Com mais de 25 anos de experiência em consultoria e desenvolvimento de líderes, é sócia-fundadora da Critério Humano-Desenvolvimento e Gestão de Pessoas. Conhecedora dos diferentes perfis comportamentais e estilos de lideranças, com larga e consistente experiência em Coaching de Carreira, Coaching Executivo, Coaching de Negócios, Societário e em preparação de sucessores por herança. É Analista Comportamental DISC pela TI Success Insights e pela E-talent. Estudiosa dos mercados e da cultura organizacional, é certificada pela Barrett Values Centre em Cultural Transformation Tools, Licenciada Best in Class para Executive Counseling e Coach pela Sociedade Brasileira de Coaching. Adquiriu conhecimento e visão estratégica desde cedo e administrou vários negócios próprios na área da saúde, varejo e agrobusiness. Psicóloga, atuou em clínica durante 10 anos. Pós-graduada em Psicologia Organizacional pela Universidade Estatal de San Petersburgo/RU e Mestre em Filosofia pela UFSM.

Contatos
www.criteriohumano.com.br
contato@criteriohumano.com.br
(41) 3343-4489

Muitas podem ser as motivações para empreender. Há quem o faça à procura da realização de um sonho pessoal ou pela necessidade de atender a uma demanda financeira. Experiências de sucesso e de insucesso estão todo dia na mídia e nas redes sociais, cada uma delas comporta a diversidade de objetivos de quem empreende. Depois de viver uma experiência empreendedora, no entanto, a pergunta que fica é: os motivos reais do sucesso ou do fracasso são de fato entendidos?

Nos meus anos de prática com *business coaching*, sempre me chamou atenção a relação que o empreendedor assume com sua empresa e o que ela representa em sua jornada. Isso porque o que compõe o sucesso ou o insucesso da empresa e do empresário está profundamente associado à relação consolidada entre ambos. Fundar um negócio e geri-lo é uma questão administrativa, técnica, racional e lógica. Exige não só características de perfil, recursos e competências, mas também envolve uma dimensão emocional, muito pessoal e irracional.

Nas conversas durante o processo de *coaching*, percebo como o empresário fala de sua empresa norteando-me por alguns questionamentos: quanto ele ama aquela obra? Qual seu real sentimento pela empresa? O que ela significa? A empresa pode se tornar a sua melhor amiga? Ou, quem sabe, um filho ou filha?

Lembro-me de um empresário que, depois de alguns revezes na história da empresa, sentia-se mal ao ver sua logo nos carros circulando pela cidade. Ele havia perdido a crença no seu negócio. Como evitar chegar a tal ponto?

Neste artigo, utilizando casos extraídos da minha experiência como *coach*, será possível entender de qual maneira a relação entre empresa e empresário é determinante a partir da análise de três dimensões do empreendedor: competências, core *business* pessoal[1] e *mindset*[2].

---

1 Por *core business* pessoal entende-se o negócio que atende a sua identidade, a sua vocação; contempla missão e propósito, oferecendo o ambiente de trabalho próximo ao ideal para seu perfil.

2 *Mindset* é o modelo mental que condiciona escolhas e decisões.

CASE 1: Qual é o seu negócio? A importância do *core business* pessoal

Antônio, 56 anos, demitiu-se após 30 anos de carreira em uma empresa de controle familiar onde era o primeiro executivo depois do fundador. Percebi que seus valores e princípios eram fortes e sua formação era de primeira linha. Foi um excelente Diretor Industrial e líder inspirador dos seus colaboradores, sendo exigente com processos, qualidade e custos. Ele, habitualmente, aparecia na troca de turno para agradecer o trabalho bem-feito e estimular seus times a irem para casa descansar e cuidar da família. Acreditava que, dessa maneira, o colaborador voltaria para o trabalho com disposição renovada para oferecer o melhor de si.

Como engenheiro eletricista, visualizava soluções para qualquer problema da área por mais complexo que fosse. Ficava claro, em seus relatos, que eram implementadas com facilidade. Mas suas competências iam muito além: da gestão à navegação, à consultoria, ao treinamento, sendo também um exímio *chef* de cozinha entre seus muitos *hobbies*.

Ele veio num contrato de *coaching* de transição de carreira, porque vivia um momento de indefinição diante de tantas opções: poderia aceitar convites e voltar a ser executivo; abrir um restaurante; ser consultor.

Qual seria o caminho agora?

Entre uma sessão e outra do processo de *coaching*, um amigo o convidou a tornar-se sócio de uma empresa que fabricava lanchas e outras embarcações. Tratava-se de uma grande oportunidade para aplicar suas experiências, o conjunto indiscutível de suas competências e sua paixão pela navegação.

Antônio, naquele momento de empolgação, ansioso por se definir, comprou 50% da empresa na esperança de que seus conhecimentos de gestão acrescentassem valor à sua vida e ao novo negócio.

Ninguém tinha dúvidas sobre o que um homem com sua capacidade e experiência faria. Acabou por melhorar o produto, os projetos, os processos, a gestão de fornecedores, a infraestrutura organizacional, o modelo de gestão de equipe, a gestão financeira, de vendas e pós-vendas. Tudo isso associado ao grande zelo pela segurança das embarcações e a uma relação de forte credibilidade com o mercado. A empresa, em pouco tempo, passou a ser referência de gestão no segmento em que atuava.

Porém, conforme o tempo passava, crescia nele a intranquilidade. Aparentava estar abatido com os riscos do negócio e com a informalidade do segmento em que atuava. Dentro do processo de *business coaching*, concluiu que empreender elevou o nível de estresse, ansiedade e insônia. Decidiu fechar a empresa.

O que o levou a concluir isso?

Insights, que são entendidos como a percepção da solução de uma situação-problema que ocorre num lampejo, podem – e devem – acontecer dentro de diferentes momentos: no uso de uma técnica, numa pergunta perspicaz ou na devolutiva de um Inventário Comportamental.

Como o cliente estava em dúvida, durante seu *coaching* de carreira usamos um Inventário Comportamental – instrumento que possibilita a análise comportamental das pessoas para melhor avaliar quais atividades são adequadas ao seu perfil e ampliar seu autoconhecimento. Em minha devolutiva, quando estávamos integrando as competências e fortalezas numa imagem clara, ele teve seu *insight*: de fato, havia um novo empreendimento que atendia a tudo o que sabia e adorava fazer. Tratava-se de um Ateliê de Ideias. Quando estava criando soluções e executando, conseguia estar inteiro, em paz e profundamente concentrado. Além disso, oferecer essas soluções em outro negócio permitia-o trabalhar em um ambiente perfeito. Era a vida que ele queria. Ao chegar a essa conclusão, seu sentimento foi de grande e total satisfação. Não restavam mais dúvidas.

Apesar de gostar de barcos e navegação, da sua habilidade estratégica de gestão, a empresa da qual se tornou sócio não atendia ao seu *core business* pessoal. Por isso, a relação empresário e empresa tornou-se fonte de sofrimento e desgaste pessoal. Ele entendeu esse processo e decidiu voltar à ideia sobre a qual estávamos trabalhando, antes da proposta do amigo. Com o Ateliê de Ideias, encontrou o empreendimento que atendia 100% de suas expectativas e necessidades. Foi em frente e fez acontecer. Atua hoje, com muito sucesso, surpreendendo clientes com soluções criativas e eficazes.

CASE 2 – A empresa corporifica (somatiza) o *mindset* do empreendedor

Oscar, 43 anos, de origem humilde, desenvolveu a sua experiência profissional na empresa da família da esposa. Foi conquistando posições até decidir fundar seu próprio negócio. Os primeiros anos foram bons. A equipe se uniu em torno do sonho de se tornar referência. A empresa cresceu em pouco tempo, mudou para um barracão maior, os sócios compraram carros de luxo e construíram mansões.

Quando contratou o *business coaching*, Oscar queria melhorar a relação desgastada com seu sócio. Ele tinha uma equipe desmotivada e uma dívida que não parava de crescer. Notei que estava cansado e num nível de estresse perigoso para sua saúde.

Como ele foi do ponto A, de sucesso, ao ponto B, no qual tudo estava desmoronando? O que houve de errado? Por que a equipe, inicialmente motivada, se transformou em concorrente interna?

As respostas para esses questionamentos envolvem o entendimento do modo como os "nós psicológicos" inconscientes do empreendedor determinam seu comportamento, suas decisões e influenciam o destino de uma organização. O *mindset*, ou seja, o modelo mental do empresário, é uma questão-chave em qualquer processo de desenvolvimento. Em muitos casos, é o sabotador silencioso dos resultados das organizações.

Todo empresário quer e precisa de pessoas motivadas, engajadas e inspiradas. Aliadas verdadeiras de seus projetos. Esse é um fator indiscutível do sucesso da organização, seja pequena, média ou grande. Mas por que isso é tão desafiador? O que falta aos empresários e por que nem todos conseguem formar e manter equipes altamente engajadas?

No caso de Oscar, a equipe percebeu a real motivação da existência da empresa; aquilo que ele próprio não via em si mesmo: o interesse em investir em tudo o que poderia aparecer, aparentar. Assim, o carro de um milhão, o barracão naquele local com um custo desnecessário, viagens e presentes caros cumpriam uma função determinante apenas para sua vaidade. A empresa cresceu de tamanho, mas não em processos, organização financeira, sistemas, gestão de pessoas e produtividade. O patrimônio dos sócios cresceu, mas a liderança de Oscar não inspirava a seguir trabalhando para manter o sucesso. Faltava um motivo, uma causa maior. Suas decisões, suas posturas, seu estilo de vida e de trabalho não geravam confiança em seus colaboradores, fornecedores e clientes. A relação não era saudável, pois ele compensava questões de sua individualidade com a compra de mais e mais bens. Não eram boas decisões financeiras ou pessoais. E a empresa, associada à retração do mercado, fechou as portas.

Todos temos vulnerabilidades e também aspectos psicológicos, emocionais, decorrentes da nossa história. Os empresários, portanto, não são exceção à regra.

Podemos compreender, dessa forma, que muitas vezes a verdadeira causa de problemáticas concretas das empresas está na mente do empreendedor. Segundo o cientista Antonio Meneghetti, se essas questões não são resolvidas ou gerenciadas, podem se tornar danosas para as "obras" que estamos erguendo conscientemente em vida.

CASE 3 – Quando empreendedor e empresa crescem juntos: a importância do desenvolvimento das competências

Aos 41 anos, Ana era uma grande vendedora no ramo imobiliário na empresa de construção civil da família do esposo. Cuidava da área comercial com esmero. As boas vendas muito se deviam ao carisma, à capacidade de cativar e gerar uma relação de confiança com os clientes, à organização e dedicação em todos os processos. Formada em Economia, apresentava uma situação financeira favorável, no entanto, o convívio da família na empresa era difícil e ela não estava feliz.

Contratou um *coaching* de carreira e, durante o processo, concluiu que precisava deixar a empresa do marido. Apesar do medo inicial, decidiu empreender e abriu uma pequena representação de tapetes, papéis e tecidos de decoração. Quando o negócio se expandiu, inaugurou a primeira loja de rua em excelente ponto comercial.

Nesse contexto, novos problemas foram aparecendo. Dominava a área comercial, mas não a gestão de uma empresa inteira. O financeiro, o contábil e a gestão de pessoas representavam sofrimento para ela, que tomava decisões com dificuldade. Porém, sua atitude empreendedora e sua humildade para reconhecer competências não desenvolvidas ajudaram-na a buscar conhecimentos e habilidades necessárias para o sucesso do negócio.

Como acabou a história de Ana? Passados vários anos, possui lojas em várias regiões do Brasil e exporta. Fundou uma indústria de tapetes, trazendo arte e cultura para as estampas. Seu mais recente projeto, produzir papel de parede, é um sucesso.

O que ela fez entre o ponto A, em que não era mais feliz no trabalho, e o ponto B, em que se tornou uma empreendedora de sucesso? Dentro do processo de *coaching*, foi adquirindo a coragem necessária para seguir "carreira solo" no negócio que realmente gostaria de ter.

Depois de aprender a gerenciar a primeira loja, a contratar, controlar as finanças, tomar decisões e ter conversas difíceis, não parou mais. Se é verdade que "para quem só tem um martelo todo problema parece um prego[3]" , posso dizer que aprendeu a usar as outras ferramentas. Transformou conhecimentos e aprendizado em novos degraus, seguiu se reinventando e inovando.

De sua mudança pessoal, de sua qualificação e de sua perseverança, nasceu outra marca que modificou o cenário local. Ana ofereceu novos postos de trabalho, novos significados e valor para as pessoas, além de gerar lucro. Ela trabalhou forte, transformou a si mesma para fazer a empresa e a empresa a fez. É admirada por seus funcionários, fornecedores e clientes, tornou-se um exemplo a ser seguido, uma líder.

O que essas histórias nos ensinam?

Na missão encantadora de apoiar empreendedores e executivos, ao longo de mais de 20 anos, pude aprender muito. Sem desmerecer o que aprendi com grandes autores e professores, sublinho aqui o meu aprendizado pessoal e como *coach*.

É fundamental para o empresário saber em que grau sua mente afeta a existência da empresa, perceber como seu *mindset* influencia a cultura e a história de seu empreendimento e avaliar como a dinâmica da empresa se relaciona profundamente com a sua vida, de múltiplas maneiras.

Estar atento à mentalidade, nos vários momentos e fases do negócio, ao *core business* pessoal e à necessidade de desenvolver e renovar continuamente as próprias competências é garantia de excelência. A história de vida do empreendedor se funde com a vida da empresa.

Referências

GARCIA, Luiz Fernando. *Empresários no Divã*. Editora Gente, 2012.

GOLDSMITH, Marshall. *Conselhos para o CEO- Prepare-se para a sucessão*. Editora Campus, p. 3.

Diversos autores. *Psicologia Organizacional*. FOIL Ltda. pp. 117 -127 e p. 185, 2003.

MENEGHETTI, Antonio. *A Psicologia do Líder*. 4.ed. Ontopsicologica Editrice, 2008.

---

3 Dito popular, autor desconhecido.

7

Empreendedor total

Neste artigo, abordo alguns pontos principais que aplico em meu trabalho com consultorias, *coaching* e palestras, os quais agregam enormes benefícios no processo empreendedor. Ao atender empreendedores, empresários e executivos, a experiência tem me mostrado a eficácia da aplicação de tais pontos na obtenção de resultados e conquistas de objetivos

Douglas Santos

Douglas Santos

Profissional com 25 anos de experiência no Brasil e exterior, com atuação em empresas multinacionais, com consultoria empresarial focando a maximização de resultados empresariais e individuais. Atuação de 2 anos como executivo residindo em Nova York, USA. MBA em Gestão Empresarial, Bacharel em Administração, *Coaching* Profissional / Análise Comportamental, Consultor e Gestor Empresarial e Executivo para diversas empresas e empresários em todos os segmentos de negócios: administrativo, financeiro, *marketing*, controles, resultados, investimentos. Palestrante em gestão empresarial, gestão de negócios e gestão humana, com ministrações em português e inglês. Atuação como professor para graduação e pós-graduação, Formação em Nova York, USA, em Vendas, Logística, Gestão de Transporte e *"Buyer Focused Selling"* (Vendas Focadas no Cliente). Residente no Rio de Janeiro, com serviços de Consultoria, *Coaching* e Palestras disponíveis no Brasil, presencial ou via Skype.

Contatos
www.penielconsultoria.com
www.drsconsultor.com
drs.consultor@gmail.com
drs@penielconsultoria.com
Skype: dsantos34
(21) 99694-5031

Planejamento

Planejar é fundamental. Porém, muitas vezes nos esquecemos de um planejamento sólido, devido à ansiedade de iniciar as atividades. Isso gera um grande retrabalho. Um empreendedor que efetua bem o seu planejamento, evita mudanças de curso em seu projeto, fazendo somente pequenos ajustes para melhoria de gestão.

Ao falar de planejamento, verificamos pontos importantes e fundamentais para aqueles que querem atingir sucesso e demonstrar ao mercado sólida reputação, atraindo confiança, credibilidade e investimentos de pessoas e organizações, nacionais e internacionais.

Temos pessoas que admiramos e que possuem experiência em empreender, ou seja, já trilharam o caminho de iniciar um novo projeto. Busque informações com tais pessoas, troque conhecimentos, aprenda, faça perguntas. Existe aí uma grande oportunidade de aprender com a experiência e até mesmo com os erros dos outros. É fato que, aprendendo com os erros dos outros, é possível evitar os próprios.

Evite a ilusão e desejo desenfreado de um crescimento irreal e improvável. Entenda que todo empreendimento tem um tempo de maturação que não pode ser transposto. Esteja disposto a começar do começo. Parece redundância, porém não é. A maioria de empreendedores que presto consultoria tem um *"background"* como executivo de grandes ou médias empresas e, ao definir empreender, tem dificuldade em aceitar uma troca de ambiente de trabalho, em que tinha funcionários, equipe e agora inicia por si só, como *"home officer"*.

Não existe passe de mágica quando tratamos de gestão de empreendimentos e projetos. É necessário um sólido planejamento, prevendo cenários e principalmente um ajuste em nível psicológico para iniciar pequeno, trilhar o caminho e crescer gradativa e organizadamente.

Ao planejar é necessário definir sua estratégia geral – macro e micro -, ou seja, o projeto como um todo. Trata-se de um trabalho metódico e até cansativo, mas extremamente necessário.

Sem ordem e método, é impossível avançar.

Qualquer planejamento sofre ajustes, conforme tendências de mercado e oportunidades. Seja flexível para tais atualizações, identificadas por você ou por profissionais e consultores especializados que o ajudarão na caminhada.

Ao definir seus objetivos, não cometa um erro muito comum. Algumas pessoas traçam metas enormes em período de tempo quase desumano. Obviamente não as atingem, ficando desmotivadas ou desistindo.

Trace metas gerais e metas menores, sempre plausíveis, em período pequeno de tempo. Isso traz dois benefícios diretos: conseguirá atingi-las e poderá comemorar as pequenas conquistas rumo ao objetivo maior. Comemore cada etapa de alguma forma, pois trará energia para prosseguir.

Produto ou serviço

Ao iniciar seu projeto, defina um produto ou serviço que vai empreender.

Para facilitar a compreensão, considere que, sempre que eu mencionar produto, estou me referindo a um produto físico, digital, serviço ou projeto, pois os conceitos valem para todas as áreas de empreendedorismo.

O primeiro cuidado que devo mencionar é que existe, quase sempre, uma inversão de ordem na definição do produto.

Na maioria das vezes, as pessoas definem o produto com base no que acham ou em sua própria experiência, sem levar em consideração o mais importante que é quem vai comprá-lo. Ao definir o produto, é necessário entender a demanda de mercado por meio de pesquisas de identificação. Ao verificar as demandas, você verá que sua ideia de negócio, ou seja, seu produto pode se ajustar a tal demanda, tornando-se mais competitivo e atrativo para seu público-alvo.

Menciono como exemplo a área de consultoria. Um consultor pode iniciar sua carreira como consultor independente, em uma determinada área e, meses depois, verificar que o foco precisa ser ajustado, pois seus serviços terão mais sucesso em outra área que possui melhor demanda de mercado e necessidade de assessoria. Isso é tão comum e tão real que aconteceu comigo.

Uma vez que isso aconteça, basta se utilizar da flexibilidade que mencionei no tópico anterior e ajustar o foco visando ao melhor resultado. Lembre-se de que ajuste de foco não é mudar o projeto e sim direcioná-lo para melhor receptividade do seu público.

Esteja também disposto a diversificar e implementar. Durante reuniões de fechamento de contratos com clientes, tendo os meus serviços definidos, recebi a famosa pergunta: Poderia também nos prestar consultoria em tal área? Assim, adicionei mais um produto ao meu portifólio.

Um comentário de advertência torna-se necessário. Jamais atue fora de sua área de competência para agradar o cliente ou agregar mais receita, pois pode prejudicar sua credibilidade. Se possui o perfil necessário para agregar o produto proposto, faça com excelência. Do contrário, informe que não faz parte de seus serviços.

Esteja sempre alerta à leitura psicológica de cada cliente. É possível em conversa e negociação identificar necessidades e ajustar a proposta inicial até mesmo antes de enviá-la. Algumas vezes discuti as bases de trabalho com clientes e o que ele precisava não era o que inicialmente ofereceria. Isso me permitiu alterar o rumo da conversa e atender exatamente o que ele precisava.

Se percebe a necessidade, faça a proposta baseada na necessidade do cliente, que comprará seu produto. Porém, alguns clientes não têm definido o que realmente necessitam ou pensam que necessitam algo que não necessitam. É sua função analisar, observar e direcionar o cliente para o foco correto.

A melhor estratégia é deixar a pessoa falar. Numa conversa informal, a pessoa revela 70% mais do que revelaria se fosse perguntada diretamente.

Foco

Por várias vezes me perguntaram como consigo gerenciar tantas atividades ao mesmo tempo. A minha resposta é sempre a mesma, simples e direta: É fácil! Uma de cada vez.

No mundo em que vivemos, é impossível ter a ilusão que conseguiremos nos dedicar a uma ou poucas tarefas em nossas atividades, principalmente se estiver na área de serviços. Porém, não conseguiremos desempenhá-las de forma desordenada e sem métodos.

A solução, apesar de simples, é de difícil aplicação. Dedique seu tempo a várias tarefas, focando em uma de cada vez. Conclua totalmente seu objetivo antes de passar para outra tarefa.

O que mais vejo são pessoas fracassando do ponto de vista de produtividade por falta de foco.

Um exemplo prático para ilustrar o que digo. Enquanto estou escrevendo este artigo, vários *e-mails* estão entrando em meu *inbox*, pessoas chamando no Skype, lembrei-me de novos itens para uma palestra que estou preparando e tenho vários *follow-ups* para fazer. Tudo terá a sua vez, após eu terminar o período em que me propus a escrever.

Lembra-se do planejamento? Seu foco deve estar aliado à sua tarefa. Dedique-se 100% à tarefa proposta naquele período. Ao terminar, volte seu foco para a próxima com os mesmos 100% de foco na mesma, evitando distrações.

Gestão de tempo

Creio que muitos não entendem essa verdade absoluta: seu tempo é o principal ativo que tem. Qualquer outro ativo pode recuperar, porém seu tempo jamais voltará.

Daí a grande importância de gestão de tempo. A correta gestão de tempo elevará sua produtividade e trará equilíbrio para as outras áreas de sua vida, que também precisam de atenção.

Ao atuar como empreendedor, existem ciclos nos quais terá que trabalhar mais horas e outros que poderá trabalhar menos tempo. Não me refiro a tempo livre durante o expediente, pois não me permito a tal e não indico a ninguém. Creio que para atingir sucesso, tem que se trabalhar de maneira responsável e diligente.

Meu intuito é abordar dois assuntos importantes: que você não permita que seu tempo seja desperdiçado por outros ou por você mesmo e que não permita desequilíbrio à sua vida (se deixar, acontece).

Cada hora deve ser aproveitada da melhor maneira possível. Organize suas tarefas por hora durante seu dia, ajuste somente o necessário, faça cada hora produzir o seu melhor para seu projeto.

Não permita que outros modifiquem sua agenda, mostrando que é importante o cumprimento de horários. Se mantiver essa postura, as pessoas notarão e acabarão se adequando.

Gerenciar seu horário possibilitará tempo para outras áreas que não devem ser negligenciadas, equilibrando sua vida, saúde e família.

Existirão momentos de extremo trabalho, nos quais precisará trabalhar mais do que o normal e outros que nem tanto. Tenha em mente que sua produção melhorará exponencialmente se souber gerenciar seu tempo.

Organização e *follow up*

Busque organizar-se virtual e fisicamente. Ordem cria produtividade. Tenha um bom "*follow up*" em tudo que estiver fazendo. Você estará cuidando de várias áreas, oportunidades e clientes. Não adianta delegar, enviar propostas, desenvolver parcerias se não houver acompanhamento. As pessoas se esquecem de responder. Crie métodos de controle e acompanhamento regular. Existem várias ferramentas que podem auxiliá-lo no processo.

Estratégias de negociação

Como empreendedor, você terá que participar de inúmeras reuniões, seja para apresentar seu projeto, estabelecer parcerias ou fechar contratos. Logo, torna-se obrigatório entender alguns princípios e conceitos de como se comportar em uma reunião de negócios. Não me refiro à aparência ou traje, pois é de conhecimento de todos, ainda que negligenciados por alguns. Refiro-me ao comportamento, evitando erros fatais que podem literalmente fechar as portas de uma conquista.

O mundo globalizado contribui para o sucesso do empreendedor, dado o fluxo de informações disponíveis. Ao agendar uma reunião, busque o máximo de informações necessárias e se prepare corretamente. É normal no início de uma primeira reunião, ambas as partes se apresentarem, porém não inicie uma reunião no escuro, ou seja, conheça a outra parte o melhor possível e as informações que forem passadas servirão somente para confirmar o que você sabe. Isso demonstra interesse e respeito por quem está se reunindo e também permite estudar e traçar estratégias antecipadas. Lembre-se de que o segredo é descobrir a necessidade do que o cliente possui e oferecer a solução.

Ouça o que o cliente tem a dizer. Adotando este princípio, colherá informações preciosas de onde pode atuar, oferecendo seus serviços. Lembre-se de que quem faz as perguntas, controla a conversa, ou seja, após ouvir, faça perguntas abertas, jamais fechadas (aquelas que o cliente responde *sim* ou *não*). Perguntas abertas farão com que exponha mais ainda suas necessidades.

Quando for necessário, grave as reuniões, com a autorização do cliente, pois fica mais fácil revisar a conversa, traçar objetivos, propor estratégias e ações.

Ao se aproximar de uma reunião de fechamento de contrato, quando já estiver falando de valores, prazos, obrigações e outros, muito cuidado para não cometer o erro de ter pressa em fechar o negócio. Isso demonstra ansiedade ou necessidade urgente financeira. O valor de seu trabalho pode cair consideravelmente ou até mesmo a ansiedade pode fazer o cliente desistir, pois precisa de um prestador sólido e equilibrado.

Decisão

Ao finalizar o artigo, preciso mencionar um assunto do ponto de vista comportamental e extremamente poderoso. Ao tornar-se um empreendedor, encontrará dois tipos de pessoas: as que apoiarão seu trabalho e as que serão contra você.

Decida vencer, ter sucesso, foque em seus objetivos, não permita que palavras contrárias o desestimulem. Ao contrário, mostre ao mundo que você é capaz, determinado, focado, organizado e decidido a prosperar.

Está em suas mãos. Não permita que nada retenha o seu avanço. Com equilíbrio e perseverança, avance e conquiste.

8

O caminho para o empreendedor de sucesso

É preciso desenvolver as competências e as habilidades empreendedoras, para termos um crescimento econômico sustentável. Precisamos estimular o empreendedorismo, mas, junto ao estímulo, devemos disponibilizar as ferramentas adequadas. O sonho do empreendedor é transformado em realidade por meio do trabalho árduo, muita dedicação e perseverança. O empreendedor é marcado pela coragem, o que não significa que o medo não exista para ele

Edmilson Martins

Edmilson Martins

Contabilista, consultor, escritor e palestrante. Experiência de 29 anos em Contabilidade. Há 21 anos é proprietário da empresa SM Contabilidade e Consultoria, consultor formado e associado da THOMPSON Management Horizons do Canadá e Presidente da Associação Brasileira Beneficente de Assistência Social da Criança – ABBASC. Formado em contabilidade com pós-graduação em administração financeira e contabilidade empresarial pela PUC-RJ, Teologia Pastoral pelo Instituto Metodista Bennett, formado em Recursos Humanos e MBA em Gestão Empresarial pela Universidade Estácio de Sá – Cabo Frio – RJ. Tem experiência na criação de projetos para captação de recursos junto a CEF, BNDES, FINAME e FINEP para micros e pequenas empresas. Tem 19 anos de experiência com Entidades sem Fins Lucrativos - onde fornece consultoria desde a elaboração do estatuto, contabilização dos recursos e despesas, elaboração de projetos e aprovação junto ao Ministério dos Esportes, Cultura, Conselho Municipal da Criança e do Adolescente para captação de recursos. Ajuda, por meio das consultorias, centenas de MPE´s organizarem a gestão financeira, tributária e RH de suas empresas ao longo de 15 anos.

Contatos
www.edmilsonmartins.com.br
Blog: edmilsonmartins.com
edmilsonmartins@smportal.com.br
https://www.facebook.com/edmilsonmartinspalestrante
https://br.linkedin.com/pub/edmilson-martins/47/a7/489
https://twitter.com/edmilson_martin
(22) 2643-9034

"Entrai pela porta estreita; porque larga é a porta, e espaçoso o caminho
que conduz à perdição, e muitos são os que entram por ela;
E porque estreita é a porta, e apertado o caminho que
leva à vida, e poucos há que a encontrem."
(Mateus 7:13,14)

Começo fazendo uma analogia com a passagem bíblica e a difícil tarefa que os empreendedores têm de encontrar o caminho para o sucesso. Isso porque a maioria dos empreendedores buscam muitos caminhos errados, tentam encontrar soluções em locais que não traz nenhum resultado positivo, ficam sem saber o que fazer e acabam fechando seus empreendimentos. Tenho visto pesquisas apontarem as razões para tantos fracassos de empreendedores iniciantes e dos estabelecidos há pelo menos 4 anos. Os motivos quase sempre são os mesmos:

- 26,3% falta de capital de giro próprio;
- 21,1 falta de clientes;
- 17,5% carga tributária muito alta;
- 14% recessão da economia do país;
- 12,3% maus pagadores;
- 10,5 concorrência muito forte;
- 8,8% problemas financeiros.

Isso leva a uma estatística assustadora, com índices altíssimos e alarmantes de taxas de mortalidade empresarial como a demonstrada numa pesquisa realizada pelo Sebrae:

- No segundo ano, 49,4% das empresas, que abrem, fecham as portas;
- No terceiro ano, 56,4% das empresas, que abrem, fecham as portas; e,
- No quarto ano, 60% das empresas já fecharam as portas;
- Por fim, quase 70% das empresas que abriram suas portas não chegam ao quinto ano de vida.

Mesmo com a crise que se instalou no nosso país neste ano, a criação de novos empreendimentos no Brasil aumentou 4,9% no primeiro semestre deste ano (2015) em relação ao mesmo período de 2014, segundo o Indicador Serasa Experian de Nascimento de Empresas. Foram 990,9 mil registros ante os 944,6 mil dos seis meses do ano passado, o que se explica pelo crescimento do desemprego, que fez com que mais pessoas virassem microempreendedores individuais (MEIs) para ter acesso a vantagens que a formalização oferece, dizem analistas. Trata-se, portanto, de um aumento do número de pessoas que decidiram empreender por necessidade, em contraposição à tendência até 2014. De acordo com a última edição da pesquisa Global Entrepreneurship Monitor (GEM), feita no Brasil pelo Sebrae e pelo Instituto Brasileiro de Qualidade e Produtividade (IBQP), 70,6% das pessoas que abriram negócios foram motivadas por oportunidade, e não porque não tinham outra ocupação. Em 2014, a razão entre oportunidade e necessidade alcançou 2,4. Isso indica que para cada empreendedor que iniciou suas atividades por necessidade, 2,4 o fizeram por oportunidade.

Descobrimos, com entusiasmo, por meio dessa pesquisa Global Entrepreneurship Monitor (GEM) – 2014, que o sonho de ter seu negócio (31,4%) – ficou em terceiro lugar para os brasileiros entre 18 e 64 anos de idade, ficando na frente da compra de um automóvel (26,9%) (4) e ter um diploma de ensino superior (21,6%) (5), ficando atrás apenas de Viajar pelo Brasil (32%) (2) e comprar a casa própria (41,9%) (1). Isso mostra que, apesar do alto risco e das dificuldades, o brasileiro continua sendo um povo com perfil empreendedor.

Mas perfil empreendedor não basta. É preciso desenvolver as competências e as habilidades empreendedoras, para que tenhamos um crescimento econômico sustentável. Precisamos estimular o empreendedorismo, mas disponibilizar as ferramentas adequadas.

O sonho do empreendedor é transformado em realidade pelo trabalho árduo, dedicação e perseverança. O empreendedor é marcado pela coragem, o que não significa que o medo não exista para ele. Significa que o medo é sobrepujado pela ação de seguir a visão. A visão pode surgir de uma necessidade ou de despertar para algo novo.

O sucesso do empreendedor está fundamentado em três pontos básicos:

a) O desafio que estimula as pessoas a lutarem por alguma coisa;

b) O resultado que dá a sensação de vitória e autoconfiança para continuar adiante;

c) A própria responsabilidade de comemorar as vitórias e corrigir os erros cometidos.

"Se você ensina uma pessoa a trabalhar para outras, você a alimenta por um ano; mas, se você a estimula a ser empreendedor, você a alimenta, e a outras, durante toda a vida."
Jeffry Timmons, (1994)

Empreendedorismo é agir de forma dinâmica, inventar novas técnicas, enxergar e executar oportunidades. Empreender não é só a primeira e única atitude, é atitude constante. O empreendedor de sucesso precisa se reinventar todo dia, toda hora e a cada minuto, senão a crise se torna real pra ele. Não existe crise para quem se reinventa.

Segundo Jeffry A. Timmons, considerado uma das maiores autoridades mundiais em empreendedorismo, doutor em administração de empresas, professor emérito de empreendedorismo do Babson College e autor do livro New Venture Creation, um dos dez mais da lista da revista Inc. dos EUA, ***"O empreendedorismo é uma revolução silenciosa, que será para o século XXI mais do que a revolução industrial foi para o século XX"*** (Jeffry Timmons,1990).

Por que essa Revolução é Silenciosa? Por que não precisa ir à rua, fazer manifestação? Porque depende apenas de cada um de nós, depende de cada indivíduo. Começa com a mudança interna de cada empreendedor. Ter visão, coragem e competência para mudar o mundo a sua volta. O empreendedor de visão, quando inicia seu negócio, questiona, não aceita as coisas como são, não faz por fazer, observa e imagina-se antecipando as conclusões antes que a maioria perceba que aquela ideia virá à tona. O empreendedor chega ao momento que percebe que a sua visão se torna realizável e imagina já a sua execução. Porém, para se tornar real tem que ter a coragem para executar. Muitas ideias e projetos vão para o cemitério porque não tiveram coragem e iniciativa para realizá-las. O empreendedor tem que ter competência para realizar, senão o resultado será uma catástrofe. Não basta ter visão e coragem, tem que saber fazer ou pelo menos entender tudo sobre o projeto nos mínimos detalhes.

"Empreender é sonhar acordado."
Edmilson Martins

Muitos empreendedores sonham e não realizam porque estão simplesmente dormindo acordado. Quem quer ser vencedor tem que sonhar acordado o tempo todo. Não pode vacilar e cochilar, senão será derrotado pela acomodação, pela mesmice, pela falta de motivação e de energia.

Cinco motivos que impedem a realização dos seus sonhos

1. A meta é micro, portanto não tenho motivação para realizá-la; ou quando realizo, não tenho muita satisfação, porque não considero uma vitória para ser comemorada. Estou sempre satisfeito com o estado atual da minha vida.
2. A meta é mega ultra *power*, com isso nunca consigo alcançá-la. Então, desisto de sonhar. Sempre quero dar um passo maior que a perna.
3. Tenho muitas metas e quero fazê-las ao mesmo tempo. Ou não sei qual farei primeiro. O tempo passa e não faço nada. Não sei por onde começar. A meta não é específica.
4. Não tenho metas intermediárias. Não consigo planejar para manter o foco no objetivo principal. Acabo me desviando para fazer outras coisas e nunca termino o que começo.
5. Não sei aonde quero chegar. Não tenho meta. Sou centralizador e gosto de fazer tudo sozinho, sem estabelecer prioridades.

Esses são os motivos porque você não consegue transformar seus sonhos e projetos num empreendimento lucrativo, e que o impede de ser reconhecido como um empreendedor de sucesso.

> *"Se um homem não sabe a que porto se dirige,*
> *nenhum vento lhe será favorável."*
> Sêneca

Hoje temos no Brasil 18 milhões de pessoas querendo ser funcionário público, frustradas sem saber o que fazer porque o Governo Federal suspendeu os concursos públicos por causa da crise que o país está atravessando. Agora pergunto: Foi nesse cenário que fomos criados e crescemos? Nossos familiares queriam que fôssemos funcionários públicos? Carteira assinada? Estabilidade? Existe um sistema que impede as pessoas de mudarem suas características humanas? Sim. A boa notícia é que basta você querer mudar, analisar e desenvolver os seus comportamentos, competências e características de empreendedores.

Comportamentos, competências e características do empreendedor de sucesso

O caminho para o sucesso do empreendedor está baseado no comportamento e na personalidade empreendedora, pesquisada em 1982 por Davi McClelland, que identificou dez principais características das pessoas bem-sucedidas no mundo dos negócios em vários países e dividiu-as em competências que o empreendedor deve ter para alcançar o sucesso.

Realização	Planejamento	Poder
Busca de oportunidades e iniciativa	Busca de informações	Persuasão
Correr riscos calculados	Estabelecimento de metas	Rede de contatos
Exigência da qualidade e eficiência	Planejamento	Independência
Persistência e comprometimento	Monitoramento sistemático	Autoconfiança

Empretec/Sebrae

Basta adotar três comportamentos para cada competência para se tornar um Empreendedor de Sucesso, um campeão no mundo dos negócios. Isso porque não existe empresa vitoriosa sem que tenha no comando uma pessoa vitoriosa. Toda empresa tem que ter um vencedor, porque só um vencedor faz uma empresa ser vencedora. E o que diferencia os vitoriosos dos demais é sua disposição de lutar e sua forma de encarar a vida. Para ser um empreendedor campeão tem que mudar a maneira de viver. Com isso, mudará também a maneira de administrar os seus relacionamentos e negócios, será mais feliz e bem-sucedido em todas as áreas da sua vida.

Outro estudo também muito importante foi feito por Jeffry A. Timmons, que pesquisou as características comuns aos empreendedores bem-sucedidos e chegou à seguinte lista:

- Total comprometimento, determinação e perseverança.
- Guiados pela autorrealização e pelo crescimento.
- Senso de oportunidade e orientação por metas.

- Iniciativas por responsabilidades pessoais.
- Persistência na resolução de problemas.
- Conscientização e senso de humor.
- Busca de *feedback*.
- Controle racional dos impulsos.
- Tolerância ao estresse, ambiguidade e incerteza.
- Riscos moderados.
- Pouca necessidade de status e poder.
- Integridade e confiabilidade.
- Decisão, urgência e paciência.
- Lidar bem com o fracasso.
- Formador de equipes.

Além das competências e características observadas acima, existem também habilidades que foram estudadas e que devem ser consideradas para que o empreendedor consiga ter um empreendimento de sucesso. O empresário, para ter êxito nos seus negócios, precisa vencer primeiro o seu maior obstáculo – Ele mesmo!

> **Você é o obstáculo que precisa enfrentar;**
> *Você é que tem de escolher seu lugar,*
> *Você tem que dizer para onde quer ir,*
> *Quanto deverá estudar para conhecer a verdade.*
> *Deus o equipou para a vida,*
> *Mas Ele deixa você decidir o que quer ser.*
> *A coragem deve se originar da alma,*
> *A pessoa tem de contribuir com a vontade de vencer.*
> *Por isso, reflita,*
> *Você nasceu com tudo o que as grandes pessoas tinham;*
> *Com seu equipamento, eles começaram, por isso lembre-se,*
> *A maior distância a ser vencida é entre a cabeça e o coração.*
> **Encha-se de coragem e diga: EU POSSO!**
> George Washington

9

Empreenda plenamente!

Empreender é reconhecer em si mesmo o poder pessoal como agente de mudança. Quando se deixa de fazer algo e diz esse problema é "dele" não é meu, o problema "dele" pode ser sua oportunidade de negócios. Atender às necessidades emergentes, agir ao perceber um algo simples que você sabe fazer bem e pode oferecer a solução, resolver e apresentar um resultado ao mundo, isto é, empreender

Edna Rosa

Edna Rosa

Missão: encontrar Soluções e potencializar Resultados. Especialista Org, Plano Diretor, Plan Estratégico, Gestão de Pessoas, Negócios, Prod e Serv. Inteligência Estratégica, Auditora/RFB/MF e Previdência Social/MPS. Matemática, Pós-graduada/Docência Superior/UGF, Psicologia Transpessoal Aplicada à Edu/Alubrat/Unipaz, Biopsicologia/Felicidade Interna Bruta/Psiconeuroimunologia/I. Visão Futuro, Terapeuta Corporal/CRT27095, Trainer Training Master Practitioner/SBPNL, Master TLT n.3182/1999 Hawaii/USA, Master Mind LINCE/Fund Napoleon Hill/VA/USA,MBA of Coaching/SBC/FAPPES/ Life, Career, Executive, Leader, Mentoring/BCI/SBC®, Certif. Assessments: ALFA Coaching/Worth Ethic Corporation, SOAR Global Inst/CIS, Business High Performance/Master Coaching Integral Sistêmico/Febracis/FCU – Flórida Christian University. Sólida experiência em Coaching para executivos, empresários, empresas e negócios. Mais de 10.000h em atendimentos, criação, aplicação de *workshops* e programas transformando vidas.

Contatos
www.ednarosa.com.br
www.makeconnection.com.br
www.mastercoachednarosa.com.br
www.sbcoaching.com.br/ocoach/edna_rosa
falecom@ednarosa.com.br
ednarosa@makeconnection.com.br
+55 (11) 98606-7262 (WhatsApp)
+353 (83) 8034190/ie/FTime

Empreender é reconhecer em si mesmo o poder pessoal como agente de mudança. Quando se deixa de fazer algo e diz esse problema é "dele" não é meu, o problema "dele" pode ser sua oportunidade de negócios. Atender às necessidades emergentes, agir ao perceber um algo simples que você sabe fazer bem e pode oferecer a solução, resolver e apresentar um resultado ao mundo, isto é, empreender.

Diferentemente de empreender para viver, das aparentes vantagens de ser um empregado de uma empresa, onde não se corre risco financeiro, não é necessário pensar em soluções de problemas corporativos, nem se preocupar com o rumo dos negócios, pode-se aspirar a uma carreira dentro da organização, prever o salário mensal, ter benefícios sociais pagos pela empresa, férias garantidas, gozar de proteção e a segurança do empregador, que é o responsável por decisões estratégicas e norteia os negócios. "Ele" - empreendedor, trabalha, inspira e expira seus sonhos.

O significado de empreendedorismo vai além, se manifesta na atitude de quem, por iniciativa própria, realiza ações, age ao perceber, cria oportunidades, novos métodos para desenvolver atividades, produtos e serviços para atender a um público-alvo, um nicho, uma necessidade em interação produtiva, rentável como um jogo de ganha-ganha: disponibiliza soluções, oferece serviços de alta importância e relevância à comunidade, gera empregos, receitas para si e para o Estado.

Para o empreendedor, quanto maior o desafio, mais firme a decisão de não recuar um passo sequer e, se recuar, que seja apenas para dar impulso na disposição de oferecer recursos, soluções com eficácia. Ele é um agente de mudança na sociedade, encontra um *gap* e ajuda o Estado a suprir aquela deficiência com eficiência, criando e construindo um caminho norteado para solução em massa e, por mais que ele tenha motivação e inspiração, há que haver preparação e transpiração para colher a prosperidade genuína, descobrir e garantir a realização com estratégias de planejamento, investimentos, análise de oportunidade, relacionamento com os clientes, colaboradores, parceiros, acompanhar como o mercado funciona, antes de abrir o próprio negócio e alcançar o sucesso.

O empreendedor consciente da sua responsabilidade pessoal e social sabe que, antes de encarar a oportunidade, é necessário avaliar o risco, de forma equilibrada, apoiado por programas denominados 'aceleradores', para preparo de empreendedores e aperfeiçoamento do empreendedorismo.

O poder para viabilizar, controlar, executar, identificar responsabilidades, com assertiva distribuição de tarefas, por especialidades, motivos e prazos permite acompanhar o fluxo de caixa e resultados gerados sobre os valores da entrega do produto ou serviço é o Plano de Ação com as Estratégias para empreendedores, empresas e negócios: 5w 2h + indicadores = resultados evidenciados no processo e lucros no negócio.

AÇÕES E ESTRATÉGICAS PARA EMPREENDER			SINAL
5W - Plano de Ação			ACOMP ↓ → ↑
What?			
O QUÊ?			
AÇÕES ESTRATÉGICAS			
Who?			
QUEM?			
RESPONSÁVEL			
When?			
QUANDO?			
TEMPO			
Where?			
ONDE?			
LOCAL			
Why?			
POR QUÊ?			
RESULTADOS			
2H - Método, estratégias e custo			
HOW?			
COMO?			
MÉTODO/PASSOS			
HOW MUCH?			
QUANTO CUSTA?			
CUSTO			
RESULTADOS/EFICÁCIA/MONITORAMENTO			
PREVISTO $			
R$/US$/ €			
OUTRA MOEDA			
REALIZADO $$$			
R$/US$/ €			
OUTRA MOEDA			
USANDO O SINALIZADOR DE ACOMPANHAMENTO			
↓ A ser realizada	➡ Em andamento	↑ Realizada/concluída	

Inovar é ser proativo e, ao motivar, gera uma ação, soluciona uma deficiência emergente, urgente ou futura, e move o mundo. Solucionar essa deficiência emergente, urgente ou futura, não está restrito ao mundo dos negócios nem à administração da vida pessoal, familiar, ou das cidades e nações - há princípios fundamentais, que precisam ser realidade para o empreendedor, empreendedorismo e a sociedade como um todo. Ações estratégicas são pilares importantes para construir e realizar objetivos prioritários para o desenvolvimento, aumento da competitividade na economia pessoal, profissional, empresarial no Brasil e no mundo. O foco do empreendedor bem-sucedido é o mesmo em todo lugar, crescimento organizado, produtivo, responsável.

SUGESTÃO DE AGENDA EMPREENDEDORA - VISÃO DO TODO DIARIAMENTE		
PROJETOS EM ANDAMENTO	COMPROMISSOS: PESSOAS, EVENTOS, TREINAMENTOS	PRIORIDADES DO MÊS
PROJETOS EM ANDAMENTO	ATIVIDADES RECORRENTES	QUAL - O CRESCIMENTO QUE POSSO ESPERAR
PRIORIDADES - É PRECISO REALIZAR CUSTE O QUE CUSTAR	COMPROMISSOS SEMANAIS PESSOAS A CONTRATAR	SOLUÇÕES - O CRESCIMENTO SERÁ DE AÇÕES ESTRATÉGICAS PARA EMPREENDER
	DOMINGO	FOCO diário nos 5w+2h+eficácia
		5W - Plano de Ação
		What?
		O QUÊ?
		AÇÕES ESTRATÉGICAS
	SEGUNDA-FEIRA	Who?
		QUEM?
		RESPONSÁVEL
		When?
		QUANDO?
PROJETO 1	TERÇA-FEIRA	TEMPO
		Where?
		ONDE?
		LOCAL
		Why?
	QUARTA-FEIRA	POR QUÊ?
		RESULTADOS
		2H - Estratégias
		HOW?
PROJETO 2	QUINTA-FEIRA	COMO?
		MÉTODO/PASSOS
		HOW MUCH?
		QUANTO CUSTA?

		CUSTO	
	SEXTA-FEIRA		
		RESULTADOS/EFICÁCIA	
		PREVISTO $	
		R$/US$/ €	
		OUTRA MOEDA	
PROJETO 3	**SÁBADO**	**REALIZADO $$$**	
		R$/US$/ €	
		OUTRA MOEDA	
		SINALIZADOR PARA ACOMPANHAMENTO	
		EM ANDAMENTO ➡	
		A SER REALIZADA ⬇	
		CONCLUÍDA ⬆	
COMPROMISSOS E AÇÕES GERAIS			
OBSERVAR QUAIS AÇÕES ME APROXIMAM DO MEU OBJETIVO EMPREENDEDOR, EVIDENCIAR PRIORIDADES			
Atividades pontuais, recorrentes, diárias, semanais, mensais e anuais			
Compromisso contatos necessários, atividades delegadas cobrar o resultado			
O que fez o meu dia valer a pena?			
O que aprendi hoje que impulsiona o meu negócio?			
O que poderia ter feito diferente?			
Qual o crescimento que posso esperar com isso?			
Outras questões importantes para o seu negócio, relacionar.			

Além disso, é preciso acreditar em si, no potencial pessoal, na capacidade de construir um novo negócio de forma sustentável para o comércio local, nacional e internacional, criar novos empregos, gerar receitas para si, sua localidade e atender às necessidades das pessoas, daquele nicho, com aquele público-alvo.

É importante gerenciar a vida não só como empreendedor, mas o pessoal: físico, emocional, espiritual, social e temporal. O estado emocional está diretamente ligado ao sistema de crenças, desde a escolha de um emprego, uma faculdade, um novo negócio, a tomada de decisão é governada pelo sistema de crenças, como se acredita e sente. O sentir é absoluto na tomada de decisão, mesmo que não esteja em nível consciente, é determinante da ação.

Reconhecer as emoções e controlá-las permite o acesso a recursos potenciais existentes dentro de si e a capacidade de ver com clareza o que está realizando com a certeza sobre o que deve ser feito. Fortalece a coragem, as decisões e a vontade de persegui-las até alcançar o resultado desejado e potencializá-lo.

Estratégico, em um plano de ação, é perceber o que se precisa para alcançar o objetivo de iniciar um negócio, é observar os grandes nomes do mercado em que deseja ser inserido. Quem é a grande referência para o produto ou serviço que pretende disponibilizar no mercado hoje? Descubra a marca e observe o que ela faz e o benefício que entrega ao seu público-alvo ao se estabelecer no mercado. Defina sua estratégia e aprenda com os melhores. Tom de voz, postura corporal e social influenciam nos negócios.

Um empreendedor parece muitas vezes tomado por suas ideias e se coloca em movimento em direção a elas, motiva-se e vai dedicando sua vida para alcançar o resultado, mas apenas 3 a 10% permanecem no mercado com sucesso de médio e longo prazo. Das 694 mil empresas abertas em 2009, apenas 47,5% continuavam funcionando em 2013 - estudo divulgado pelo IBGE em 04/09/2015. De um total de 264.700 em 2007, 76,% continuavam no mercado em 2008, 61,3%, em 2009, e apenas 51,8% e continuavam funcionando em 2010 - estudo divulgado pelo IBGE (Instituto Brasileiro de Geografia e Estatística), em 27/08/2012.

Segundo o SEBRAE, em seu serviço de apoio à micro e pequena empresa, entre as principais razões para a mortalidade precoce das empresas estão a falta de planejamento, de um plano de negócios, não inovar e copiar modelos existentes, não acompanhar a rotina da empresa nem o fluxo de caixa, descontrole na gestão por não se adaptar às necessidades de mercado e divulgar, de forma inadequada, a marca.

No Brasil e no mundo, novos talentos se revelam, criam negócios com propósito de vida, garantindo que sua visão, somada aos seus princípios de vida, constroem sua missão, com os conhecimentos e a estrutura do negócio, possibilitam melhores resultados em benefício de todos os envolvidos: empreendedor, empresa e o público-alvo, a quem é feita a entrega do produto ou serviço.

Alguns empreendedores trocam salários compensadores pela possibilidade de fazer aquilo que se ama, aquilo que se acredita, ao lado de pessoas que admiram, respeitam e partilham do mesmo propósito de vida norteado pela sua missão. Compromisso este de oferecer ao mundo o seu melhor, ajudar pessoas a transformar suas vidas, dando possibilidade a si mesmo de ser o que veio para ser nesse mundo, exatamente no lugar em que está, com os recursos disponíveis no momento, para fazer o projeto acontecer.

Empreender, muitas vezes, acontece naturalmente, em especial aos jovens que estão começando a pensar a vida adulta. Experts em empreendedorismo sugerem criar, no ensino fundamental para motivar o jovem, dando um norte positivo para sua vida futura, além de projetos sociais para guiar esses jovens, potencialmente empreendedores, que ainda não reconhecem seus recursos, habilidades nem sua importância para o mundo.

O empreendedor social é uma pessoa comum, um agente de mudança, com soluções inovadoras para problemas sociais. Ambicioso e persistente, enfrenta as grandes questões sociais e até mundiais, propondo novas soluções em larga escala, como Maria Montessori, para a educação na Itália; Florence Nightingale fundou a enfermagem moderna no Reino Unido, lutou para melhorar as condições hospitalares em todo o mundo; Margaret Sanger, Fundadora da Federação Americana de Planejamento Familiar nos Estados Unidos.

Diferentemente do empreendedor público ou privado, os empreendedores sociais identificam o que não funciona, encontram a solução de mudança para o sistema, disseminam a solução para sociedade, dando um novo rumo. a economia, Maximizam o número de pessoas locais para apoiar - adotar a ideia e colocar em prática.

Do mesmo modo que o empreendedor generalista, corporativo, privado, organizacional, social e digital, que supre uma necessidade, transformando a face dos negócios, empreendedorismo é criatividade em ação.

Quem são os novos talentos brasileiros que criaram negócios com propósito de vida, com um passo a passo como "o que é", "como se tornou realidade", "modelo de negócio" e "futuro"?

Destaque na era moderna, os empreendedores digitais como Érico Rocha, com seu curso Fórmula de Lançamento, em que mostra caminhos para o empreendedorismo digital; Henrique Carvalho queria fazer o dinheiro trabalhar para ele e não ele correr atrás do dinheiro para viajar o mundo. Criou o *blog* Viver de Blog em suas palavras. Sim. É possível viver de *blog*.

Não importa o lugar, há espaço para empreender. Você precisa da inteligência, da ambição e da criatividade, assim disse Jon Bradford, diretor da Tech Stars, em um espaço de *networking* para os empresários, chamado *Startup moagem*, em Dublin, na Irlanda.

Outro caso de sucesso de Pat Phelan e seu sócio Chris Kennedy, cofundadores da Trustev, em 2012, que criaram uma plataforma para proteger comerciantes, analisar fraude de "impressões digitais" em tempo real, para avaliar se um cliente é genuíno ou não. Phelan e Kennedy beneficiaram-se de um programa chamado 'Enterprise Ireland Programme', em Cork, e trabalharam com afinco para evitar o risco que ficava com o vendedor pensar o quanto o modelo era completamente desequilibrado. Apresentaram a solução, porque acreditaram na possibilidade de transformar - trabalharam com esforço, dedicação, alegria, diversão, honrando suas histórias, suas vidas, sua família com o resultado que entregam ao mundo.

Acredite no seu sonho. Acredite na sua visão. Acredite em você. Viva o seu melhor, se dê todas as chances que precisar. Aconteça o que acontecer, considere como degrau na escalada do sucesso. Empreenda plenamente, aconteça o que acontecer, continue caminhando continue respirando e faça o que tem que ser feito. Na dúvida, pergunte-se: isso me aproxima ou me afasta do meu sonho? Tome a ação necessária e faça o que tem que ser feito nesse caminho em direção ao seu sucesso. Empreenda plenamente! Trabalhe, inspire seus sonhos, expire concretização, realize o seu melhor!

10

O empreendedor exponencial

O mundo hoje passa por grandes transformações e rupturas. Para superar tamanhas mudanças e alcançar resultados relevantes, o papel da liderança precisou se adaptar ao novo contexto.
Neste capítulo, você conhecerá o perfil do empreendedor exponencial, métodos e as seis principais características que esse líder precisa ter para continuar tendo resultados exponenciais

Eduardo Gomes de Matos

Eduardo Gomes de Matos

Economista, pós-graduado em Administração de Empresas com experiência em Desenvolvimento Empresarial e na utilização das mais modernas ferramentas de Gestão Empresarial. Consultor responsável pela implantação de projetos de competitividade em várias empresas no país. Autor do livro Novos Padrões de Gestão Empresarial - Os desafios da Competitividade. Atuou como executivo por quatro anos do SINDILOJAS e CDL de Fortaleza. Atualmente exerce as atividades de palestrante, pesquisador, consultor e mentor da Endeavor.

Contatos
www.gomesdematos.com.br
presidencia@gomesdematos.com.br
(85) 3224-005 / (85) 8732-0809

Tempo de rupturas

O mundo hoje passa por grandes transformações. O que dava certo antes já não funciona mais. As hipóteses que justificavam as empresas não são mais verdadeiras. Vivemos hoje o que Peter Drucker chamou de "a Sociedade do Conhecimento", na qual a informação e o conhecimento reduzem a necessidade e a importância dos outros fatores de produção – mão de obra, terra e capital. Inovações científicas, tecnológicas e sociais obrigam as empresas a se reinventarem a cada 2 ou 3 anos. Grandes reestruturações, privatizações, terceirizações, fusões, etc mudaram as empresas. O fim da segurança no trabalho, fim da estabilidade e a inserção da mulher no mundo organizacional deram uma nova forma às relações de trabalho. Informações, conhecimentos e o mundo conectado criaram consumidores diplomados muito mais conscientes da sua importância.

No mundo dos negócios, nada é garantido para sempre! 67% dos CEO's do mundo inteiro acham que seus modelos atuais de negócios só se sustentam por mais três anos, enquanto 31% acreditam que podem se manter por mais cinco anos. Compare a lista das 25 melhores empresas da Fortune 500 do ano 2000 e de 2010. Dezesseis caíram do seu altar em apenas dez anos. São quase dois terços! De 1955 para 2015, mais de 90% das empresas foram varridas do mapa por empresas menores, faliram ou tornaram-se tão pequenas que acabaram ficando sem importância. No Brasil, segundo a Revista Exame 500 Empresas Maiores & Melhores - das empresas listadas em 1974 como sendo as referências em gestão, em 2014 67% já não existiam mais ou haviam sido adquiridas.

Vivemos um Tempo de Rupturas! Peter Diamonds escreveu no seu livro Abundância: "Se vocês acham que o mundo está muito rápido, segurem-se em seus assentos, pois vai acelerar ainda mais. O número de pessoas conectadas triplicou entre 2000 e 2010. No futuro, os *tablets* serão gratuitos. É difícil de acreditar, mas basta pensar que sem uma plataforma digital, você não poderá adquirir nada. Alguns itens tidos hoje como bens perderão o valor em si. Você vai deixar de possuir um carro para ter acesso a vários carros diferentes, de acordo com cada necessidade, por exemplo." Vejam alguns exemplos destes novos tempos.

A maior empresa do mundo de táxi é a Uber que não possui nenhum carro próprio. Cerca de cinco anos após sua fundação, a empresa foi avaliada em US$ 18,2 bilhões de dólares, em junho de 2014, contando com investidores como a Google e Goldman Sachs. Outra é a Alibaba, empresa que começou em 1999 com o site *web* Alibaba.com, com um serviço *business-to-business* para conectar os fabricantes chineses com compradores estrangeiros. Seu portal *consumer-to-consumer* Taobao, semelhante ao eBay, apresenta cerca de um bilhão de produtos e é um dos 20 sites mais visitados no mundo. Os sites do Alibaba Group representam mais de sessenta por cento da parcela de entregas na China. A empresa foi fundada no apartamento de um quarto de Jack Ma. A Airbnb fundada em 2008 e com sede em São Francisco, Califórnia, é uma empresa do mercado comunitário confiável para pessoas anunciarem, descobrirem e reservarem acomodações únicas ao redor do mundo, seja de um computador, de um celular ou de um *tablet*. Está em mais de 34.000 cidades e 190 países e hospedou mais de 40 milhões de pessoas sem possuir um único hotel.

Segundo afirma Salim Ismail, diretor executivo e fundador da Singularity University, forças muito poderosas estão surgindo no mundo – tecnologias exponenciais, *crowfunding, crowdsourcing* e o *rising billion* – darão o poder de resolver muitos dos grandes desafios do mundo. Tecnologias pela internet, inteligência artificial, impressão 3D, biologia sintética e muitas outras novas inovações deram as condições necessárias para o surgimento de milhões de novos empreendedores com negócios inéditos.

Perfil do empreendedor exponencial

Segundo pesquisa da Endeavor, existem cinco dimensões do empreendedorismo no Brasil. Cinco aspectos comuns e indispensáveis separam os que têm comportamento empreendedor dos que não têm. 1. Otimismo – sempre ver e esperar o melhor e acreditar que vai dar certo. 2. Autoconfiança – é inegável que o empreendedor tem talento para acreditar em si mesmo, em suas ideias e decisões. 3. Coragem para aceitar riscos. Fazer o possível para reduzi-los, mas considerar correr riscos algo pulsante, que dá energia e faz crescer. 4. Desejo de protagonismo – grande vontade de ser reconhecido, tomar as rédeas da vida, ser pleno. 5. Resiliência / persistência – acredita no potencial do sonho, por isso luta até o fim. Sacrifica-se muito, mas não desiste. Aliados a esses aspectos do comportamento do empreendedor, podemos listar os do empreendedor exponencial. Devemos iniciar a discussão deste perfil fazendo a seguinte pergunta a você como empreendedor: qual a mudança, legado, impacto que deseja no mundo?

Características do líder exponencial

A liderança de sucesso em uma ExO é bem diferente da liderança de sucesso de empresas criadas antes de 2008. Rob Nail, CEO da Singularity University, avaliou em detalhe as qualidades da liderança e identificou seis características comuns nos líderes das organizações exponenciais:

1. **Visionário defensor do cliente**
   Em um período de transição rápida, é muito fácil para as empresas e seus produtos se desviarem das conexões originalmente bem-sucedidas que mantinham com seus clientes. Ter o líder da organização como guardião das prioridades garante que elas sejam defendidas com consistência. Para uma organização exponencial, isso é importante. Quando os clientes constatam que suas necessidades e desejos são atendidos ao máximo, tendem a se mostrar mais fiéis na caótica etapa de experimentação que costuma acompanhar o crescimento acelerado.

2. **Experimentador movido pelos dados**
   A fim de criar ordem em meio ao caos da transformação rápida, uma ExO precisa contar com uma abordagem ágil de experimentação –ali, o conceito de *lean startup* no que diz respeito à interação com os consumidores pode ser aplicado em qualquer escala para construir conhecimento institucional. Hoje existem muitas ferramentas sociais e outros veículos que permitem ao líder manter conexões incríveis com os clientes e a comunidade. Envolver os consumidores da maneira correta fará com que ajam de modo flexível em relação aos processos da empresa e até, quem sabe, se entusiasmem e peçam para fazer parte deles.

3. **Realista otimista**
   Na hora de ampliar a atuação em um processo veloz, conseguir entender e quantificar a realidade de uma situação é essencial para o líder. Ao encarar a realidade, porém, ele precisa fazer alguma interpretação. O líder capaz de articular um resultado positivo em qualquer cenário, mesmo nos panoramas mais desfavoráveis, contribui para preservar a objetividade da equipe.

4. **Flexível ao extremo**
   Líderes que enfrentam longos períodos de crescimento acelerado precisam conseguir transformar seu foco e adaptar as habilidades que possuem de acordo com a necessidade em pauta. Ainda é muito raro encontrar um líder capaz de se transformar exponencialmente

no mesmo ritmo da tecnologia e da destruição dos modelos de negócio, mas esse aprendizado constante é essencial para permanecer na curva exponencial.

5. Radicalmente aberto

Recorrer a especialistas de fora da empresa é importantíssimo no caso de uma ExO, mas, infelizmente, essa oportunidade vem acompanhada do desafio de interagir com uma comunidade ampla e diversificada, o que pode criar uma série de ruídos e abrir espaços para potenciais críticas. É preciso saber interagir com a comunidade.

6. Verdadeiramente confiante

A fim de viver na curva exponencial e não se prender à linearidade da burocracia, o líder deve estar disposto a ser demitido ou até tomar a iniciativa de se afastar do emprego. Ele precisa estar pronto para travar batalhas até o fim e superar a oposição, e isso exige uma autoconfiança extrema. Líderes convencionais podem tornar-se exponenciais? Sim, mas eles precisam de alguns empurrões e um ambiente que favoreça isso. (Fonte: Revista HSM Management – Edição 108 – p. 60: 64)

Métodos do empreendedor exponencial

Primeiro devemos entender que uma empresa somente existe para solucionar o problema de alguém. Empresas comprometidas com o crescimento fazem da antecipação dos desejos e necessidades dos clientes um marco da sua cultura e conquistam esse objetivo por meio da mudança radical e reinvenção constantes. Como criar uma organização exponencial?

Não há uma fórmula secreta para criar uma empresa e observar o seu crescimento repentino do dia para a noite, mas alguns pontos podem ser observados por aqueles empreendedores visionários que desejam tirar seus sonhos do papel e se tornar a próxima ExO de sucesso. A seguir, veja sete passos sugeridos pelo estudo das Organizações Exponenciais para atingir resultados extraordinários.

1. Definir um Propósito Transformador Massivo - Esse é o principal passo, sem um PTM você não vai conseguir movimentar uma organização, ainda mais para uma direção não definida. O empreendedor exponencial , quase por definição, pensa GRANDE. Exemplos de PTM – TED: "Ideias que merecem ser espalhadas"; Google: "Organizar a informação do mundo"; Singularity University: "Impactar positivamente um milhão de pessoas".

2. **Formar uma equipe de fundadores multidisciplinar** - É uma característica necessária para a velocidade, funcionalidade e flexibilidade em mundo em rupturas. A composição ideal é um visionário, um especialista em experiência do usuário, um engenheiro e um financeiro. Essa equipe conseguirá levar adiante o empreendimento, pois permite a aprendizagem sob novas perspectivas e a agilidade.

3. **Formar uma comunidade** - "Se você criar comunidades e fizer as coisas em público, você não tem que encontrar as pessoas certas, elas o encontram" diz Chris Anderson. Trocar experiências será muito importante, reúna essa comunidade, provoque atores que ajudarão na construção dessa empresa. Crie uma comunidade com base em atributos que compartilham crenças, recursos, preferências, necessidades, riscos e outras características, e não dependam da proximidade física.

4. **Buscar uma ideia inovadora** - Você está trabalhando em algo que pode mudar o mundo? Nesta busca, selecione uma ideia para trabalhar que seja no mínimo dez vezes melhor do que o estado atual, ou seja, uma operação em que trabalharia numa proporção de preço/desempenho dez vezes maior que o das empresas da década passada. Somente assim será possível criar uma disrupção no mercado de atuação.

5. **Construir um modelo de negócio** - Construa o seu *Canvas* considerando os nove elementos do modelo de negócios. Defina a. Seus clientes alvo – quais são os clientes que você quer atender e quais as suas necessidades; b. Sua proposta de valor – como você solucionará os problemas dos clientes; c. Seus canais de distribuição - teste e os valide, muito provavelmente a empresa terá problemas para se rentabilizar se os canais não forem corretos; d. Suas formas de relacionamento – como e em que momentos você se relacionará com seus clientes; e. Suas fontes de receita – quais serão as fontes de receita, defina como você ganhará dinheiro; f. Seus recursos-chave – quais são os principais recursos que você necessitará; g. Suas atividades-chave – quais são as funções e operações críticas do negócio; h. Seus parceiros-chave – quais são os parceiros imprescindíveis para você entregar a sua proposta de valor; e i. Sua estrutura de custos – quais são os custos e despesas que deverão ser gerenciados para garantir a lucratividade do modelo.

6. **Construir um produto mínimo viável** - O método proposto por Eric Ries, no seu livro *A Startup Enxuta,* é primeiro pesquise as ne-

cessidades do cliente. Em seguida, realize um experimento para saber se o produto proposto corresponde a essas necessidades. Utilizando as perguntas a seguir, você tira a sua conclusão se o produto é viável. O produto atende a necessidade do cliente? Como o cliente resolveu um problema ou necessidade no passado? Quais são os custos atuais criados pelo problema do cliente? Devemos adaptar ou mudar nosso curso? Estamos prontos para produzir?

7. **Tornar-se uma plataforma por meio dos algoritmos** - Para implementar algoritmos, as organizações exponenciais devem: a. Reunir dados; b. Organizar os dados; c. Aplicar os dados; d. Expor os dados como se fosse uma plataforma aberta. Fazendo isso você permite produtos e serviços totalmente escaláveis.

Concretizando o sonho de empreender

Para ser um empreendedor exponencial de sucesso e concretizar o seu sonho, você também irá precisar das características de um líder de sucesso, afinal ninguém constrói um grande sonho sozinho. Mas o que é liderar? E como liderar equipes exponenciais de alta *performance*? Primeiramente, permita conceituar o que é liderar. Liderar é influenciar, persuadir, é convencer. Liderar é compreender, sintetizar e expor. Liderar é confiança e responsabilidade mútuas. Enfim, liderar é construir objetivos compartilhados. O empreendedor exponencial deve ser um líder que ajuda a criar o novo – deve desorganizar, perturbar, desestabilizar. Mobiliza para as mudanças – consegue adesão, busca sinergias, elimina antagonismos e remunera pela atuação e desempenho. Avalia, conhece e retém os melhores – avalia competências, comportamentos, conhecimentos. Desenvolve as competências essenciais para o negócio.

Liderar é influenciar pessoas para que desenvolvam motivação para fazer o que "deve" ser feito com vontade e com o máximo do seu potencial para atingir objetivos compartilhados. E o que mobiliza as pessoas para lutar por objetivos e metas extraordinárias para construir uma organização exponencial? São dois fatores: uma causa – uma razão que justifique a luta e uma pessoa – uma liderança que as conduza. O ideal é quando ambos ocorrem simultaneamente – Uma causa que justifique e uma liderança que a personifica. Daí a importância do PMT – Propósito Massivo Transformador (a sua causa) e da liderança para concretizar o sonho de empreender.

Agora é com você! Quer um conselho? <u>Bota pra fazer</u>.

11

Empreendedorismo na família e no trabalho: análise do filme *Click*

Numa empresa, as pessoas precisam se relacionar, e o modo como vão se relacionar depende das suas experiências ao longo da vida. O objetivo deste capítulo é estimular a reflexão sobre a importância de empreender na família e no trabalho. O modo como cada um está empreendendo na vida pessoal e na vida profissional poderá produzir qualidade de vida. Palavras-chave: empreendedorismo, trabalho, família, cinema

Elisângela Paes Leme

Elisângela Paes Leme

Psicóloga. Doutoranda em Psicologia Clínica PUC-SP, Mestrado em Educação. Atua na clínica, em ambiente escolar e empresarial. No Ensino Superior, exerceu a docência nas disciplinas de Psicologia Organizacional e do Trabalho, Social e Comunitária, Psicoterapia de crianças e de adolescentes, Ética, Didática, Introdução à Psicologia e estágio clínico supervisionado. É autora do livro Leitura e escrita no contexto escolar contemporâneo, que aborda a sociedade moderna, a família e a criança no contexto da aprendizagem e do relacionamento interpessoal, coautora do livro Treinamentos Comportamentais, que aborda a importância de planejar o treinamento, valorizando os aspectos didáticos e emocionais para que se promova qualidade de vida no trabalho.

Contatos
www.elisangelapaesleme.com.br
Whatsapp: (11) 97048-6697

Quem nunca ouviu a frase: "Problemas de casa, deixe-os em casa e problemas do trabalho, deixe-os no trabalho!" Podemos trocar por: "Estresse de casa, deixe-o em casa e estresse do trabalho, deixe-o no trabalho ou cansaço de casa, deixe-o em casa e cansaço do trabalho, deixe-o no trabalho". Será que isto de fato acontece?

Nos atendimentos em Psicologia Clínica, fica evidente a tentativa das pessoas em fazer estas frases acontecerem. Algumas pessoas afirmam que sabem separar muito bem as coisas, conseguem não falar sobre os problemas de casa e não contar sobre os problemas profissionais. Mas não é sobre o ato de falar que objetiva este capítulo e, sim, sobre a dinâmica do modo de ser de cada pessoa e das suas consequências.

A pessoa que tem dificuldade na comunicação terá essa questão na família, com os amigos e no trabalho. Uma pessoa explosiva apresentará, de acordo com a situação, este comportamento em quase todos os lugares. Os conflitos acontecem e precisam acontecer. Uma relação sem conflito pode significar que alguém está se anulando em relação ao seu modo de ser e de pensar, aceitando tudo o que o outro faz. Isso também não é bom!

Numa empresa, as pessoas precisam se relacionar, e o modo como essa pessoa vai se relacionar depende das suas experiências ao longo da vida. A primeira experiência de relacionamento ou vínculo afetivo acontece na família. Antes dos filhos, o relacionamento começa com o casal, e este relacionamento é influenciado pela história de vida de cada um e pela cultura do casamento.

Os relacionamentos conjugais passam por processos de mudança ao longo dos anos. A história e a cultura da sociedade interferem na dinâmica dos relacionamentos conjugais. Na dinâmica dos casamentos ditos "modernos", há uma expectativa de que as fronteiras entre os territórios masculinos e femininos dissolvam-se e o sustento, as tarefas e os cuidados com a casa e os filhos sejam divididos. (ARATANGY, 2007).

Na prática clínica, a frustração com esta expectativa gera mágoa, raiva e desentendimentos em ambas as partes. A fala do marido é de ajudante nas tarefas domésticas, ou seja, de quem ajuda e estaria numa posição de submissão. O rendimento econômico também gera conflito: quem ganha mais trabalha na mesmo proporção nas atividades domésticas? Para Osório (2002), em algumas circunstâncias, nos tempos atuais, o homem fica à sombra da mulher, aguardando as reivindicações femininas. Porém, este cenário não faz parte de todas as culturas nem de todas as famílias contemporâneas. Começou a fazer parte da cultura ocidental nos tempos atuais.

Para Aratangy (2007), a partir da Revolução Industrial, as relações familiares passaram a ter divisões rígidas pelos papéis de gêneros. O marido passou a ser o provedor e a mulher a cuidar da casa e dos filhos, função desconhecida pelas mulheres até o momento.

Na década de setenta, a mulher casada não tinha autonomia para abrir uma conta no banco, precisava ter a autorização do marido, por escrito, para administrar seus próprios bens e abrir a sua conta bancária. (PROST; VINCENT, 1987) O contexto histórico e cultural demonstra um conflito de poder entre os gêneros. Stevens e Gardner (1994) desenvolvem alguns estudos nos aspectos biológicos e sociais em relação à diferença dos gêneros. Para os autores, a definição biológica entre os sexos inclui a massa muscular, agressão e o nível de atividade. Homens e mulheres também diferem em sua composição cromossômica. As pesquisas científicas comprovam que as diferenças biológicas existem e que elas são relevantes no desenvolvimento físico e emocional. Para Stevens e Gardner (1994), em todas as etapas do processo de maturação, os aspectos biológicos do indivíduo interagem com os processos sociais e culturais. Dentre esses valores, estão os mitos e estereótipos que podem favorecer a dominação de um gênero em relação ao outro.

A família é uma das instituições organizada pela sociedade. Dentre as diversas atribuições ou influência que ela exerce em relação às pessoas, considero que o vínculo afetivo é de grande relevância. Para Parkes (2009), a função do vínculo é fornecer segurança, mas nem sempre essa função é possível. O ambiente familiar está sujeito a diversas situações ameaçadoras.

O vínculo de apego dos membros de uma família é construído pelo amor que une as pessoas. Por meio dessas experiências com o outro, constrói-se um mundo de acordo com as crenças individuais, o mundo interior ou mundo presumido, que pode ser seguro ou inseguro. As situações vivenciadas, ao longo da história de cada pessoa, apresentam momentos de alegria, ganhos e também de perdas e luto. O rompimento de um vínculo, no qual foi investido amor e com o qual foi construída uma história, afetará o mundo presumido e ocasionará um desequilíbrio na base de segurança afetiva. Os tipos de apegos estabelecidos nas primeiras experiências de vida serão reproduzidos nos relacionamentos posteriores, e poderão facilitar ou dificultar as novas relações.

As experiências pessoais e o tipo de vínculo construído nas relações interferem na resiliência. Na área da Física, resiliência significa a propriedade que alguns corpos apresentam de retornar à forma original após terem sido submetidos a uma deformação elástica. Em relação à pessoa, resiliência é a capacidade que uma pessoa apresenta, após um momento delicado, de conseguir se adaptar ou evoluir positivamente diante da situação. Para uma pessoa ser empreendedora, a resiliência torna-se essencial devido aos riscos do empreendedorismo.

O modo de ser da pessoa na família e sua experiência de ganhos e perdas moldarão a sua dinâmica de vida. Representando uma de várias situações-eixo no empreendedorismo pode-se destacar a importância da inovação, da produção, das habilidades, das competências, dos riscos, das execuções de tarefas, das oportunidades, dos recursos, do espírito criativo e pesquisador, entre outros.

Como conseguir empreender na família e no trabalho? O filme de Frank Coraci, *Click* (2006), descreve o cotidiano de um arquiteto tentando conciliar o empreendimento na vida familiar e no trabalho. Michael Newman (Adan Sandler) tem limitações na comunicação, não consegue se posicionar e dizer *não*. Ele tenta agradar a todos, e isso o deixa em situações constrangedoras. Não nega os pedidos do chefe nem os pedidos dos filhos e da esposa, porém não consegue fazer tudo ao mesmo tempo. A consequência desta situação é a frustração e o estresse. O sofá torna-se o lugar para depositar a sua frustração e cansaço. Michael decide comprar um controle remoto universal. Ao chegar à loja, segue direto para uma cama e, ao pegar no sono, começa a ter sonhos, pesadelos. Num deles, consegue um controle remoto que funciona em todas as situações. As teclas podem silenciar a esposa numa briga, passar a cena na briga, passar o tempo de espera da promoção no trabalho etc. Ou seja, o controle remoto evita passar pelos conflitos entre empreender na família e empreender no trabalho. Ele consegue visualizar o seu futuro no sonho e termina a vida sendo um homem bem-sucedido, com muito dinheiro, divorciado, muito obeso e doente. Ou seja, investiu apenas no trabalho e não teve qualidade de vida. Ele poderia ser bem-sucedido no trabalho e ter qualidade de vida também, porém a questão dele eram as limitações para colocar limites e dizer o que se pode fazer e como. Na prática clínica, escuto os pacientes dizerem que estão se divertindo mais e o rendimento no trabalho passou a ficar melhor. Ou seja, toda a ansiedade para terminar o trabalho, ficando horas seguidas, sem descanso, não traz benefícios para o trabalho nem para a vida pessoal/familiar.

A pessoa que não é empreendedora na vida, não será empreendedora no trabalho. Mas o que pode ser indicado como inovação na vida pessoal? A experiência de ir a um lugar diferente, conhecer novas pessoas. Para viver algo novo, os riscos são necessários. Correr riscos ou ser frustrado depende de uma boa resiliência. Por isso, construir um vínculo afetivo seguro desde as primeiras experiências torna-se relevante.

Na empresa, quando a palavra empreendedorismo é pronunciada, uma explosão de palavras surge no pensamento das pessoas. Como ser criativo no trabalho sem ser na vida pessoal? Este paradoxo não aparece só nas empresas, é comum nas escolas. Ser empreendedor é ser criativo! Como desenvolver essa criatividade?

O primeiro ponto a ser analisado: a criatividade não se desenvolve em ambiente tenso, hostil ou extremamente rígido. Um líder extremamente exigente, seja no ambiente familiar ou numa empresa, não permitirá um espaço propício para a criatividade. A criatividade surge a partir de uma liberdade para pensar e sentir. A criatividade ou a nova ideia surge quando a pessoa está tranquila e, geralmente, num local totalmente diferente do ambiente de trabalho. No caso de uma família sem criatividade, os membros são exigentes, autoritários e até mesmo arrogantes.

Quanto à produção, trata-se de apresentar um produto, construir algo. Para produzir, é necessário ter criatividade, uma ideia. A partir de uma ideia algo é produzido. Neste momento a pessoa buscará dentro de si os recursos necessários para começar e terminar o produto. Neste processo, alguns imprevistos podem acontecer e a pessoa terá de superar as frustrações. Na família, algumas crianças apresentam falta de empreendedorismo. Os pais não percebem que os filhos estão desistindo das brincadeiras ou dos jogos por causa de alguma dificuldade. Os casais também desistem de produzir algo novo por causa da dificuldade de superar a frustração. Vamos pensar numa ideia a qual um marido teve para levar a esposa num restaurante diferente. Ao colocar a ideia em ação, um imprevisto acontece, não tem vaga no restaurante. O casal desiste de ter um momento a dois, começa a brigar e não consegue ficar calmo. Administrar a frustração para pensar em outra solução depende da resiliência de cada pessoa, de como a sua estrutura emocional foi construída.

Quanto às competências, destaca-se o investimento no aprendizado, na pesquisa, nas leituras etc. Para empreender numa família mais feliz, num casal mais harmonioso, ou seja, na qualidade de vida, seja familiar ou empresarial, diversas oportunidades estão disponíveis: livros, filmes, psicoterapia, *coaching*, entre outras.

A dinâmica familiar e no trabalho estão entrelaçadas. Não basta apenas não falar do trabalho em casa e não falar da casa no trabalho e, sim, repensar como é a dinâmica de ser de cada pessoa. O modo como cada um está empreendendo na vida pessoal e na vida profissional poderá produzir qualidade de vida.

O termo Qualidade de Vida no Trabalho surgiu em 1970. Para Chiavenatto (2010), a qualidade de vida no trabalho afeta as atitudes pessoais e comportamentos relevantes como: motivação para o trabalho, criatividade, inovação entre outras.

A qualidade de vida, de modo geral, envolve o bem-estar físico, psíquico e o social. Para ter qualidade de vida, a pessoa ou a empresa precisa investir nestes aspectos, ou seja, empreender.

Referências

ARATANGY, L, R. *O anel que tu me deste: o casamento no divã*. São Paulo: Artemeios, 2007.

ARIÈS, F. *História social da criança e da família*. 2 ed. Rio de Janeiro: Guanabara, 1981.

____; DUBY, G. *História da vida privada: da primeira guerra aos nossos dias*. São Paulo: Companhia das Letras, 1992.

CASEY, J. *A história da família*. São Paulo: Editora Ática, 1992.

BOWLBY, J. *Formação e rompimento dos laços afetivos*. São Paulo: Martins Fontes, 1979/1982.

_____. *A Secure Base*. EUA: Basic Books Inc., 1988.

_____. *Apego e Perda*. Volume 1: Apego. São Paulo: Martins Fontes, 1969/1990.

_____. *Apego e Perda*. Volume 2: Separação. São Paulo: Martins Fontes, 1973/1993 a.

_____. *Apego e Perda*. Volume 3: Perda. São Paulo: Martins Fontes, 1973/1993 b.

CHIAVENATO, I. *Gestão de pessoas*. 3ª Ed. Rio de Janeiro: Elsevier, 2010.

CLICK. Direção: Frank Coraci. Estados Unidos da América, 2006. Duração 98 min, sistema de produção NTSC, sistema de reprodução 5.1 Dolby Digital, dublado; Widescreen anamórfico

ENGELS, F. *A origem da família, da propriedade privada e do estado*. São Paulo: Lafonte, 2012.

HOLMES, J. E-book. *Attachment, intimacy, autonomy: using attachment theory in adult psychotherapy.* New Jersey: Jason Aronson Inc., 1996.

OSÓRIO, C.L. *Casais e famílias: uma visão contemporânea*. Porto Alegre, Artmed, 2002.

SOUZA, R, M; LIMA, M,T,A. *Eu e os filhos da minha mulher: uma relação tão delicada*. IN: FRANCO, M,H,P. (org.). *Formação e rompimento de vínculos*. São Paulo: Summus, 2010.

_____; TOLOI, M. D.C. *Conflitos familiares e conjugais na perspectiva dos filhos adolescentes*. Revista Brasileira de Psicodrama. São Paulo, vol. 17, nº 1, p. 51-66, 2005.

PARKES, C.M. *Amor e perda: as raízes do luto e suas complicações*. São Paulo: Summus, 2009.

_____. *Luto: estudos sobre perda na vida adulta*. São Paulo: Summus. 1998.

STEVENS; GARDNER, G. S. *Separation anxiety and the dread of abandonment in adult males*. Wesport, CT, 1994.

12

Tome o CHA em dobro e tenha sucesso permanente

Muitos acreditam que para ser um empreendedor basta a coragem para abrir seu negócio. Coragem é importante e necessária, porém não é o suficiente para garantir o sucesso como empreendedor. Aliás, não há garantias para isso e sim dicas. Minha proposta é a indicação de um CHA, que aumentará suas chances de ser um empreendedor total para chegar ao sucesso e permanecer no mercado

Ernesto Y. Nakamatsu

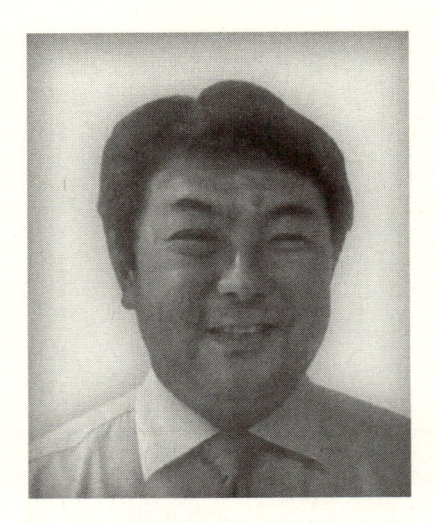

Ernesto Y. Nakamatsu

Engenheiro Mecânico da POLI - Escola Politécnica da USP. Após seis anos trabalhando em duas grandes empresas decidiu, aos 29 anos, empreender por meio de uma empresa do setor varejo no segmento de informática. Em 1999, fundou a TECMICRO TELEMÁTICA para representar aqui no Brasil uma operadora de telecom, tornando-se especialista em atendimento, negociação e vendas corporativas e consultivas, o que lhe rendeu prêmios e reconhecimento. Consultor/facilitador adjunto da Criaviva, consultoria criadora da metodologia IDM (*Innovation Decision Mapping*), pela qual atuou em diversas multinacionais. Palestrante em empresas e instituições de ensino como FATEC, ETEC, HOTEC sobre vendas, atendimento, contratação e empreendedorismo. Atualmente é sócio da HABITTUS – Gente & Gestão, consultoria de Desenvolvimento Humano e Organizacional, prestando consultorias e treinamentos.

Contatos
www.habittus.com.br
ernesto.nakamatsu@habittus.com.br
(11) 94730-1494 / (11) 96713-4227
Whatsapp: (11) 94747-0575

Você quer ter sucesso como empreendedor ?

Então tá! Tenho certeza de que encontrará muitas informações dos meus colegas, neste manual, para atingir seu objetivo.

Da minha parte, quero passar uma receita básica de um CHA que vai ajudá-lo a atingir o sucesso do seu empreendimento.

Talvez já esteja imaginando pelo meu título que seja o CHA – Conhecimento, Habilidade e Atitude. E é esse mesmo, mas com uma pequena versão, na qual sugiro dobrar a quantidade de CHA.

Por quê?

O CHA em dose simples aumenta sua chance de atingir o sucesso, mas é o CHA em dose dupla que permitirá que permaneça com sucesso.

Vamos dar uma revisada no significado do CHA?

> – **C**ONHECIMENTO
> – **H**ABILIDADE
> – **A**TITUDE

– Conhecimento

SABER. Informações adquiridas pelos estudos, cursos, vivências e sobre TUDO que diz respeito ao empreendimento (não é só sobre o produto ou serviço). Saber o que fazer, o porquê fazer, o como fazer.

– Habilidade

SABER FAZER. Aplicar o conhecimento, as técnicas, as capacidades e as competências.

– Atitude

FAZER. Mais do querer, é acreditar ser capaz. É fazer mesmo. Executar. Sujeitar-se ao risco de errar. É a coragem que muitos apregoam ser a condição que diferencia o empreendedor das demais pessoas. Muitos querem fazer; alguns acreditam que são capazes de fazer; poucos têm coragem de fazer.

Com isso, caro leitor, ouso dizer que quem faz, tem atitude, é corajoso. Mas empreendedor é aquele que tem o CHA, juntando e adquirindo o máximo de Conhecimentos, "treinando" e praticando o máximo de Habilidades e tem a Atitude de executar.

O empreendedor com CHA tem mais chances de que seu empreendimento alcance o sucesso do que o empreendedor somente corajoso.

Mas e o CHA em dobro?

O CHA em dobro é o seguinte:

> **– Capacidade de adquirir novos Conhecimentos**
> **– Hábito de desenvolver novas Habilidades**
> **– Atitudes permanentemente Ativas**

– Capacidade de adquirir novos Conhecimentos

Ter o Conhecimento para o empreendimento novo, com certeza, ajuda a atingir o sucesso. Mas, em um mundo globalizado, com mudanças tecnológicas em alta velocidade e mudanças culturais, econômicas e políticas também acontecendo, ter uma Capacidade de adquirir novos Conhecimentos é desejável também.

– Hábito de desenvolver novas Habilidades

Ficar com o pressuposto de achar que seu jeito de fazer é o melhor ou único, porque seu empreendimento está dando certo é o grande motivo de empresas, que atingem o sucesso, tenham um ciclo curto de vida. Tenho certeza de que é capaz de lembrar sucessos passados que ficaram no passado.

– Atitudes permanentemente Ativas

Não caia na zona de conforto de diminuir a Atividade Atitudinal de sua empresa. Atitude Ativa é querer sempre aprender e praticar novos conhecimentos e novas habilidades. Reflita: "Eu sou e a minha vida é" ou "eu estou e a minha vida está"?

Pense nisso sempre, para que não venha a dizer: "Eu fui e minha vida era".

Fora o CHA em dobro, quero citar outros CHAs importantes para o empreendedor total, mas de forma bem-humorada.

Assim, termino oferecendo meu Chá especial: **o chá de meu desejo de que todos se tornem empreendedores totais e tenham sucesso em seus empreendimentos.**

13

Vendendo pela Internet

Mesmo tendo um produto de qualidade e com potencial para vendas, o resultado nem sempre é o esperado. E quem não obteve êxito, procura pela fórmula do sucesso. Realmente, existe sim uma fórmula. O nome dessa fórmula é trabalho. Muito trabalho. E esse trabalho precisa de ***Preparação, Planejamento e Execução***. Saber o que, como e quando fazer dá um norte para quem se sente perdido e inseguro na hora de começar

Eudes Bueno

Eudes Bueno

Administrador de Empresas, Empresário há mais de 40 anos com mais de 500 empreendimentos concluídos e entregues, *Coach* e Consultor de *Marketing* Digital, *Expert* em Vendas Online. CEO das empresas: EJB – Gestão e Negócios e Quali *Coach* Brasil, Criador do blog: Empresários Brilhantes.

Contatos
eudes@empresariosbrilhantes.com.br
https://www.facebook.com/empresariosbrilhantes
http://empresariosbrilhantes.com.br/
https://www.facebook.com/eudesjbueno
bueno.eudes@gmail.com

Vendas na Internet: o pior conselho que já recebi

Quem pesquisa sobre vendas na internet ou sobre como aumentar as vendas na internet, visualiza milhares de links direcionando artigos sobre o assunto.

São inúmeras dicas, procedimentos, ferramentas, sugestões prometendo melhorar os resultados. Com tanta informação disponível, fica até difícil saber o que testar ou fazer primeiro.

E se testar todas as dicas encontradas? Se experimentar tudo? Pensando bem, é impossível. E mesmo que fosse possível, valeria a pena colocar o meu produto ou serviço assim, à prova? Não seria arriscado demais perder o que já conquistei?

Pensando nisso, acho interessante inverter um pouco as coisas aqui. Sim, isso mesmo. Vou descrever neste artigo o pior conselho que já recebi sobre aumentar as vendas na internet.

Com isso, otimizarei melhor o nosso tempo, excluindo a necessidade de se ater tanto a milhares de outras informações, pois esse "mal conselho", mesmo sendo um, é tão importante quanto muitos bons conselhos juntos que já li, aprendi ou recebi.

Dentre tantas sugestões e dicas lidas ou ouvidas, uma sempre me incomodou mais. Esse conselho recebi de um conhecido pelo qual nutria uma enorme admiração. Incomodou muito mais depois que a coloquei em prática e vi que os resultados não eram exatamente os esperados. Pelo contrário, tal sugestão trouxe problemas e consequentes quedas nas vendas.

Disse ele: *"É possível vender qualquer coisa, para qualquer pessoa".*

Eu não tinha experiência em vendas e hoje percebo que ele também não. Talvez ele teve sorte ou uma feliz coincidência com algum caso de sucesso, para afirmar tal bobagem.

Mesmo com livros e artigos abordando o assunto, dizendo que é possível, a prática mostra que não é bem assim. Quanto mais compreendemos as pessoas e os seus hábitos, mais claro fica que essa sugestão não tem fundamento algum e que, se insistirmos nela, além de perdermos vendas, perderemos clientes também.

Depois de muito estudo, cursos, teorias, práticas e testes, muitos testes, compreendi que para direcionar um produto para alguém, precisamos conectá-lo às pessoas certas. Acredito que para qualquer produto há um interessado, alguém que tenha necessidade real dele. O que precisamos fazer é "dar uma forcinha", para ambos se encontrarem e perceberem que foram feitos um para o outro.

Essa compreensão é muito importante, porque mostra o caminho correto de como ter sucesso em qualquer tipo de venda. Apesar de parecer fácil e básico, prefiro citar duas dicas para não restar dúvidas:

Dica 1: *Conheça o seu produto.*

Conheça todas as informações possíveis do seu produto ou serviço. As características, o modo de usar, as garantias, tudo o que o manual (se tiver) informar.

Tenha domínio total sobre ele, para não haver dúvidas na hora de responder às perguntas. Coloque-se no lugar do cliente e imagine as perguntas e objeções que faria sobre tal produto antes de comprar.

Dica 2: *Conheça as pessoas que se interessariam pelo seu produto.*

É aqui que pesa o principal argumento que vai contra a péssima sugestão de que podemos vender qualquer coisa para qualquer pessoa.

Atualmente, as pessoas já se sentem mais seguras do que querem ou do que precisam. Elas pesquisam, conversam entre si e perguntam muito, buscando qualidade, confiança e o máximo de informação possível que viabilize as compras.

Se tentar empurrar algo para esse cliente, usar de todas as "manhas" de vendas ou da sua "lábia matadora", pode acreditar: não vai funcionar mais. Se realmente quer aumentar as vendas na internet, comece respeitando as pessoas, mostrando que é uma pessoa séria e honesta. Os tempos são outros, adéque-se a isso.

O *marketing* digital trabalha muito bem essa parte, definindo e selecionando o público-alvo certo para interagir com nossa marca ou produto.

Aprendemos que devemos criar uma relação mais próxima, de confiança e troca com as pessoas, para então, aos poucos, partir para as campanhas de vendas. *A Experiência Vale Muito* e *A Prática é O Professor.* Estude, informe-se e nunca deixe de fazer suas próprias experiências. Conheça o seu produto e respeite as pessoas que precisam dele.

Foque o seu tempo e suas forças nesses dois pontos: *PRODUTO E PESSOAS (público-alvo)*, que tudo dará certo e as vendas acontecerão.

Marketing digital precisa gerar resultados

Quem solicita e contrata qualquer tipo de serviço ou consultoria, não pensa em perder dinheiro, pelo contrário, quer investir para ganhar mais.

Já se espera que o *Marketing Digital* Precisa Gerar Resultados.

O *marketing* sempre teve um preconceito: uma despesa para a empresa. Um julgamento errado é claro, porque na verdade, o *marketing* que não traz resultado é o mal feito, mal planejado e mal executado.

O setor mais importante de uma empresa é o *marketing*. É com ele que se atraem pessoas para o negócio e, ao atrair pessoas, as vendas acontecem.

Segundo a Wikipédia, *Marketing Digital* são ações de comunicação que as empresas podem se utilizar por meio da Internet e da telefonia celular e outros meios digitais para divulgar e comercializar seus produtos, conquistar novos clientes e melhorar a sua rede de relacionamentos.

Como bem colocado pelo Wikipédia, *Marketing Digital* é um *Conjunto de Ações*, ou seja, não é uma vacina pronta de dose única que quando aplicada erradica a doença. O sucesso ou não do trabalho envolve muitas variáveis e depende de vários fatores, não só de quem o executa, mas também do produto ou marca envolvida.

Claro que tudo isso depende da análise, estudo e julgamento do Profissional de *Marketing*, por isso a sua importância. Ele tem todo o direito de não aceitar trabalhar para alguma marca ou produto se perceber que o *marketing* digital não trará os resultados esperados pela empresa que o contrata.

Marketing Digital precisa gerar resultados e é o que ele faz, não tenhamos dúvida quanto a isso. Muitas empresas devem a sua riqueza, as suas Vendas e Lucros ao *Marketing Digital*.

Além de criar relacionamento e confiança com o público, fideliza seus clientes, que comprarão várias e várias vezes, sem precisar ficar reinvestindo com processos e pessoas diferentes.

O que precisamos entender é que sua aplicação e o consequente sucesso dependerá de duas vias: o Profissional de *Marketing Digital* contratado e o *Cliente Envolvido*. São as ações que gerarão resultados. É a *Disposição, o Comprometimento* e a *Disciplina dos Envolvidos* (incluindo o cliente) que transformarão as *Ações em Sucesso*.

Assim como em todas as profissões, existem bons profissionais e outros não tão bons. O *Resultado Final* depende muito disso. Preste muita atenção e escolha bem as pessoas que trabalharão para você no *Marketing Digital* da Empresa. Procure por *Profissionais Capacitados, Experientes e Confiáveis*.

Sabemos que o *marketing* digital dá certo e é a melhor opção para vender mais, utilizando *O Potencial* e a *Força da Internet*. Então, não percamos mais tempo. Vamos nos preocupar no *"Como"*, no *"Quando"* e arregaçar as mangas.

Na qualidade *Consultor Digital*, assino embaixo quanto à decisão e me coloco à disposição para buscarmos Os *Melhores Resultados* para a *Sua Empresa*.

Como aumentar as vendas pela Internet?

Você já deve ter feito estas perguntas:

— Como aumentar as vendas pela internet, de um modo prático e eficiente?

— Por que as vendas pela internet não funcionam da mesma forma com todo mundo?

— Por que dá certo com alguns e errado com outros?

Precisamos de respostas.

Mesmo tendo um produto de qualidade e com potencial para vendas, o resultado nem sempre é o esperado. E quem não obteve êxito, procura pela fórmula do sucesso. Realmente, existe sim, uma fórmula. O nome dessa fórmula é trabalho. Muito trabalho. E esse trabalho precisa de *Preparação, Planejamento e Execução*. Saber o que, como e quando fazer dá um norte para quem se sente perdido e inseguro na hora de começar.

Quem faz parte do mundo digital já conhece termos como *"marketing digital"*, *"marketing de conteúdo"*, *"blog"*, *"redes sociais"*, *"SEO"* entre tantos outros.

Quem não conhece, já começa em desvantagem. Portanto, pesquisar e estudar os termos e significados que farão parte da trajetória e do planejamento das vendas online é o primeiro grande passo. Claro que quem não tem tempo ou não quer se envolver, contrata um consultor de *marketing digital* ou um *expert* em vendas online que fará o trabalho por ele.

O empreendedor que deseja aumentar as vendas pela internet deve-se preocupar com a evolução da tecnologia e como as pessoas estão acompanhando e se relacionando com isso. Entender o comportamento delas quanto às suas necessidades é fundamental. O que procuram, do que precisam, como compram, como pesquisam. Quem se preocupa somente com a parte técnica do processo de vendas, acaba se dando mal, porque esquece o principal: as pessoas.

Uma página na internet não é o suficiente. Para alcançar o sucesso nas vendas, o empresário deve mudar o foco do seu negócio. Se o seu desejo é vender, deve pensar nas pessoas que comprarão o seu produto. É nelas que os esforços devem se concentrar.

Em primeiro lugar, deve-se conhecer o público-alvo. Descobrir quem são as pessoas que se interessariam pelo produto ou serviço que temos para vender. Precisamos trazer o público para o nosso negócio. Fazer com que as pessoas se envolvam com nossa marca. Ser procurado e reconhecido pelo consumidor. Por isso, a importância de um blog e da manutenção de contas nas redes sociais. Tudo isso cria relacionamento com as pessoas, que acontece quando disponibilizamos interação e ajuda em troca dos seus contatos. O relacionamento criará um elo de confiança e respeito que facilitará as abordagens de vendas.

Tanto para um blog como para uma rede social, podemos utilizar o que chamamos de *"Páginas de Captura"*, em que a pessoa, ao visitar, troca suas informações por conteúdo. É a maneira mais prática e eficaz de montar uma lista de *e-mails*, por exemplo, com a qual trabalharemos o *marketing*, possibilitando o envio automático de conteúdo e ofertas, intercalando conteúdo de valor e ofertas de vendas. Uma boa lista de *e-mails*, com o público-alvo bem definido e segmentado, é reconhecida hoje como o principal ativo de uma empresa. Aproveitando o recurso, podemos começar a trilhar o caminho de sucesso para aumentar as vendas pela internet.

É importantíssimo usar das técnicas de SEO, que são um conjunto de técnicas com o objetivo de tornar o seu blog e o conteúdo dele amigável, para que as pessoas achem você e as suas publicações no melhor posicionamento possível nos sites de buscas. Para vender, você precisa ser achado. Vende mais quem aparece mais.

Então não se esqueça: traga o público-alvo correto, seja reconhecido por ele, conquiste respeito e confiança, interaja com blog e redes sociais, disponibilize conteúdo e use ferramentas como páginas de captura e *e-mail marketing* para vender.

Para gerar resultados de verdade e aumentar as vendas pela internet, você sempre poderá contar com a ajuda de um *Consultor de Marketing Digital* ou um *Expert em Vendas Online*.

14

Qualidade para quê?

Jovens sempre fizeram a diferença nas transformações. Questionadores, sonhadores, obstinados e sinceros quebram paradigmas e trilham novos caminhos, inclusive em normativas mundiais. Leia aqui a história de jovens de qualidade e para a qualidade que, por algum motivo, se reuniram em torno de uma causa e hoje são expoentes de uma geração empreendedora e vencedora

Evandro Vieira Ribeiro

Evandro Vieira Ribeiro

Professional & Self Coaching, pelo Instituto Brasileiro de *Coaching*. *Designer* Gráfico pelo Cecoteg. *Business and Executive Coaching*. Gestor Hospitalar, pela Universidade Estácio. Palestrante motivacional. Consultor em Sistemas de Gestão da Qualidade, *Compliance*, Meio Ambiente, Responsabilidade Social, Saúde e Segurança do Trabalho. Pioneiro no país em *franchising* de Consultorias em Sistemas de Gestão.

Missão de vida:
"De forma consciente, permitir e motivar os parceiros a multiplicarem suas potencialidades, através da valorização das competências e do equilíbrio entre a vida profissional e pessoal."

Contatos
www.agqbrasil.com.br
evandro@agqbrasil.com.br

A qualidade de produtos e serviços está presente no leite embalado, na água da piscina, no som que escutamos no carro, no recapeamento de ruas realizado pela prefeitura, num jantar a dois, nos produtos de beleza, na construção de seu apartamento, na aula dada na escola de seus filhos.

Como o termo "qualidade" tem diversas utilizações, seu significado nem sempre é claro e de fácil entendimento. Se já se perguntou sobre as vantagens e desvantagens de um sistema de gestão da qualidade para a empresa, seja bem-vindo. Eu também tinha estas dúvidas. Hoje tenho algumas respostas e pretendo compartilhá-las com você.

Aprendendo a qualidade

Qualidade (do latim *qualitate*) é um conceito subjetivo, é o modo de ser, é a propriedade de qualificar os mais diversos serviços, produtos, indivíduos etc.

Qualidade está relacionada às percepções de cada pessoa e a diversos fatores como cultura, época, crenças, necessidade do produto ou serviço prestado.

Todo mundo quer e exige qualidade de tudo que é produzido ou realizado. Mas quais os passos para entender melhor sobre "Qualidade" e desenvolver um programa de qualidade, importante nas empresas?

Lembre-se de que, em seus primeiros momentos de vida escolar, enquanto jovem, você nem sabia o significado de Qualidade. Depois de algum tempo e após observar que existem algumas empresas certificadas ISO 9001, descobriu que existe um sistema de gestão para a qualidade, e fica até curioso para saber mais. Por meio de cursos, consultorias e auditorias, aprende os princípios da qualidade e consegue ótimos resultados na sua empresa. Finalmente, depois de muita prática, todo o processo de gerir qualidade fica automatizado. Com maestria e excelência, você realiza as atividades inconscientemente.

Concluímos assim que aprender é a coisa mais natural (quando há um processo de tomada de decisão daquele que quer aprender) e todo mundo pode aprender tudo o que quiser, inclusive gestão da qualidade e praticá-la, inconscientemente, pois passou a ser hábito.

Reflita sobre aquele professor que deu as melhores aulas de sua vida. Ele praticava qualidade nas aulas independente do salário que recebia. Estudos dentro da Psicologia Positiva comprovam que a relação entre dinheiro e felicidade é mínima quando comparada a fatores como amizade, gratidão, relacionamento, doação etc.

Fui feliz ao recrutar os potenciais talentos para trabalharmos juntos na implementação de programas de Qualidade em empresas, sempre procurando parceiros que buscassem a felicidade e não somente o dinheiro. Assim Ana Carla, Ana Paula, André, Andrezza, Fabiana, Felipe, Humberto, José Emílio, Leice, Leonardo, Lissandra, Maria Eugênia, Mateus, Millena, Nayara, Saulo, Tatiane e Vinicius representam aqui uma legião de jovens com quem tive e tenho o prazer de conviver, trabalhar, ensinar, aprender e me divertir muito. Sabem que disposição, boa vontade, persistência e garra são a causa; dinheiro e prosperidade são as consequências.

Com a ajuda desses jovens, consegui colocar em prática a vontade que tinha de empreender, que até então havia naufragado em tantos outros projetos em que busquei somente "adultos", que não ativaram a "criança interior", não acreditaram no seu potencial arriscando e ousando fazer uma nova história.

Esta não é uma história de sucesso, porque entendo que o significado de sucesso para você pode, e deve, ser diferente do que para mim e para outros leitores. Mas não posso me furtar de dizer que é uma história de felicidade. Faço o que gosto, com pessoas que compartilham os mesmos objetivos, que me escolheram por afinidade e que focam em resultados, bons resultados e felicidade. Vamos entender agora o que é qualidade, a partir de uma metáfora.

Qualidade

Ao contar metáforas para meus jovens e para alguns clientes, comparo a qualidade com a comida da casa da minha mãe, a do *fast-food* e a do restaurante *self-service*. Você sabe qual delas tem qualidade?

Aparentemente sabemos a resposta à pergunta, mas é preciso esclarecer que a qualidade nem sempre está no mais saboroso, no mais saudável ou no mais caro. A qualidade está em atender bem ao cliente por meio de processos padronizados. Assim ficou mais fácil e tudo fica mais fácil quando explicado com simplicidade.

Há várias definições para qualidade:

✓ "Totalidade de características de uma entidade que lhe confere a capacidade de satisfazer as necessidades implícitas e explícitas".

(NBR-ISO, 9000:2000)
- ✓ "Qualidade é a ausência de deficiências". (Joseph Moses JURAN, 1992)
- ✓ "Qualidade é a conformidade do produto às suas especificações". (Philip Bayard CROSBY, 1986)
- ✓ "Qualidade é tudo aquilo que melhora o produto do ponto de vista do cliente". (William Edwards DEMING,1993).

As crianças sabem, mais do que nós, descrever com detalhes e de forma simples algo ocorrido, pois não se prendem a crenças ou paradigmas, são sinceras e puras.

Crianças e jovens que organizam seus papéis de escola (documentos e registros), que fazem a programação das brincadeiras na viagem de férias em família (projeto), que torcem o nariz para alguns alimentos (validação do produto), que separam os resíduos (sustentabilidade) ou que consertam seus brinquedos (manutenção) estão fazendo gestão da qualidade, sem saberem. As crianças fazem tudo isso, mesmo sem saber que fazem gestão de qualidade, pois querem obter melhores resultados e serem mais felizes.

Quem acredita em melhorias contínuas, em correções de rota, na conversa para resolver conflitos, na balança para controlar o peso, na vacina para prevenir doenças, está fazendo gestão da qualidade.

A maioria das coisas que o faz feliz já nasce com você, é parte de todos nós, basta se lembrar de usá-las no dia a dia: qualidade.

Os idiomas da qualidade

Uma das causas principais para o sucesso da qualidade empresarial, e que recomendo que você use, é a comunicação adequada.

Essa assertiva adequada é o que está sendo aplicada hoje no mercado de consultorias. A nova geração consegue, de forma simples e clara, sem perder o conteúdo, aplicar a normativa com excelentes resultados nas certificações dos clientes.

Tente explicar qualidade em português para alguém que entenda somente outro idioma (inglês, francês ou alemão, por exemplo). É impossível, não é mesmo?

O primeiro passo é identificar qual seu idioma e qual o idioma do outro, assim a comunicação torna-se eficaz.

Utilize idiomas universais ao se referir à qualidade. Em empresas de qualquer porte e de quaisquer atividades, a comunicação fluirá naturalmente, como por exemplo:

Idioma 01: entenda a empresa, ouça os colaboradores, faça parte da equipe, busque livre acesso às áreas e lembre-se: onde mais se aprende é na "lida", mapeando os processos.

Idioma 02: dedique seu tempo para documentar a empresa. Priorize o importante (diminua o urgente e o secundário) e lembre-se: excelência + eficácia = ser honesto com você mesmo.

Idioma 03: faça perguntas poderosas. A primeira coisa que uma pessoa interessada faz é perguntar. A forma de ser excelente é demonstrar interesse sincero pela empresa e pelas pessoas, pois conseguirá entender os processos e estará também proporcionando uma atitude crítica e reflexiva do colaborador.

Idioma 04: realize gestos de serviços. Demonstre, por meio de ações, sua disponibilidade para o trabalho, pois o que você faz fala mais alto que qualquer palavra: jogar o lixo na lixeira, lavar seu copo, não sujar o banheiro, ajudar os colegas, deixar o outro aparecer com sua ideia, isto é trabalhar em equipe e melhoria contínua.

Idioma 05: pense na probabilidade de indicar ou não sua empresa para seu amigo. Ela tem foco no cliente? Ele ficará satisfeito? Podemos chamar isso de validação?

Idioma 06: quem tem qualidade não é quem tem mais ideias, e sim quem formaliza e executa. Lembre-se da análise crítica, pois não adianta ter o que seu cliente não quer.

Idioma 07: otimismo, ter visão positiva do futuro dá significado para a vida. Acredite sempre, pois a força maior do mundo está dentro de você. Toda empresa deve ser perene e sustentável. É preciso analisar os cenários atuais e futuros, planejar, tomar ações, verificar e buscar melhorias contínuas, como em um ciclo.

Idioma 08: faça planos para médio e longo prazo. Se você tiver algo a fazer no futuro, seu corpo concluirá que quer continuar a viver, assim conseguirá energia extra para executá-lo. A força se aplica também às organizações.

Ganhar ou empatar?

Imagine-se como um jogador de seleção, olhando para a bandeira de seu país e escutando o hino nacional antes da partida. É motivador? Claro que sim.

Mas saiba que existem pessoas que não entram em campo para vencer. Entram para não perder, ou seja, o empate é considerado bom resultado.

Este tipo de profissional existe e está atrapalhando o crescimento da empresa, do mercado e até mesmo o seu crescimento pessoal. Não consegue vislumbrar o sucesso, não se dá conta de que é uma pessoa vencedora, campeã. Suas dúvidas são maiores que suas certezas.

Espero que não seja um desses profissionais do empate. O melhor está reservado para os que jogam para vencer.

> - mantenha seu foco no alvo;
> - olhe para frente;
> - jamais desvie sua atenção;
> - não dê atenção à distância percorrida;
> - seja persistente.

Para ser vencedor na área da qualidade, busque a satisfação, não só do cliente, mas de todas as partes significativas que influenciam na existência da empresa.

Empresa saudável

Ultrapassamos 18 milhões de empresas ativas no Brasil, porém pouco mais de 12 mil empresas possuem Certificação ISO 9001 validado pelos organismos de certificação acreditados pelo Inmetro, representando menos que 0,001%.

Entretanto, existem milhares de empresas que possuem Qualidade, mas que não estão certificadas. Não buscaram um organismo certificador, ainda.

Empresas saudáveis existem, estão por aí, com trabalhos exemplares e com combustível para chegarem longe no mercado competitivo.

Empresa saudável e com qualidade treina seu pessoal não somente em competências funcionais, como normalmente acontece, mas também desenvolve competências em seus colaboradores para a vida. Em uma empresa saudável, há o investimento no capital humano e são várias as propostas em trabalhar, com os colaboradores, o "plano de desenvolvimento individual", que são os projetos de vida, ou ainda, pensar em como compatibilizar os objetivos pessoais com os da empresa, como vencer obstáculos, como ter interesse, entusiasmo, como transformar desvantagens em vantagens, como vencer o desânimo e gerar energia para atingir resultados.

Qualidade para quê?

Finalmente, o que leva uma empresa a certificar-se em um padrão mundial de Gestão da Qualidade? Basicamente, podemos identificar três tipos de empresas que efetuam este caminho:

1. As que estão buscando atender às exigências de um cliente e, de alguma forma, serão obrigadas a cumprir os requisitos;
2. Aquelas que querem utilizar a certificação como um meio de publicidade para aumentar as vendas;
3. Aquelas que desejam melhorar a gestão dentro da organização.

Se analisarmos as razões para a certificação dessas diferentes empresas, perceberemos a relação que terão com o padrão implementado e certificado ao longo do tempo.

Se o objetivo foi apenas satisfazer as exigências de um cliente, as empresas são obrigadas a cumprir a certificação, como tarefa adicional, gerando gasto enorme de energia, excesso de trabalho e um incômodo, uma obrigação de continuar a servir o cliente. Por fim, resultando em uma organização menos eficiente do que antes do padrão, com funcionários descontentes, sobrecarregados com o trabalho e com algo que não funciona.

Para as organizações que certificam com o único propósito de *marketing*, estarão com problemas semelhantes aos do caso anterior, a menos que, na ausência de pressão do cliente, haja maior supervisão sobre a manutenção adequada da norma e seus requisitos. Isso termina em um abandono quase completo do sistema, que se torna um incômodo quando auditorias de manutenção são realizadas.

Em ambos os casos, encontramos organizações fracas e doentes, com sistema de gestão da qualidade baseado em modismos ou mera pressão mercadológica, sem aplicá-lo corretamente e obter seus benefícios.

Mas existem as organizações que veem na implementação do Sistema da Qualidade a oportunidade de melhorar sua gestão organizacional, sua equipe, seus produtos e aumentar a satisfação do cliente e sua relação com o meio ambiente.

Assim, o selo de Certificação ISO 9001 é um reconhecimento ao trabalho realizado de gerenciar riscos e entregar aos clientes produtos e serviços de qualidade, que atendam às necessidades do mercado.

15

O gestor e a educação: mude-a ou deixe-a

Este trabalho trata da gestão educacional. Justifica-se o interesse deste tema porque está presente praticamente em todos os discursos de reforma educacional no que se refere às novas políticas públicas educacionais. Seu objetivo geral é compreender a relação dos mecanismos de gestão e a determinação do contexto social e cultural para as ações das políticas públicas por meio da análise do discurso das políticas de gestão

Fabiano de Araújo Cravo Roxo

Fabiano de Araújo Cravo Roxo

Mestre em Semiótica, Tecnologias de Informação e Educação, Especialista em Administração Educacional, Licenciado e Bacharel em Ciências Físicas e Biológicas, Licenciado em Pedagogia, Bacharel em Administração. Atua na Universidade de Mogi das Cruzes, Faculdade Anhanguera de Guarulhos, Faculdade Paschoal Dantas e na UNIPIAGET Suzano – Brasil- instituição internacional. Docente da Pós-graduação em Psicopedagogia Institucional e Clínica, MBA em *Marketing* em Vendas, MBA em Logística, Psicologia Organizacional, Alfabetização e Letramento, Metodologia/Didática no Ensino Superior, com ênfase em Gestão de Pessoas. Experiente consultor e palestrante na área da neurofisiologia da aprendizagem, avaliação educacional, gestão educacional e liderança. Participou como professor pesquisador no processo de autorização e reconhecimento de cursos superiores junto ao Ministério de Educação.

Contatos
fabianoroxo@hotmail.com
Facebook: Fabiano Roxo
Linkedin: Fabiano de Araújo Cravo Roxo
(11) 97171-7517

Qual é o papel e a responsabilidade do gestor educacional na escola contemporânea? Para responder a esta pergunta, é preciso que se contextualize esta atual condição de espaço e tempo. A suspeita que este artigo levanta é a de que a escola não está conseguindo se desenvolver e modernizar devidamente porque a figura responsável pelo processo de mudança não tomou consciência disso: o gestor. De nada adianta o estudo de teorias mirabolantes e inovadoras aos profissionais da educação se quem está na posição do "fazer-fazer"[1], quem orquestra a execução de tarefas, não buscar uma efetiva mudança do status quo.

> Chamamos gestor[2] escolar aquele que tem a responsabilidade de tomar decisões, com a função de gerir a educação. Ele atua na secretaria municipal de educação ou na diretoria regional de ensino. Na unidade escolar, também existe um gestor responsável, que é o diretor. Os gestores são a alma da equipe. Devem redigir projetos políticos pedagógicos para as escolas e devem colocá-los em prática. São responsáveis ainda pela importante missão de cumprir a lei, observando e executando a pluralidade de Portarias publicadas no Diário Oficial do Estado, cotidianamente. O gestor deve ser bem informado, ter estrutura, base, princípios e intenções que possibilitem a concretização de uma política de gestão. Além disso, deve ter coragem e preparo para mudanças.

A mudança é necessária por uma questão de adaptação. No dizer de LIBÂNIO (2004, p. 38), "o mundo passou por profundas mudanças nos campos político, cultural, educacional e geográfico". As mudanças políticas se referem à redemocratização do país; as culturais envolvem toda a revolução dos meios tecnológicos disseminados em todos os âmbitos, trazendo

1 No dizer semiótico, esta posição do fazer-fazer cabe ao destinador, que é aquele que "encomenda" a ação, fornecendo a maneira como quer que ela seja executada.
2 Este termo foi emprestado do mundo empresarial para o campo da educação.

questões também para a educação; o ensino passou por mudanças nos currículos, na organização das escolas, passou por desvalorização da profissão docente; as fronteiras geográficas diminuíram.

Desta forma, não é necessário justificar a necessidade da mudança porque ela é compulsória. O profissional da educação será melhor sucedido se enfrentar desafios e desenvolver o devido preparo para encarar novos paradigmas, buscando soluções e estratégias para as também novas políticas de gestão.

Um obstáculo importante a ser transposto é a própria resistência à mudança, e a postura de insistência nos comportamentos e modelos tradicionais. Outro problema é a distância que existe entre o projeto e a prática: muitas vezes não se viabiliza e concretiza o que se discutiu.

A dificuldade maior apontada por este artigo, que impede que as mudanças se instaurem, esbarra nas determinações superiores, que sufocam a ação dos educadores. A política pública em educação se faz por meio de Portarias e Instruções disseminadas via Diário Oficial, no caso presente, do Estado de São Paulo. Os gestores não ousam atuar senão de acordo com o que estiver escrito, interpretando inclusive as entrelinhas. Se não estiver escrito com todas as letras no instrumento legal, a ação não sai do papel. Especula-se se o gestor teme a responsabilidade, ou ainda sofre resquícios do autoritarismo e das punições de data não tão longínqua.

O problema é que os gestores habituados a obedecer desaprenderam o pensar. Acham-se incapazes de montar um projeto, de segui-lo ou acatá-lo. Faltam-lhes a consciência das palavras de Rios (1995, p. 73): "ao organizarmos projetos, planejamos o trabalho que temos intenção de realizar, lançamo-nos para diante, olhamos para a frente". Projetar é relacionar-se com o futuro, é começar a fazê-lo. E só há um momento de fazer um futuro – no presente.

Diante da heterogeneidade do quadro das redes municipais, só quem vive o problema local será capaz de propor as soluções adequadas.

Atualmente, a sociedade espera mais do corpo pedagógico e administrativo, ou seja, um conjunto de traços, linhas, direções, paisagens, sentidos, um mapa em movimento da nossa vida nas salas de aula, classes, escolas e creches no cotidiano. Com os avanços tecnológicos o gestor terá um desafio pela frente, visando a melhoria na operacionalização do sistema do presente educacional.

A política educacional é a fração da política social, por conseguinte, ela se produz como resposta de uma pluralidade de atores que não se constituem categorias sociais compactas, pois o gestor não tem autonomia e está sujeito às políticas de gestão.

A equipe educacional só conseguirá participar efetivamente da construção da sociedade mais justa se tiver o auxílio das teorias educacionais, que embasará a prática, com alicerce em conhecimentos sólidos.

A questão da autonomia nas escolas, isto é, liberdade para escolher caminhos e não mais submissão à política pública com poder centralizado e hierarquizado, há mais de uma década vem sendo discutida e apregoada. A autonomia é uma novidade dos anos 90: trata-se de dotar as escolas com os meios de responderem de forma útil aos desafios cotidianos. A autonomia implica, por um lado, a responsabilização dos atores sociais e profissionais e, por outro, a preocupação de aproximar o centro da decisão da realidade escolar (BROWN, 1990).

Vale a pena discutir por que foi instaurado este novo termo: Gestão administrativa educacional. A palavra gestão, sinônimo de responsabilidade atribuída às antigas chefias, diretorias, gerências e administrações, é um neologismo pós-moderno. Aceita e assumida por correntes de novas ideias, jornalistas e escritores dão-lhe validade e leitores a assimilam. O termo gestão está presente, hoje, no dizer acadêmico e no contexto contemporâneo. Esta palavra transita livremente na área empresarial e, por empréstimo, faz parte integrante do discurso da educação na atualidade.

A antiga Administração escolar é substituída pela Gestão. Em relação a essa questão é importante contemplar o que afirma Luck (2002) quando diz, que a substituição terminológica também traz novidades semânticas:

> A gestão, ressalte-se, não se propõe a depreciar a administração, mas sim a superar suas limitações de enfoque dicotomizado, simplificado e reduzido, e a redimensioná-la, no contexto de uma concepção de mundo e de realidade caracterizado pela visão da sua complexidade e dinamicidade, pela qual as diferentes dimensões e dinâmicas são utilizadas como forças na construção da realidade e de sua superação.

É de conhecimento geral que a educação está sofrendo transformações em suas práticas e construção. Por conta disso e para atender às necessidades da comunidade escolar no espaço social onde está inserida, faz-se necessária a presença de um profissional da educação envolvido nos projetos em andamento, a fim de viabilizar o trabalho dos professores e da equipe educacional. O gestor escolar e administrativo é ou deveria ser o articulador para o êxito dos trabalhos propostos.

Apoiados nas considerações que vimos fazendo sobre as gestões administrativas e educacionais – focadas no gestor que as representa – gostaríamos de dizer que, a nosso ver, atribui-se a ele uma visão diferenciada em seu papel. Isso de nada vale se, na prática, não houver o compromisso de honrar seu cargo ou função, fazendo as coisas acontecerem.

Tudo indica que as mudanças nos parâmetros de qualidade somente se efetivarão quando as esferas governamentais pensarem a educação como a ponte que nos levará à tão sonhada transformação social. A implementação de um Projeto Pedagógico, portanto, deve estar alicerçada nas políticas educativas inovadoras.

Nesse sentido, é preciso condicionar essa inclusão sob dois pilares: autonomia (construir sua própria identidade) e descentralização (partilhar saberes e poderes).

É nesse contexto que se torna imprescindível o desenvolvimento do Projeto Pedagógico, tido como de extrema relevância para a escola. A gestão para tal fim, seja administrativa ou educacional, há de ser, também, de qualidade. É sem dúvida um desafio a mais para a educação e seus gestores responsáveis.

Assim, como o próprio nome sugere, EDUCAÇÃO (educa-ação) significa educar para uma ação, isto é, a escola que se caracteriza como uma instituição formadora, deve priorizar um ensino que capacite o educando a atuar na sociedade de modo a exercer a sua cidadania plenamente. Para isso, é essencial que se reavaliem posturas antagônicas ao processo de implantação de Projetos, pela Gestão Democrática.

A gestão é o foco de interesse de um ensino de qualidade. Contudo, há parâmetros e políticas educacionais preestabelecidas pelos órgãos competentes, que devem ser cumpridas e respeitadas, Com isso, o gestor administrativo e educacional passa a ser o principal instrumento para construção de uma escola mais justa, que contribua com o desenvolvimento do cidadão.

A gestão da educação é responsável por garantir a qualidade da

> educação, entendida como "processo de mediação no seio da
> prática social global" (SAVIANI, 1980, p. 120), por se consti-
> tuir no único mecanismo de hominização do ser humano e a
> formação humana de cidadãos.

Seus princípios são os princípios da educação que a gestão assegura serem cumpridos: uma educação comprometida com o domínio dos conteúdos que habitem ao mundo do trabalho, comprometido com a "sabedoria" de viver junto respeitando as diferenças, comprometida com a construção de um mundo mais justo e humano para todos que nele habitam, independentemente de raça, cor, credo ou opção de vida (FERREIRA, 2005, p. 8).

Com base no panorama ora descrito, percebe-se que assim como o gestor, o papel do educador frente aos desafios que surgem no contexto educativo é de extrema importância. Na atual conjuntura social, a escola que norteia suas ações sob a ótica de uma gestão democrática e que é respaldada num projeto político pedagógico, surge como uma concepção inovadora, que se renova continuamente, por força do dinamismo dos tempos.

> (...) não se constrói um projeto sem uma direção política,
> um norte, um rumo (...). O projeto pedagógico da escola é,
> assim, sempre um processo inconcluso, uma etapa em dire
> ção a uma finalidade que e permanece como horizonte da
> escola (GADOTTI, 1998, p. 16).

Nesse processo, a escola atua como um espaço de construção coletiva no qual o poder de decisão é compartilhado, objetivando difundir no contexto escolar a nova postura pertinente a um ensino de qualidade que dará, por conseguinte, as ferramentas necessárias ao educando para atuar em pé de igualdade no mercado competitivo que temos na atualidade, pois, Gestão Democrática só se faz com interação e ação coletiva.

As teorias nos embevecem e ficamos imaginando quantas mentes trabalharam e trabalham em prol de uma educação de qualidade. Contudo, na nossa experiência, as colocações até aqui desenvolvidas sequer aproximam-se do que ocorre nas escolas na realidade presente.

Referências

FERREIRA, Naura Syria Carapeto. *Gestão educacional e organização do trabalho pedagógico.* Curitiba: IESDE, 2005, 68p.

_____. *Gestão Democrática da Educação: atuais tendências, novos desafios.* 4. ed. São Paulo: Cortez, 2003.

_____. *Gestão democrática da educação para uma formação humana: conceitos e possibilidades.* Em Aberto, Brasília, v.17, n.72, fev/ jun. 2000.

FREIRE, Paulo. Pedagogia a autonomia. Rio de Janeiro: Paz e Terra, 1995.

LEURQUIN, Eulália Vera Lúcia Fraga, ARAÚJO, Edmilson Simplício de. *O perfil do gestor moderno.* Disponível em http://www.tnescola@terra.com.br Acesso em 28 de outubro de 2006.

LIBÂNEO, José Carlos. *As Teorias Pedagógicas Modernas Ressignificadas pelo Debate Contemporâneo na Educação.* Artigo publicado na Internet. In: http://dewey.uab.es/pmarques/dioe/artigo%20teorias%20contemporaneas.doc acesso em 14/10/2008, p. 08 e 09.

LÜCK, Heloísa. *A evolução a gestão educacional a partir de mudança paradigmática.* São Paulo, 2000.

_____. *Concepções e processos democráticos de gestão educacional.* Petrópolis, RJ: Vozes, 2006. Série: Cadernos de Gestão.

LÜCK, Heloísa. *A evolução da gestão educacional, a partir de mudança paradigmática.* Disponível em http://www.hluck@pr.gov.br. Acesso em 29 de outubro de 2008.

NEVES, Carmem Moreira de Castro. *Autonomia da escola pública: um enfoque operacional.* In: VEIGA, Ilma Passos A. (org.). O projeto político-pedagógico e a organização do trabalho da escola. Campinas: Papirus, 1995.

PERRENOUD, Philippe. *Pedagogia diferenciada: das intenções à ação. Trad. Patrícia Chittoni Ramos.* Porto Alegre: Artes Médicas Sul, 2000.

PROJETO POLÍTICO – *Pedagógico da Escola Cidadã. Construindo a escola cidadã.* Brasília: MEC, 1998 (Série de Estudos de Educação a Distância).

RIOS, Terezinha Azeredo. *Ética e competência.* 4. ed. São Paulo: Cortez, 1995.

16

Mentalidade empreendedora

As mentes de empreendedores de sucesso são focadas em gerar valor para o mundo, criam soluções e inovações; tem capacidade de adaptação, e em momentos de crise apontam o caminho e geram riquezas, criam estratégias com clareza e foco, capazes de despertar em equipes o compromisso com ações rumo ao sucesso e realização de sonhos

Giovaniny Contarini

Giovaniny Contarini

Palestrante e Treinador Comportamental. Filósofo – Formado pela FAETEDIF-DF. Palestrante Motivacional formado pelo curso WGS GROUP-SP. Curso T. T. S *Training the Trainer Seminar*, Intensivo de Liderança Situacional, Automotivação e Recursos de Oratória, com Professor Massau Ogata, na Ogata M.L consultores. Conexão Alpha- Treinamento Vivencial Para Desenvolvimento Pessoal e Profissional. *Leader Training* e *Diamond Training* – Treinamento para Líderes e Treinadores, com Treinador Rodrigo Cardoso. Curso Como Estruturar e Gerir uma Consultoria de Campo – Grupo Cherto. *Master Training* - Treinamento de Formação e Capacitação de Equipes Vencedora, com Professor Presidente Diamond, João Rodrigues da Silva Neto. Shurankai - Treinamento Super Intensivo, Mental, Técnico e Motivacional, com Professor Ismael Cordeiro Junior. Curso Ouro - Curso de capacitação de como montar um Plano Cíclico de Vida, com Professor Dr. Jougi Takahashi. Especialidades: Mestre de cerimônia em grandes eventos e convenções empresariais. Especialista em Motivação de Equipes, tornando-as vencedoras utilizando técnicas de (PNL) Programação Neurolinguística, Neurociência aplicada e Dinâmica Neuro-associativa e lúdica. Especialista em Treinamentos Motivacionais e Comportamentais que melhoram a integração e a *performance* de equipes. Capacitação profissional em ministrar treinamentos inspiradores e transformacionais. Habilidade de desenvolver o dom da oratória.

Contatos
www.giovaniny.com.br
contato@giovaniny.com.br
(11) 98249-1867

Meu aprendizado como empreendedor começou aos oito anos de idade, vendendo cocadas, sorvete de saquinho (sacolé) e engraxando sapatos para ajudar no orçamento familiar. Sou o primeiro filho e ajudei minha mãe a criar meus três irmãos. Meu falecido pai era pedreiro. Na época, estava impossibilitado de trabalhar e exercer sua profissão por sérias complicações de saúde. Minha mãe lavava e passava roupas para fora.

Aos 14 anos, aprendi a profissão de cabeleireiro; aos 16, já era dono do meu salão de beleza. Prosperei. Alguns anos mais tarde, em 1993, conheci o *marketing* de rede. Apaixonei-me pela filosofia de negócios de ajudar pessoas. Depois de participar de centenas de palestras, seminários, convenções e cursos de desenvolvimento pessoal no Brasil e no exterior, decidi ser palestrante e treinador para ajudar o maior número de pessoas. Alegra-me o coração inspirar pessoas a fazer o melhor por elas mesmas, esse é meu "porquê". Sou grato a Deus por ter chegado até aqui, ter superado os desafios da vida com fé e coragem, sempre acreditando em um futuro melhor. Hoje vivo o prazer da conquista de uma realidade próspera e abundante; e posso ajudar muita gente a ser empreendedora de sucesso, como empresário do grupo Vitalflex.

São mais de vinte anos exercendo com amor e paixão a atividade de palestrante e treinador comportamental. Tenho o privilégio de conviver com grandes empreendedores dos mais diversos setores. Aprendo com homens e mulheres, que contribuem para o desenvolvimento de nossa nação, gerando resultados no mundo inteiro.

Somos beneficiados com o fortalecimento da cultura do empreendedorismo, que gera riquezas, abundância e prosperidade.

Compartilharei algumas dicas de ouro, que tenho aprendido de empreendedores bem-sucedidos.

Tenha mentalidade configurada para o empreendedorismo

Sua mente será configurada para o sucesso, por meio do aprendizado e da resiliência em suportar fracassos, até alcançar o sucesso. Você pode aprender pelas inúmeras histórias inspiradoras de empreendedores bem-sucedidos, cuja persistência é acima da média, pois desenvolveram a capacidade de superar as adversidades até alcançar seus objetivos.

Desenvolva, em sua mente, poderosas crenças possibilitadoras

Acredite em Deus, acredite em você, acredite na sua empresa, acredite em seu plano de negócio, acredite nos produtos e serviços que oferece.

Em meu trabalho, sempre foco meus treinamentos na educação emocional. Sei que é primordial, para o mundo dos negócios, uma vida saudável e bons relacionamentos. Saber lidar com as próprias emoções é uma das principais características para o sucesso. As emoções do medo, da raiva, da tristeza e da alegria, quando controladas e canalizadas da forma correta em nossa mente, geram uma força capaz de superar qualquer obstáculo.

Sua programação mental, seu ambiente, o que lê, o que ouve e o que vê influenciam seus pensamentos, que geram emoções. As emoções geram comportamentos. Comportamentos geram resultados. Seus resultados externos são reflexos do acontece internamente dentro da sua mente.

Como você responde ao que acontece externamente, determina seus resultados como empreendedor. Se você não está contente com seus resultados, deve fazer algo diferente, adquirir novos hábitos de sucesso, nutrir sua mente com informações sadias para fortalecê-la. Ler este livro é uma ótima nutrição mental. Mas não basta somente ler, é preciso AGIR. Empreendedores de sucesso atravessaram a ponte entre o SONHO e a REALIZAÇÃO chamada AÇÃO. "A ação cura o medo. Ouse fazer e o poder lhe será dado". Uma dica de ouro é que procure sempre estar na companhia de outros empreendedores com mentes brilhantes e visão maior que a sua; participe de eventos em seu segmento de mercado; tenha um mentor que admira, alguém que já alcançou aquilo que deseja alcançar, estude sobre ele, modele-o.

Empreendedores, com alto nível de desempenho, criam um grupo de *Master Mind*. Nesse grupo, as experiências e ideias dos participantes se fundem em uma "Mente Maior", em sinergia, gerando novas ideias e soluções, ampliando e potencializando os resultados e a mentalidade empreendedora dos participantes. Conheça mais detalhes sobre a força do *Master Mind* no livro *A Lei do Triunfo*, de Napoleon Hill.

Outro conceito importante para seu sucesso como empreendedor é entender que não há crescimento e desenvolvimento na zona de conforto. Se quer resultados acima da média, tem que sair da zona de conforto e ir à de realização, para ficar rico e ter boa saúde. E por falar em ficar rico, quais são suas crenças em relação ao dinheiro? Existem crenças inconscientes em relação ao dinheiro que podem sabotar seu sucesso, como por exemplo: dinheiro é sujo, dinheiro é escasso, dinheiro é difícil de ganhar, não há dinheiro suficiente, o dinheiro é a raiz do mal, os ricos são desonestos. Além das crenças limitantes, existem episódios específicos da infância que podem estar influenciando até hoje e travando seu sucesso financeiro. É preciso ressignificar esses episódios. Para ter acesso aos arquivos sobre a psicologia da riqueza e crenças positivas sobre dinheiro, indico a leitura do livro *Os segredos da mente milionária*, de T. Harv Eker. A mentalidade correta em relação ao dinheiro é importante para ser um empreendedor bem-sucedido. Valorize cada real e dedique boa parte do seu tempo para aprender como administrá-lo, poupá-lo e investi-lo com sabedoria.

Sonhe grande

Acredite no "ganha-ganha". Construa seu negócio na filosofia de ajudar o maior número de pessoas a terem sucesso e será bem-sucedido. Entenda que todos têm direito de participar da abundância do universo. Desenvolva a percepção para escolher negócios que geram valor para as pessoas e lucros recorrentes. Quanto maior o sonho, maior a energia gerada para sua realização. Os grandes sonhos, colocados em prática, mobilizam grande quantidade de energia e pessoas para sua concretização. Todos são beneficiados na dinâmica quântica do universo. "Comece pequeno, sonhe Grande e cresça rápido".

Tenha um plano de negócios detalhado

Objetivos bem detalhados e claros são fundamentais, pois facilitam a comunicação junto à sua equipe de colaboradores e parceiros de negócios. Todos têm que saber qual é sua importância e sua responsabilidade na organização. Seguem algumas perguntas simples que o ajudarão no detalhamento e clareza de seu plano de negócios.

Por que fazer? A resposta revelará o motivo de existir do seu negócio, a sua missão empreendedora. Quais transformações positivas você proporcionará na vida das pessoas? Que legado pretende deixar para posteridade? Aonde pretende chegar?

O que fazer? A resposta mostrará quais as tarefas operacionais devem ser criadas e executadas.

Com quem fazer? A resposta mostrará quais pessoas devem ser envolvidas no seu projeto empreendedor. De que parceiros estratégicos você precisa?

Como fazer? A resposta mostrará como as ações devem executadas e quais processos devem ser criados.

Onde fazer? A resposta mostrará o cenário para a realização do seu objetivo. Ex.: Que mercado atingir? Qual nicho atuar? Que região do país e do mundo atuar?

Quando fazer? A resposta ajudará a definir prazos para cada etapa do seu plano de negócios.

Escreva todas as respostas e:

Sistematize seu negócio. Invista em treinamentos e promova o aprendizado contínuo. Tenha um sistema de treinamento e lembre-se de que "a repetição é a mãe do aprendizado e o conhecimento é o pai da segurança". Utilize novas tecnologias para compartilhar conhecimentos e experiências. Isso proporcionará o aprendizado e o crescimento em grande escala. Promova eventos presenciais para gerar integração, sinergia e alavancagem.

Foque em soluções. Importante para a criatividade. Gera novas ideias e produz inovações.

Diante de um problema, veja a oportunidade de aprender com a situação, tornando-se mais forte e preparado para novos desafios.

Tenha coragem e ousadia. Para correr riscos, vença seus medos e incertezas. Entenda, de uma vez por todas, que **o caminho para o sucesso é aprender com os fracassos.** Portanto, não tenha medo de errar, é errando que se aprende. Foi assim que aprendemos a andar e falar.

Trabalhe em equipe. Para construir uma equipe vencedora, é preciso ser líder, dar o próprio exemplo em atitudes e prover seus liderados do que precisam para se desenvolverem. O amor incondicional é o maior motivador. Trate todos com amor, humanidade e respeito. A força proporcionada pelo trabalho realizado com equipes gera sinergia e potencializa a realização dos objetivos em seus negócios.

Assuma a responsabilidade do que acontece em seus negócios e em sua vida. Acusar, colocar culpa na crise, no governo ou em quer que seja, reclamar e dar desculpas só o deixa mais longe de alcançar seus objetivos.

Deseje o melhor. Assuma compromissos com a mudança. Adquira novos hábitos. Mantenha-se no foco, com disciplina, e será uma pessoa melhor. Isso aumentara sua chance de ser bem-sucedido como empreendedor.

Tenha sua missão, visão e valores alinhados. Invista seu tempo na construção de negócios com fontes de renda recorrentes.

Empreender é uma arte que se aprende e se desenvolve modelando outros empreendedores e partindo para ação.

Empreender transforma vidas e gera valor, abundância e prosperidade.

Termino por aqui. Meu sentimento é de gratidão aos empreendedores com quem convivo diariamente e àqueles que possibilitaram minha contribuição nesta importante obra.

Desejo a todos muito sucesso em seus negócios! Empreendam com amor e sabedoria! Fiquem com Deus!

17

Seja um empreendedor total com o *design thinking*!

Gostaria de convidá-lo a conhecer neste capítulo o *Service Design Sprints*: um movimento global que traz pela primeira vez inovação em um formato ágil e descomplicado a PMEs, *startups* e varejo. Como resultado, negócios estão sendo transformados em quatro dias no mundo inteiro, de forma que realmente façam sentido para os *stakeholders* e, consequentemente, tragam crescimento sustentável para empreendedores e organizações nos mais diversos setores da economia

Gustavo Machado

Gustavo Machado

Mestrado em *Design* nos EUA. Premiado internacionalmente, publicou trabalhos disponíveis em mais de 20 livros pelo mundo. É *Head Latam da ServiceDesignSprints.com*. Consultor de Negócios e Inovação, Mentor Associado QEMP para Empreendedores e Professor de MBA. Conta com mais de 25 anos de experiência de mercado (Adidas, AMBEV, Carlsberg, GM, Bradesco, Ipiranga, IBM, Compaq, Microsoft, Adobe, Edinfor, Promon, Ogilvy, Mc Cann Erickson, JW Thompson, RAC, Unimed) e mais de 15 anos de experiência acadêmica no Brasil e Canadá, incluindo OCAD University, The Art Institute of Toronto, Centennial College, Insper, e IBMEC. Utiliza as mais inovadoras abordagens existentes no mercado mundial adaptadas ao contexto brasileiro: *Blended Learning, Design Thinking, Service Design Sprints*, 6 Ds, *Customer Development, Lean Thinking, Experiential Learning*, Cocriação, *Business Model Canvas*, Jogos Corporativos, entre outras.

Contatos
http://www.consultorinovacao.com.br
http://www.servicedesignsprints.com
gustavo@gustavo-machado.com
(19) 99238-3918

Como você já deve saber, empreendedores em geral enfrentam inúmeros desafios em seu dia a dia. Ser bem-sucedido em um novo negócio no Brasil requer, além de atitude, inúmeras competências e habilidades.

Um outro fator importante que pode levar muitas vezes à perda de tempo e recursos desnecessários (e até mesmo insucesso) reside no fato do empreendedor habitualmente se apegar demais a determinadas ideias e estratégias, sem ouvir de forma aberta e direta a opinião de seu público. Provavelmente você conhece alguns empreendedores com este comportamento, não é mesmo?

O *Sprint* resolve este problema por conta de que tudo que é gerado, resulta de cocriação com diversos *stakeholders*, incluindo os clientes-chave. Dessa forma, as soluções são validadas na hora pelos participantes e o que não fizer sentido é prontamente descartado. Inclusive, muitas organizações têm realizado mudanças significativas em seus negócios já durante o *Sprint*. Neste caso, nem mesmo esperam o seu término para começar a implementar inovações em suas organizações de forma ágil.

Mas, por que você deveria realizar um *Sprint*?

Como o *Sprint* pode ser aplicado aos mais diversos contextos, organizei seus benefícios voltados aos principais setores.

Startups
- Estruturar o negócio antes do lançamento
- Descobrir novas ofertas para o serviço
- Validar/melhorar as soluções existentes aos produtos e serviços e as pessoas que ali frequentam

Varejo
- Aproximar a franquia do franqueado
- Descobrir novas ofertas para a marca
- Validar/melhorar as soluções existentes

PMEs e corporações
- Capacitação prática em inovação
- Mudança de cultura

- Levar inovação para a empresa
- Descobrir novas ofertas para a marca
- Validar/melhorar as soluções existentes
- Acelerar seus negócios

Como funciona?

O *Sprint* possui a duração de quatro dias, integrando gestores da organização, seus clientes e *designers* da Service Design Sprints.

O desenvolvimento do *Sprint* é realizado por meio de quatro etapas:

1) **Projeção**

Neste momento, a equipe deixa de lado a tecnologia e finanças e dirige seu foco às pessoas. Por meio de imersão, o grupo desenvolve empatia e começa a enxergar o cenário sob a perspectiva de outros *stakeholders*, levando a um entendimento mais profundo sobre as barreiras, necessidades e desejos inexplorados, além da jornada do usuário nos momentos em que ele aprende, utiliza e se lembra do negócio em questão.

2) **Perspectivas**

Após esta fase de imersão, a equipe passa a ter um outro nível de entendimento do cenário e dos *stakeholders* que integram o desafio. Neste instante ocorre o processo de ideação, envolvendo clientes e usuários do serviço. As propostas de valor são focadas nos principais perfis encontrados no decorrer das dinâmicas, denominados de "heróis."

3) *Playground*

Chegou o momento de testar e validar as principais soluções desenvolvidas pela equipe. Por meio de protótipos, os serviços são simulados e experimentados pelos usuários. Todo o aprendizado decorrente é revertido em melhorias e revisão dos conceitos empregados na versão inicial de cada solução proposta.

4) **Polir**

Trata-se da última etapa do *Sprint*, contemplando uma lista priorizada de soluções (*Build Backlog*) em uma planilha Excel, a criação do *pitch* de negócios e a formalização do plano de ação envolvendo todos no processo.

Como seria um cronograma típico?

Por conta de vários fatores, como a necessidade do envolvimento total de quatro gestores no *sprint*, do processamento das informações coletadas e, ainda, do recrutamento de usuários entre os quatro dias, recomendo rodar o *Sprint* durante um dia por semana ao longo de quatro semanas, conforme descrito abaixo:

- **Reunião de *kick-off*** para apresentação da equipe, cronograma, expectativas, eventuais dúvidas, definição do desafio e dever de casa (máquina do tempo).

Semana 1
Dia 1
Máquina do tempo (compartilhamento da pesquisa entre os participantes)
Entrevistas rápidas
Perfil do herói (usuário extremo)
Recrutamento dos heróis para entrevistas em profundidade no 2º dia

Semana 2
Dia 2
Entrevistas em profundidade
Shadowing (observação de usuários utilizando o serviço)
Jornada do herói
Recrutamento dos heróis para sessão de cocriação na noite anterior ao 3º dia

Semana 3
Cocriação (à noite)
Dia 3
Pitch do herói (apresentação das melhores soluções)
Princípios do serviço
Jornada MVS (Serviço Mínimo de Valor)
Criação e produção de protótipos

Semana 4
Playback / Testes dos protótipos (na noite anterior ao 4º dia)
Dia 4
Build Backlog (lista de soluções priorizadas em Excel)
Preparação do *Pitch*
Pitch

Reunião de encerramento para apresentação final incluindo também a planilha com soluções priorizadas (*Build Backlog*).

Quando devo rodar um *Sprint*?

Não existe um momento certo para aplicar um *Sprint* na sua organização. Pode ser tanto para validar uma ideia de negócio, quanto na fase de *startup*, ou ainda em organizações já estabelecidas há muitas décadas que necessitam inovar sistematicamente para manter seu crescimento de forma sustentável no mercado.

Bom, e quais são os passos necessários na implementação de um *Sprint*?

Como qualquer projeto estratégico na organização, um *Sprint* deve ser cuidadosamente planejado antes de ser executado.

Passo 1 – Definir a equipe, local e materiais

- 4 Gestores (tomadores de decisão) da organização
- 1 *Sprint Master* (gerente de projetos)
- 3 *Helpers* (designers de serviços)
- Usuários do serviço
- Folhas, canetinhas, *post-its*

*Os usuários deverão ser recrutados durante as fases de entrevistas (rápida, em profundidade), ideação e validação das soluções. O quanto antes for feito, melhor.

Passo 2 – Definir o desafio

- O que queremos solucionar?
- Qual é o contexto?
- Quem são os *stakeholders*?
- "Como podemos (melhorar/resolver/apoiar) (serviços/problemas/necessidades) dos (usuários) para atingir (objetivo/impacto)?"

Passo 3 – Máquina do tempo

Consiste em uma pesquisa realizada individualmente por cada membro da equipe para investigar o contexto do desafio. Inclui desde o ecossistema dos diferentes *players* do mercado (ex: concorrentes, parceiros, governo) e pontos de contato (ex: *Web site*, *Fan page* no Facebook, promotora de vendas) relacionados ao serviço, passando por como o desafio era resolvido no passado, no presente e no futuro, e ainda, a jornada do usuário sob três pontos de vista: do aprendizado, do uso e da lembrança do serviço.

Passo 4 – Entrevista rápida

Com base nas descobertas e hipóteses registradas na máquina do tempo, é hora de sair a campo e entrevistar usuários sob três lentes:

Aprender
Elabore três perguntas para investigar como as pessoas aprendem sobre o serviço, o quanto elas já sabem e de quais maneiras elas adquirem e compartilham conhecimento.

Utilizar
Elabore três perguntas para investigar a experiência do usuário, envolvendo suas intenções e se as atuais soluções oferecidas no mercado lhe atendem de forma esperada ou não.

Lembrar-se
Elabore três perguntas para investigar como as pessoas se lembram do serviço, incluindo sentimentos, sensações e alguma peculiaridade. Elas costumam recomendar depois aos amigos? De que forma?

Dicas: anote os principais pontos da entrevista e *insights*. Tente tirar uma foto do entrevistado para que você possa depois organizar as informações abaixo da foto de cada participante.

Passo 5 – Perfis dos heróis
Heróis são usuários extremos profundamente afetados pelas experiências que têm com o negócio. Geralmente eles possuem histórias ricas em detalhes e opiniões profundas a respeito do serviço. A importância deles reside no fato que, se as soluções finais conseguirem atender ao seu alto grau de exigência, por tabela irão satisfazer também um grande número de clientes. Pense em um crítico de cinema, como exemplo.

Na prática, as atitudes extremas detectadas ao longo das entrevistas rápidas são agrupadas para compor cada perfil de herói.

Dica: para facilitar a sua memorização, dê um nome engraçado ao herói (ex: cricrítico de cinema).

Modelo mental
Esta ferramenta auxilia a compreender certos comportamentos por parte dos heróis.
Por exemplo: uma pessoa viciada em esportes pode considerar que "caminhada é para os fracos."

Oportunidades e barreiras

Quais são as principais oportunidades e barreiras de cada herói? Anote-as no *workbook* da Service Design Sprints.

Passo 6 – Entrevistas em profundidade

As entrevistas em profundidade proporcionam à equipe um melhor entendimento a respeito dos diferentes pontos de vista, modelos mentais, crenças e aspirações dos usuários extremos, resultando em valiosos *insights* para o projeto. Sugerimos que a entrevista englobe três dimensões:

1) **Rapport e empatia**
   Começar a conversa com perguntas importantes para a vida do entrevistado ajuda a quebrar o gelo e obter a confiança dele. Por exemplo: "Fale-me de você, seus *hobbies*, suas paixões..."
2) **Aprender, utilizar e lembrar**
   Uma vez criada a conexão com o entrevistado, chegou o momento de entender melhor as experiências e comportamentos relacionados ao desafio.
3) **Desperdício**
   Semelhante ao estacionamento de ideias criado após a priorização de soluções em um processo de ideação, aproveite para organizar as perguntas que não foram utilizadas durante a entrevista em profundidade para eventual uso em um próximo *Sprint*.

Passo 7 – A jornada do herói

A jornada do herói representa a jornada atual dos usuários extremos. De que forma as pessoas estão resolvendo seus problemas em diferentes momentos dela? Por exemplo: durante a descoberta, o interesse, a assinatura, o 1º uso, uso contínuo e no cancelamento do serviço.

Para cada momento, deve-se documentar os avatares (ex: *e-mail*, *web site*, sofá, caixas na loja) existentes, as intenções e pensamentos do usuário sob as três lentes: aprender, utilizar e se lembrar. Encerrando a jornada do herói, para cada momento deve-se desenhar o gráfico USE: usabilidade, satisfação e facilidade de uso. Bem, você acaba de obter uma visão geral sobre os dois primeiros dias do *Sprint*. Que tal experimentar agora? Basta baixar os *workbooks* gratuitamente no site (www.theservicestartup.com/toolkits) e começar a colocar em prática essa nova forma ágil de acelerar e inovar o seu negócio em apenas quatro dias!

18

Níveis neurológicos empresariais

Este artigo tem a finalidade de mostrar como a ferramenta dos níveis neurológicos, associada a conceitos de liderança, gestão por competências, tomada de decisões, visão de negócio e demais áreas da gestão empresarial é capaz de criar um poderoso modelo de gestão para atingir de forma assertiva e eficaz todos os níveis da organização

Gustavo Vila Nova (Senhor Coach)

Gustavo Vila Nova (Senhor Coach)

Formado em Administração em *Marketing* pela Escola Superior de Marketing, MBA em Gestão Empresarial pela Cedepe Business School. Treinador Comportamental de Alto Impacto – *Head Trainer* pelo Instituto de Formação de Treinadores – IFT, *Pratictioner* em Programação Neurolinguística – PNL pelo Espaço SER, Hipnose Integrativa pela Coaching House *Professional and Self Coaching* – PSC pelo Instituto Brasileiro de Coaching - IBC, *Business and Executive Coaching* – BEC pelo Instituto Brasileiro de Coaching – IBC com certificação internacional pelo Behavioral Coaching Institute – BCI, Global Coaching Communit – GCC, Europa Coaching Association – ECA. Idealizador do Método *Dancer Coaching*: A liderança em Movimento, do Método dos Níveis Neurológicos Empresariais, Palestrante em Liderança e Gestão de Equipes.

Contatos
www.gustavovilanova.com
gustavo@senhorcoach.com
Facebook: /SenhorCoach
Instagram: @SenhorCoach
(81) 97909-4532 / 98346-5390

D esde o início de minha carreira na parte de liderança e gestão de equipes, sempre fui muito atento, intrigado e curioso na linha tênue na relação do trabalho e da polaridade **líder e gestor**, de um lado toda a parte voltada para resultado e gerenciamento de indicadores-chave empresarial e do outro uma orientação voltada para as pessoas, de como estimular, gerar propósito, engajamento dentre várias outras atividades que ambas as características possuem.

E na procura de encontrar algo que, nesse sentido, busquei como perceber e fechar um modelo de gestão assertivo, comecei a estudar ardentemente o que pude, e associei a tudo o que o meu ambiente me proporcionava e proporciona até hoje, o exato momento em que escrevo este artigo.

A partir dessa procura, surgiu um *insight* muito interessante no meio de uma das minhas formações, especificamente a de *Business and Executive Coaching* onde comecei percebe os níveis neurológicos, que será abordado logo mais, de uma forma totalmente diferente do que habitualmente é utilizada.

O que percebo é que habitualmente "Os 7 níveis neurológicos do processo evolutivo" são usados para o engrandecimento das pessoas e, por consequência, a melhoria da organização, a proposta deste trabalho é acrescentar ainda mais valor e impacto analisando os cargos existentes nas empresas e avaliando como cada um deles vibram neurologicamente de acordo com sua posição hierárquica.

Com essa ideia em mente, nasce a expressão níveis neurológicos empresariais, também chamada de níveis de alinhamento organizacional e, ainda, de níveis sistêmicos organizacionais. Empreendedor por natureza, decidi então inovar por meio de um método próprio de abordagem empresarial, com uma análise micro e macro, alinhando a tomada de decisão, o desenvolvimento de competências individuais, de grupo e de equipes pelo maravilhoso método que vou descrever brevemente neste artigo.

1. Pirâmide níveis neurológicos

A pirâmide do processo evolutivo é baseada na adaptação de Robert Dilts e Bernd Isert por José Roberto Marques, vou tomar a liberdade de apenas apresentá-la de maneira resumida com o intuito de proporcionar o entendimento inicial e primordial para a compreensão de todo o método apresentado no texto, observe a figura a seguir.

Legado	Visão e Propósito	Quem mais?
Afiliação	Eu e o Grupo Pertencimento	Com quem?
Identidade	Missão e Sendo do Eu	Quem?
Crenças e Valores	Permissão e Motivação	Por quê?
Capacidade e Habilidade	Direção Estratégica	Como?
Comportamento	Ação / Reação	O quê?
Ambiente	Limite/Oportunidade	Quando? Onde?

Na base, o ambiente diz respeito ao contato inicial, são as primeiras informações, o local em que se está inserido. Sua relação com tudo o que vimos, ouvimos e sentimos causa movimentos internos. A interpretação e vivência nesse nível nos dão a percepção de nossas oportunidades e limites em nossas vidas, mostram onde e quando acontecem as informações.

O segundo nível traz o comportamento, o que fazemos com as primeiras informações, do meio onde estamos inseridos, evidencia nosso impacto no ambiente.

No terceiro grau estão situadas a capacidade e a habilidade. Estas dizem como nos posicionamos no universo de forma a nos nortearmos em direção ao nosso estado desejado. A permissão para viver as melhores capacidades e habilidades nos dá o aumento da percepção de nossa linha estratégica no processo evolutivo e em nossa alta performance.

A quarta camada, onde se situam as crenças e valores, está ligada à indagação "Por que somos o que somos? E conseguimos ou não conseguimos o que queremos?". Refere-se a nossa verdade individual. Por que valores, critérios, crenças e generalizações sobre o mundo e as pessoas nos trazem resultados extraordinários ou por que não conseguimos tais efeitos. Nosso sistema de crenças e valores nos dá permissão e motivação para ousarmos novas posições perceptivas dos diferentes contextos em nossas vidas. Ousar fazer e ter novas interpretações nos traz um poder interno. Talvez aqui você também estabeleça ou concorde com essa crença facilitadora que podemos conseguir tudo o que ousamos acreditar fazer.

O quinto plano identidade está relacionado com a indagação quem somos?, Quem é responsável pelos acertos e desacertos. Está diretamente ligado a nossa missão de vida. Nosso sistema de identidade nos dá SENSO DO EU e percepção da MISSÃO DE VIDA, nossos papéis no mundo. A vida faz mais sentido quando sabemos quem somos e o que vivemos em nossa identidade.

Já o sexto patamar afiliação evidencia com quem compartilho meus sucessos, intimidades, pontos de melhoria e sonhos. Traz o nível de pertencimento dos diferentes locais que faço parte. Tem relação com o Eu dentro do grupo. Outro bom significado é a aglutinação, o quanto pertenço às diferentes hierarquias e pessoas da minha vida. Nosso sistema de afiliação nos dá o sentimento de pertencer ao universo. A vida é muito maior quando somos capazes de aglutinar ideias, sonhos e objetivos comuns às pessoas dentro e fora de nossa esfera familiar.

Por fim, o sétimo item legado nos traz a questão "quem mais pilota sua vida?" Propõe indagações sobre o nosso desenvolvimento espiritual, nos convidando a ter visão ampliada do mundo, um propósito e a construção do legado, a memória que deixaremos no universo. Liga-se ao senso de significado de vida, do pensamento sistêmico, da visão holística e da aceitação da quadrinidade de corpo, alma, intelecto e emoção.

Após o breve entendimento dos níveis neurológicos, o próximo tópico é o segundo mais importante do modelo.

2. Níveis organizacionais e tempo de planejamento

Este segundo ponto é crucial e primordial, pois o modelo apresentado inicia com esta primeira combinação e após demonstrar como ficará o resultado, preste atenção aos comentários importantes.

Nos livros mais tradicionais de administração, toda empresa é composta por três níveis: operacional, tático e estratégico.

As responsabilidades são distribuídas por meio dos cargos e congruentes a isso o trabalho de planejamento e execução de metas e objetivos empresariais, que são de: curto, médio ou longo prazo (toda função tem atividades de curto, médio e longo prazo de execução).

As metas empresariais de curto prazo são executadas pelos cargos operacionais, as de médio prazo pelos cargos táticos e as metas de longo prazo pelos cargos estratégicos.

Observe na figura como fica a correlação com os níveis neurológicos.

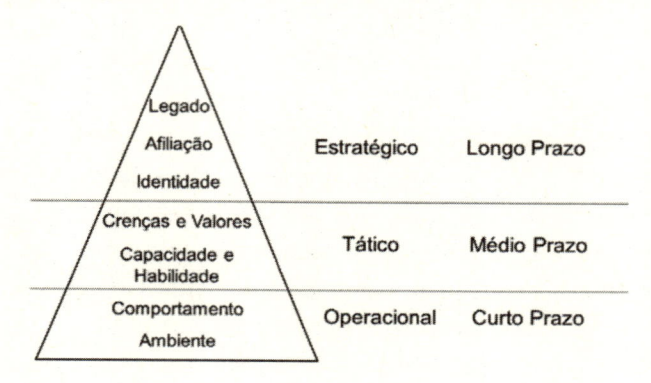

A análise e compreensão vão ficar ainda mais fáceis estando na forma que está sendo apresentada na figura, a intenção é mostrar onde está empregada a energia (nesse caso energia mental) e atenções de cada cargo.

Cargos estratégicos estão mais atentos a quem mais vai ganhar com os negócios realizados. Devem saber fazer parcerias e contratar para a sua empresa, criar uma identidade única para que clientes internos e externos saibam quem a companhia é. Estabelecem a visão, missão e o propósito da empresa.

Cargos táticos têm a atenção voltada a como vão fazer para que suas equipes se permitam ter todo o potencial atingido e mantenham-se motivadas, sempre alinhando e repassando a cultura empresarial, os valores e as estratégicas. Ao deixarem claras as funções de cada um, a motivação se eleva. Como este é o nível mais perto da operação, também se volta à capacidade e habilidade das equipes de manterem sempre o resultado competitivo, por meio de programas de treinamentos e desenvolvimento.

Os cargos operacionais, por sua vez, têm a atenção voltada a trazer o resultado para a empresa. Por possuírem o alcance de metas de curto prazo, devem prestar mais atenção ao ambiente para não encará-lo de forma limitante e, muito menos, exibir comportamentos reativos. Precisam adotar uma postura positiva, capaz de vislumbrar possibilidades e oportunidades, sempre disposta a agir; o mais importante neste nível empresarial.

Comentário importante: quanto mais distante um nível do outro, maior será o gasto de energia para entender e resolver as questões e preocupações do nível onde está tentando se enquadrar. Exemplo: se um diretor de relacionamento tiver que parar o seu trabalho estratégico para fazer algo da operação, o gasto de energia mental será grande, pois terá que reposicionar todo o seu *mindset* (mentalidade) para aquela situação. Gastaria menos energia se tivesse que resolver algo de um gerente posicionado na parte tática.

Comentário importante 2: o trabalho de emponderamento (*empowerment*) acontece quando é repassado informações dos níveis de cima para os da base, toda informação de valor servirá para engajar, motivar e melhorar o desempenho das equipes.

3. Ciclo do sucesso nas decisões

O ser humano possui uma sistemática muito simples e, ao mesmo tempo, desafiadora para ser praticada. Essa programação é a percepção, ação e resultado, que também é congruente com o ciclo ver, fazer e obter.

Para o início deste tópico, começo com o maior desafio, o de desenvolver uma percepção mais aguçada e, para proporcionar essa amplitude, é necessário prestar atenção aos três últimos níveis neurológicos identidade, afiliação e legado.

Para auxiliar o entendimento, faça algumas perguntas como estas:

Legado – Onde sua empresa estará em um, cinco e dez anos?

Legado – Qual o propósito de atingir tais objetivos?

Legado – Qual a visão da sua empresa e a sua como profissional?

Afiliação – Como está seu relacionamento com as partes interessadas no seu negócio?

Afiliação – Os fornecedores estão alinhados com sua estratégia empresarial?

Identidade – Qual é a sua missão e a missão da empresa?

Identidade – Quais são os papéis desenvolvidos por cada pessoa dentro da empresa?

Identidade – Como os seus clientes estão percebendo sua empresa e seu posicionamento no mercado?

Os executivos que cuidam da parte estratégica estão ligados à percepção, pois é a partir dela que as ações serão desenvolvidas para que assim sejam obtidos os resultados desejados.

A ação está ligada aos dois níveis do centro da pirâmide (na figura da página ao lado) o de crenças e valores e o capacidades e habilidades. Trabalhando-os corretamente, a empresa terá pessoas motivadas, capacitadas para os desafios e acreditando sempre em resultados positivos. Para tanto, é importante desenvolver os seguintes pontos:

Crenças e valores – Os valores empresarias estão bem definidos e alinhados com a estratégia?

Crenças e valores – Seus gestores acreditam no produto/serviço e no valor que a empresa entrega ao mercado?

Capacidade e habilidade – Quais são as competências necessárias para cada cargo em qualquer nível da empresa?

Capacidade e habilidade – Quais são as necessidades de treinamento e desenvolvimento da sua equipe?

Os gestores que cuidam da parte tática estão conectados à ação, pois vão dividir as metas de longo prazo, direcionar estrategicamente, verificar a congruência com visão, missão e valores para, então, repassá-las ao nível operacional.

O tópico de resultados está ligado aos dois níveis na base da pirâmide ambiente e comportamento, estes mostrarão se as pessoas estão encarando as situações de forma limitante ou como oportunidade e, principalmente, o que elas estão fazendo com o que acontece, apenas reagindo ou tendo um pensamento mais proativo. Trabalhar nos seguintes tópicos:

Comportamento – Sua equipe possui várias pessoas com o aspecto eficiente-reativo, aquelas que só realizam se mandar fazer?

Ambiente – Tudo o que acontece vai interferir no seu desempenho diário?

Observe a figura abaixo e veja com mais clareza a associação descrita anteriormente:

4. Liderança transacional e transformacional

Nada adiantará entender onde estão os pontos fortes e os de melhoria dentro da empresa se não houver um padrão de liderança para intervir da maneira mais assertiva. Por este motivo, o modelo trabalha com dois tipos: a liderança transacional e a transformacional.

A primeira possui como característica o estabelecimento de acordos com os liderados, um estímulo pela recompensa para fazer com que o nível de motivação se eleve e os colaboradores gerenciem da melhor forma os imprevistos do cotidiano.

Já a transacional corresponde de maneira mais assertiva aos dois primeiros níveis da pirâmide o ambiente e o comportamento. Este formato, porém, não proporciona um nível de engajamento significativo, já que o líder precisa manter o controle da equipe que ficará apreensiva com a perda ou o ganho.

A liderança transacional corresponde aos outros cinco níveis neurológicos capacidade e habilidade, crenças e valores, identidade, afiliação e legado, realmente muita responsabilidade.

E a transformacional possui o objetivo e o papel de inspirar seus liderados a ultrapassarem seus próprios interesses em prol do interesse organizacional. É uma liderança que proporciona aprendizagem conjunta, já que o líder não impõe suas ideias e preza pelo relacionamento, com isso libera o potencial criativo e motivacional tanto do dele próprio quanto do liderado.

Este é o tipo de liderança que mais se adequada para o diferencial competitivo, a sustentabilidade, capacidade de inovação, ou seja, diretamente ligado aos principais fatores de sobrevivência da empresa no mercado.

Na transformacional, o líder procurar conscientizar seus colaboradores da importância de alcançar as metas organizacionais

O foco maior para ter bons resultados sempre, pela liderança transformacional, é o desenvolvimento.

Os cinco componentes que compõem a liderança transacional nesse modelo são: influência idealizada, colaboração, motivação inspiradora, estímulo intelectual e consideração individualizada.

Importante: o processo de transformação pode ser dividido em partes menores de alcance de objetivo. Então, o líder empreendedor, caso obtenha interesse em transformar e elevar as pessoas a patamares superiores, precisará fazer muitas transações ao logo do caminho.

De acordo com a figura a seguir, veja a associação da liderança com os níveis neurológicos:

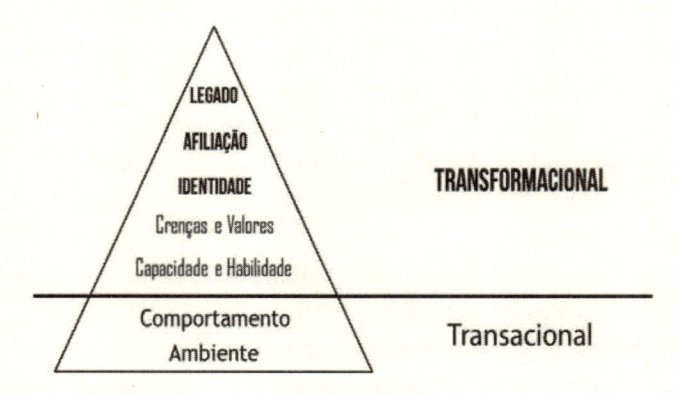

5. Visão de negócio e capacidade para tomada de decisões - VNTD

A neurociência dividiu e classificou o nosso cérebro em três partes, também conhecido como cérebro trino, colocando que a nossa parte racional corresponde a 7%, a nossa parte emocional em 38% e a nosso cérebro reptiliano em 55%.

As pessoas mais racionais pensam muito em resultados, principalmente de curto prazo. Este tipo de objetivo e meta corresponde à parte operacional da empresa e aos dois primeiros níveis neurológicos ambiente e comportamento.

A visão de negócio e de tomada de decisão refere-se a 7%, ou seja, muitas vezes as posições são tomadas impulsivamente e em análise posterior percebe-se que as informações sobre a situação eram muito baixas.

Outro ponto de vista: qual visão as pessoas que compõem a parte operacional da empresa muitas vezes têm de suas próprias ações no impacto do negócio? Qual o seu poder de decisão diante do futuro da empresa? Se fosse colocar em termos percentuais seria de 7%.

Os dois próximos níveis capacidade e habilidade e crenças e valores possuem normalmente visão de negócio e poder de decisão referente a 38%, já que se encontram em um local na empresa que permite ter acesso a mais informações, como citado acima, referem-se à parte tática da empresa.

A ideia é que quando chegue a este nível, aconteça a soma de 7% + 38% = 45%, pois caso isso não aconteça, todas as decisões, como plano de ações, estabelecimento de metas e qualquer outro tipo gerado nesse ponto encontrará problemas no nível abaixo, observar a seguir no comentário importante.

Os três últimos níveis identidade, afiliação e legado possuem o percentual de visão de negócio e tomada de decisão de 55%, como citado, referem-se à parte estratégica da empresa. Ao chegar nesse nível, acontecerá a soma de 7% + 38% + 55% = 100%. A responsabilidade na tomada de decisão nesse patamar chega a ter ainda mais peso, porque esse grau também tem que colocar em suas decisões o desmembramento do planejamento estratégico para a empresa.

Esse parâmetro serve, sobretudo, para mostrar como muitas vezes cargos de gestão e liderança pecam de forma drástica, porque focam apenas em atribuições que seus cargos exigem. Estes se esquecem de que a visão que as pessoas têm do seu cargo e congruência de cada atividade representam 100% para cada parte e sem determinada inclusão nas futuras tomadas de decisão podem causar grandes impactos negativos ao negócio.

Verifique a figura:

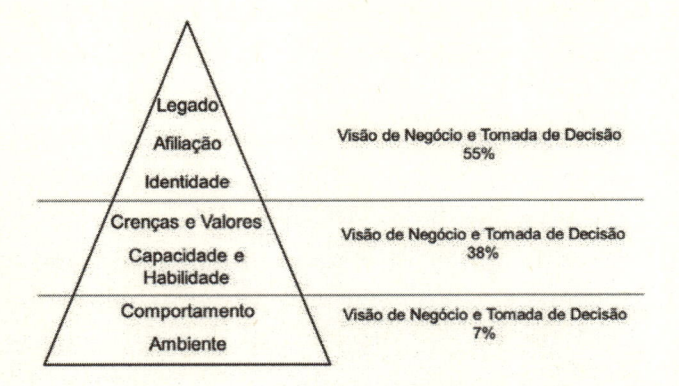

Comentário importante: cada participação dos percentuais é muito importante e não pode ser ignorada pelos níveis acima. A visão de negócio e tomada de decisão é 100% para o cargo, então se não colocar em como desdobrar para baixo, a execução será falha ou não obterá o resultado que realmente deseja.

Exemplo: para uma empresa que deseja aumentar em 15% seu faturamento em vendas do produto X e faz todo o planejamento de marketing, todas as reuniões com fornecedores, com coordenadores, gerentes e diretores e até esse ponto está fechada e se esquece de colocar como a parte operacional vai se comportar e como vai lidar com o ambiente do dia a dia. No todo, apenas 7%, só que estes 7% para o operacional representa 100% do que ele faz todos os dias.

6. Fatores de avaliação do comprometimento e desempenho

Mental
Esse fator de avaliação servirá para você sondar como está emocionalmente e o integrante da sua equipe, da empresa para iniciar o plano de ação e os objetivos traçados nas etapas anteriores.

Físico
Tão importante quanto o emocional, a energia física torna-se imprescindível para o alcance das metas diárias. Níveis determinados de *stress* e pressão, assim como alimentação e cultivo de boas atividades físicas e

duração do sono podem afetar drasticamente esse fator.

Responsabilidade

Quem ou quais pessoas são responsáveis, ou seja, que vão impactar diretamente na realização dessas atividades dentro da empresa. Decerto afirmar que depende de cada um a ambição de querer sempre mais para a sua vida profissional, porém estamos falando de empresa e sempre há alguém ou algumas pessoas que podem facilitar a execução, assim como atrapalhar, saber então quem são fará todo o diferencial na hora de traçar um plano de ação mais efetivo.

Condições de trabalho

As condições de trabalho estão proporcionando um bom ambiente para que o funcionário desempenhe com excelência, algo poderia ser acrescentado? Caso não, qual o plano de contingência?

7. Gestão do desempenho

Pessoas que apresentam baixa *performance* têm uma capacidade de entrega que fica entre 0 e 59%. A motivação para realização das tarefas no dia a dia é muito baixa e perecível, possuem comportamentos como: esperam que algo de bom aconteça para iniciar realmente as suas atividades, encaram as situações de forma reativa e limitante. São congeniais, mudam o desempenho diário como variam de emoção. Grande aptidão para exigir e assim como a capacidade para reclamar e terceirizar os problemas.

Indivíduos de média *performance* são aqueles que entregam entre 60 e 84%, a motivação é mediana. Possuem comportamentos como: fazem o que precisa ser feito no horário determinado, precisam de atenção em detalhes e questões de proatividade e iniciativa. Têm baixa disponibilidade para inovar, pensar com criatividade e fazer algo diferente.

Já as pessoas de alta *performance* são aquelas que estão com desempenho entre 85 e 120%, sua motivação é elevadíssima, empregando realmente o sentido da palavra resiliência. Seus comportamentos: querem entender a estratégia e saber como entregar mais valor à organização. Valorizam a constância de contribuição, atuam de forma sinérgica, fazem sempre além do esperado, seu engajamento se dá por uma causa e coerência estratégica.

> **Comentário importante:** para um plano de ação efetivo, basta olhar em que nível de performance se está, adequar o formato de liderança, o tipo de objetivo se longo/médio/curto prazo e sempre focar no nível acima para melhorar o engajamento. Exemplo: se um colaborador se encontra com baixa *performance,* o indicado é que inicie um plano de ação entendendo seu ambiente e comportamento, para depois saber como vai treiná-lo e nortear melhor suas atitudes.

Observe na figura abaixo a relação da capacidade de entrega e os níveis neurológicos:

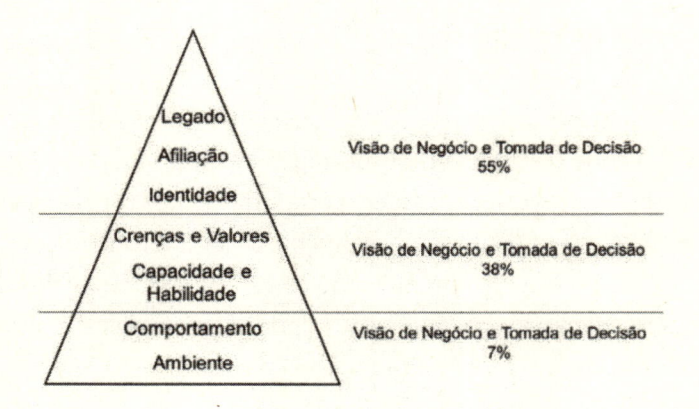

8. O melhor dos segredos

A próxima figura tem a finalidade de estabelecer o plano de ação para qualquer pessoa dentro da empresa. Primeiramente, é sempre melhor desenvolver as pessoas de dentro para fora e realinhar de fora para dentro, assim a congruência nas ações será muito mais efetiva.

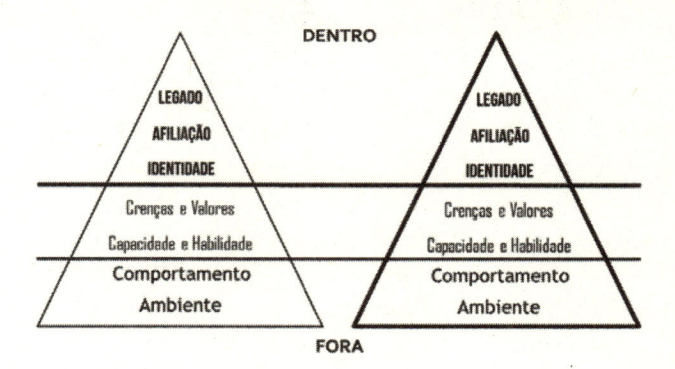

O maior segredo desse modelo é que existe um nível sobre o outro, confuso? Sim eu sei, então preste ainda mais atenção, pois se compreender e sentir essa parte, tudo o que coloquei antes fará ainda mais sentido.

Primeiro vamos partir da seguinte análise de pegar uma função dentro da empresa. No exemplo vou usar um cargo de supervisão. Foi visto que ele vibra dentro da empresa no 3º nível "capacidade e habilidade" e no 4º nível "crenças e valores". Possui meta e objetivo de médio prazo, uma visão de negócio e tomada de decisão somada em 45% e tem sua atenção voltada às ações e direção estratégica para a empresa.

Segundo o supervisor, como pessoa, para atender às necessidades do cargo em que atua, o ideal deve estar num nível neurológico igual ou superior ao que se encontra na empresa. Se estiver vibrando no nível abaixo, seu resultado real e potencial serão comprometidos. Caso esteja acima, que é sempre o ideal, será uma vantagem competitiva muito grande, pois significará o engajamento com a visão, missão e valores completamente alinhados.

9. Integração

Ao chegar aqui, quero deixar claro que este modelo se aplica a qualquer tipo de empresa, seja ela de produto ou serviço. Mesmo com os diferentes tipos de configurações existentes, basta modelar para o negócio.

Após ter passados por todos os tópicos anteriores, nada melhor do que enxergar tudo de uma vez só. Garanto que agora a figura a seguir faz muito mais sentido do que se a tivesse visto no começo deste artigo.

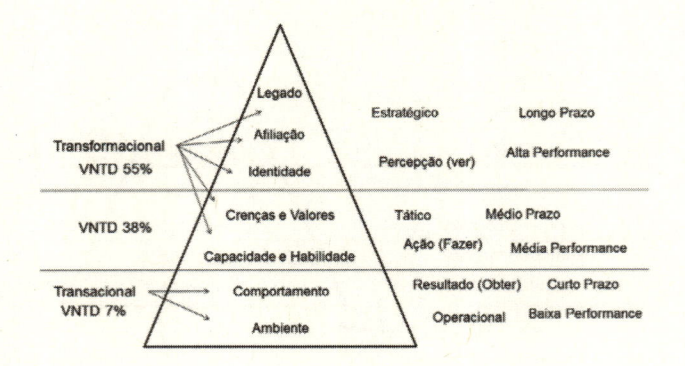

Faça contato e conheça ainda mais sobre este modelo que mudou a minha concepção empresarial e mudará a sua!!!!

19

Empreendedorismo na Melhor Idade - Maturidade

"Um homem desejoso de trabalhar e que não consegue encontrar trabalho talvez seja o espetáculo mais triste que a desigualdade ostenta."

Thomas Carlyle

Heliane Azevedo

Heliane Azevedo

Mestrado Acadêmico em Administração, Pós-Graduada em Docência do Ensino Superior, em Consultoria Organizacional, em Saúde Mental e em Recursos Humanos. A vasta experiência no ramo do Empreendedorismo a levou a criar e presidir o Instituto de Pesquisas e Projetos Empreendedores. Formada em Psicologia. Dedicação constante na área educacional em instituições de ensino, em empresas públicas/ privadas e entidades, coordenando trabalhos de treinamento e prestando consultoria, proferindo palestras e ministrando cursos. É Professora de Pós-Graduação da Fundação Getulio Vargas, Fundação Unimed, PUC Minas entre outras Instituições de Ensino. Leciona Cultura Organizacional e Gestão de Pessoas. Área de concentração: Organização e Estratégia. Linha de pesquisa: Tecnologias de Gestão e Competitividade e Poder e Autoridade nas Organizações.

Contatos
azevedohg@gmail.com
relacionamento@institutoippe.com.br
(31) 99981-0364 / (31) 99308-8166

Um novo desafio está lançado para o Brasil e o mundo. A longevidade chegou e pessoas "idosas" hoje são consideradas *jovens* para o trabalho e com uma bagagem de vida capaz de fazer a diferença. Porém, não é o que vem acontecendo de fato. O momento é de repensar e buscar soluções práticas e melhorias contínuas para este público-alvo. Dentro deste espírito, é fundamental que haja sinergia e parcerias para que os resultados possam ser alcançados.

Após longa pesquisa no território nacional e internacional, é possível perceber o quanto estamos perdendo por não valorizar a bagagem de vida aliada à maturidade.

Dotar os mesmos de visão empreendedora é fundamental para que possam contribuir efetivamente para a abertura de novas empresas, para serem reinseridos no mercado produtivo e ajudar nas tomadas de decisões, quer seja como empreendedores, reinseridos em atividades produtivas, voluntários etc.

Atuando na realidade apontada pelas pesquisas, é possível estabelecer e desenvolver ações práticas e objetivas integradas a um planejamento estratégico para que tanto os pré-aposentados como os pós-aposentados possam estar inseridos no mercado de trabalho gerando rentabilidade e obtendo um padrão de vida com mais qualidade, fazendo um entrelaçamento com a cultura empreendedora.

Mudar o paradigma atual da postura da aposentadoria como encargo para uma postura do aposentado e pré-aposentado como contribuinte efetivo do equilíbrio socioeconômico de nosso país é o grande desafio e objetivo de pesquisa e trabalho compilado para este público.

Uma oportunidade de resgatar o sentido do trabalho na vida. Dotar o profissional de oportunidades de fazer valer sua experiência de vida aliada ao conhecimento amplo sobre empreendedorismo e ferramentas que permitam que o "trabalho", muitas vezes considerado um martírio, possa ser tratado com prazer e realização de sonhos.

No Brasil, o Estado e sociedade ainda não se prepararam para atender às necessidades deste crescente contingente populacional, com demandas tão diferenciadas.

Uma das preocupações concernentes a esta parcela da população é o afastamento do trabalho. Indivíduo com 40 anos de idade ou mais tem sua retomada à atividade laboral dificultada.

O mercado de trabalho, na nova racionalidade econômica, discrimina o "velho" privilegiando a mão de obra "jovem e barata". Assim, o indivíduo que se desliga das organizações permanece em um vácuo, sem perspectivas de futuro. Não consegue se reinserir no mercado e é ainda estigmatizado por pesar na balança previdenciária.

O número de pessoas que se aposentam na faixa dos 50 anos é enorme. Acabam se sentindo improdutivas e sem um caminho a percorrer a não ser acreditar que seu futuro produtivo acabou.

A estratégia é a capacitação para a nova realidade. Para isso, foi desenvolvida uma metodologia extremamente prática e com profissionais altamente qualificados. Hoje existe uma preocupação com o direito do idoso, mas não existe uma política pertinente que o devolva às oportunidades de serem úteis no mercado de trabalho e que permita fazerem valer seus direitos humanos.

O projeto está totalmente desenvolvido e visa a resgatar o equilíbrio socioeconômico com ênfase na sustentabilidade. É uma solução para resgatar a autoestima daqueles que tanto contribuíram e que apresentam uma grande bagagem de experiência e maturidade que, aliada ao conhecimento empreendedor, poderá fazer a diferença mudando o paradigma da atual realidade. Visa ao resgate da dignidade e à quebra dos preconceitos que fazem parte da atual conjectura.

O pré e o pós-aposentado não são pessoas inúteis, pelo contrário, são ricos em conhecimentos e aptos a contribuir, com sua sabedoria e maturidade, nas tomadas de decisões construindo um Brasil melhor. Representam a grande riqueza que temos pois, além de deterem conhecimentos que a vida ensinou, podem efetivamente **transmitir sua bagagem de vida** aos mais jovens.

A socióloga Simone de Beauvoir denuncia a existência da chamada **"conspiração do silêncio"**, representando a forma característica do tratamento discriminatório e estereotipado dados aos idosos.

Numa sociedade que privilegia o jovem, o ativo, o produtivo, a terceira idade é segregada e estigmatizada como sendo improdutiva e inútil. O mundo contemporâneo, marcado pela intensa competitividade entre as empresas e o amplo processo de globalização, enfrenta graves problemas quando se trata da necessidade de **reinserção no mercado de trabalho.**

A capacitação empreendedora para a Melhor Idade poderá se multiplicar e disseminar de maneira efetiva contribuindo para o avanço socioeconômico, realizando a verdadeira arrumação da vocação. A estatística aponta que inúmeros trabalhadores passam uma vida inteira sem fazer o que gostam. O projeto pretende mudar esta realidade, mapeando as habilidades, competências, oportunizando que os mesmos possam se desenvolver sendo produtivos e sentindo que podem fazer parte do sucesso empreendedor.

O trabalho é parte importante na vida do ser humano. Numa perspectiva psicológica, pode-se afirmar que o trabalho funciona como afirmação da autoestima e como função diante da sociedade. Os indivíduos se identificam com o seu trabalho, vivem em função de sua atividade profissional e são vistos de acordo com os papéis e o poder que exercem na organização.

O pré e pós-aposentado não podem ser vistos apenas como **fim de carreira**, mas como portadores de *expertise* para fazer acontecer.

Essa população tem um novo perfil em relação ao passado. O desnível demográfico assusta o futuro e temos que nos preparar para o presente. Segundo Fela Moscovici, "Quem não muda com o tempo é punido pela vida".

A inclusão social precisa acontecer, a liberdade de escolha também. Existem várias pesquisas realizadas no território nacional e internacional que apontam o desejo de serem úteis e de voltarem ao ambiente educacional e organizacional.

A rede de contatos e a relação interpessoal são fundamentais para estabelecer um elo motivacional destinado a esse público. Este projeto é **inédito e inovador**. A maioria dos trabalhos se concentra em estabelecer metas e diretrizes para preparar o indivíduo ao fim de carreira.

A estatística aponta que grande parte da população brasileira, ao fazer a escolha profissional, o faz em uma fase de vida em que a tomada de decisão ainda é precoce e inconsistente, ou seja, escolhe uma profissão por influência dos pais, de alguém que representa um referencial de sucesso, por modismo, pela rentabilidade suposta da carreira, etc.

Escolher uma profissão de maneira assertiva é raro e voltar atrás nas escolhas não é algo comum ao ser humano. Ele se forma e entra para a atividade produtiva de maneira distorcida. Ao se aposentar, com mais maturidade, pode escolher o que e como fazer contemplando suas habilidades e seus desejos, transformando em algo que represente prazer e contribuição social.

A OMS aponta vários problemas que ocorrem em decorrência da aposentadoria: depressão, angústia, entre outros. As pessoas se sentem com baixa autoestima e sem perspectivas de serem úteis.

O Brasil é considerado um país com grande potencial empreendedor. O *Global Entrepreneurship Monitor* (GEM)[1] , que mede as taxas de empreendedorismo no mundo todo, identificou que o Brasil é o nono país com o maior número de pessoas que abrem novos negócios no mundo. De acordo com a pesquisa, de cada 100 brasileiros, 13 desenvolviam atividades empreendedoras.

A Gestão de Pessoas é uma área que vem sendo desafiada pelo cenário de grandes transformações econômicas. De um lado, a crescente instabilidade provocada pela pressão para reduzir custos e garantir a competitividade; de outro, maiores exigências de qualificação e envolvimento dos trabalhadores. Esses desafios despertam a necessidade de repensar os modelos de gestão para possibilitar a boa mediação das relações entre o mercado, as organizações e os indivíduos.

A Responsabilidade Social no mundo dos negócios poderá ser conduzida de maneira a contribuir para uma reconstrução gradativa, no meio empresarial, de valores humanos essenciais, possibilitando a construção de uma sociedade e um mundo melhor para todos, desta e das futuras gerações.

Estamos atuando nos **direitos dos idosos** fazendo a inclusão dos mesmos e contemplando de serem o foco do **Projeto educacional de empreendedorismo.** Vale destacar que, com a longevidade, os ditos "Idosos" são pessoas maduras e ainda jovens para exercerem várias funções. Reduzir o aposentado a um mero recebedor do INSS é retirar do mesmo a sua possibilidade e capacidade de ser útil, pois podem ir muito além.

A sinergia dos mesmos, a rede de contato que a educação empreendedora proporcionará não tem preço. A reintegração no processo educacional proporciona oportunidade de trocas de informações, de conhecimen-

---

1 GEM, 2008.

tos e permite a abertura de um leque de oportunidades.

O projeto pretende jogar a sementinha para que a mudança aconteça com muita luta, crença e valores aprendidos na vida e desenvolvidos com a educação empreendedora.

Queremos pessoas que nos movam e sejam também as fomentadoras do amor entre todos, sem as quais deveremos sentar e esperar mansamente a caridade do próximo.

Será que os aposentados gostariam de ter como ideologia uma única bandeira de terem o direito apenas ao reajuste de seu recebimento junto ao INSS?

Isto parece óbvio demais! É claro que estes direitos precisam ter uma bandeira e serem batalhados. É um problema grave que enfrentamos no Brasil, mas não se pode negar outras necessidades e demandas urgentes.

Os direitos dos aposentados não se restringem apenas a ter lugares cativos, lugares na fila, saúde, etc. É fundamental uma política voltada para enaltecer quem tanto contribuiu e ainda pode contribuir para a sociedade produtiva.

Orientar, nortear, ter conhecimentos, ser importante no processo é o que muitas vezes o aposentado deseja. Ser o foco, ter atenção e, sobretudo, enaltecer seu ego na certeza de que tem grande valor. Isto é fato. "Os anos ensinam muitas coisas que os dias desconhecem". **O projeto pretende valorizar o ser humano**, pois um exemplo vale mais que mil palavras.

Gostaria de levá-los à reflexão que representa um mergulho dentro de si mesmos, para a compreensão do outro. Afinal, como especialista em comportamento humano e com longa experiência na gestão de pessoas e empreendedorismo, sendo professora em vários cursos de MBA por todo território nacional não posso ser omissa com a demanda que está em toda parte.

O Projeto de Capacitação Empreendedora para pré e pós-aposentado é um CONVITE. Não é uma imposição nem uma obrigação. É um presente que estamos dando à sociedade e ao público tão carente de políticas direcionadas aos mesmos. Idealizado com muito esmero e com pessoas comprometidas na mudança desse paradigma.

Fazer uma história de vida bonita, **porque a vida não acaba com a aposentadoria**.

A *missão* é Ser o projeto pioneiro de inclusão empresarial / mercadológica, visando ao pré e o pós-aposentado do Brasil, minimizando os impactos da ruptura do vínculo organizacional servindo como promotor do **desenvolvimento econômico** e social do país. Alavancar sua atuação no mercado econômico, valorizando a experiência de vida contribuindo para minimizar a grande lacuna previdenciária

O objetivo é que os aposentados passem a ser empreendedores, montando seu próprio negócio, incrementando o mercado com ações pautadas em conhecimentos da capacitação aliados a sua experiência de vida. Atuando dentro das organizações quer seja como empregado, *coach*, voluntário etc. Será um avanço e uma mudança de paradigma cujas **novas oportunidades mercadológicas** surgirão e minimizarão o apagão de mão de obra já sinalizado como uma realidade atual.

O apagão de mão de obra é algo claro e evidente que vem acontecendo no mercado de trabalho, pois os jovens entram para o mercado com mais idade do que acontecia no passado.

A inclusão dessa mão de obra tão rica em experiência de vida proporciona o equilíbrio e o enriquecimento da qualidade e reinserção no mercado, afinal: "O melhor ainda está por vir".

> **Observação:** o projeto de empreendedorismo para a melhor idade, pré e pós-aposentados é uma capacitação de propriedade intelectual devidamente registrada em nome da autora, sob o número de registro 644.074; Livro 1.238; Folha 370, averbado nos termos da lei nº9. 610 De 19 de fevereiro de 1998. Heliane Gomes de Azevedo

20

"Olho no mar, olho no pano e pouco leme"

O artigo propõe uma analogia entre minhas experiências empreendedoras nas organizações onde trabalhei e a "sabedoria" prática de pescadores que, com suas frágeis embarcações, adentram no mar para, de lá, tirarem seu sustento retornando com segurança à terra firme. Uma singela proposta para a travessia segura de tempos turbulentos à frente

Jefferson Santos

Jefferson Santos

Administrador (CRA 10.106/PE); Consultor, Palestrante, Comandante de Aeronaves e Helicópteros (PLA/H -ANAC 138.480); Prof. Logística Internacional na UNINASSAU Recife PE; Mestrado em *Seguridad Y Defensa Universidad Del Salvador Argentina y Interamerican Defense College* (USA, 2008); Mestrado em Ciências Aeronáuticas - Universidade da Força Aérea (Rio de Janeiro- RJ, 2005); Bacharel em Administração de Empresas (UNICEUB- DF 1998). Foi Professor-Chefe do Curso de Política e Estratégia Aeroespaciais na Universidade da Força Aérea (UNIFA-RJ – 2008/2009); Assessor Acadêmico do *Interamerican Defense College* – Washinton USA (2007 a 2008); CEO do 2°/ 8° Grupo de Aviação e Diretor de Operações do 2° Esquadrão de Transporte Aéreo, ambos em Recife-PE.

Contatos
jeffersonwsantos@gmail.com;
jeffersonwsantos@outlook.com;
https://br.linkedin.com/in/pilotogerente;
https://www.facebook.com/ad.astra.5621;
http://jewasa.blogspot.com.br/
(81) 97111-0211 / (81) 99531-7778

Meu primo Sílvio, jangadeiro em Itamaracá – PE - certa vez levou-me para passear de jangada em alto-mar. Naquele belo cenário, contou-me muitas histórias. Do que ele dizia, o que mais me chamou a atenção foi sobre a "ciência" dos pescadores em suas manobras de saída da praia e em alto-mar. Guardei nosso longo diálogo durante muitos anos de minha vida pessoal e profissional, sobretudo quando precisei tomar decisões profissionais delicadas.

Os relatos abordavam não só a experiência agregada dos experientes homens do mar, mas também sublinhavam a prudência como postura comum entre eles, sobretudo em situações inéditas, complexas e até conflituosas.

Marinheiro, mar revoltado, saídas dos portos com neblina ou com mar agitado, pedras, vento forte, manobras com zelo e prudência formam o complexo cenário que lhes é habitual. Sob estas circunstâncias, o marinheiro experiente, antes de desatracar do porto, avalia o mar, que é o ambiente no qual ele e o barco estarão inseridos.

Contemplando a vela, verifica suas condições, pois ela lhe dará a propulsão e a velocidade à frente. O pano da vela também auxilia na manutenção da direção e contribui para o controle da velocidade.

Com meticulosa avaliação, o marinheiro verifica a integridade do pano, das amarrações e considera seu grau de resistência (resiliência). Confere, também, toda a firme amarração das partes soltas do barco.

Por fim, diante do cenário à frente ele, sempre com cautela, manobra o leme com habilidade, destreza e, sobretudo, com prudência, abandonando o porto rumo ao alto-mar. Assim, conhecendo a trilha que evitará as pedras, recifes de coral e outros obstáculos, consegue singrar, com segurança, as turbulentas águas.

Este é o cenário cotidiano de pescadores e suas frágeis embarcações com as quais seu sustento é garantido. O barco se assemelha, guardada as devidas proporções, a uma organização. Valho-me, portanto, desta metáfora para traçar minhas considerações acerca da liderança nas organizações brasileiras em tempos difíceis que, à frente, teremos.

Ao longo de minha carreira como gestor ao vivenciar novos desafios, lembrava-me daquele diálogo. A segurança que buscava em minhas decisões advinha das reflexões sobre as similaridades da destreza e da experiência do marinheiro.

Farei uma correlação entre os métodos para as decisões que tomava com a que absorvi da "ciência dos marinheiros". O conhecimento profundo da missão e o domínio das competências e dos recursos organizacionais assemelhavam-se àqueles que o marinheiro dispunha para prosseguir confiante para alto-mar.

O olhar introspectivo, crítico e honesto da organização, de suas competências e recursos equivalia às avaliações que o marinheiro fazia do barco e a integridade e o funcionamento de seus equipamentos.

E o que equivaleria ao "mar", turbulento e caudaloso, que o velho marinheiro tem a sua frente? Equipara-se ao cenário econômico atual que atravessamos. Além de delicado e complexo, perdurará por algum tempo.

Da mesma forma que ele trocava experiências com os demais marinheiros, antes de iniciar algum importante projeto, eu procurava agir de forma semelhante. Buscava a maior quantidade de informações possíveis, mantinha-me aberto a novas ideias e outras opiniões sobre os desafios. Assegurava, com esta postura, a discussão e a reflexão sobre melhores práticas para tentar diminuir os impactos das dificuldades e desafios.

A experiência para se avaliar as condições do mar sugere a reflexão sobre as novas condições socioeconômicas. Dentre elas, evidencia-se a retração ao crédito que reduzirá, substancialmente, a capacidade de compra do cidadão, o cliente. Por extensão, a capacidade de investimentos da empresa, dos fornecedores, dos parceiros e, eventualmente, dos concorrentes também sofrerá reduções. Fazer muito e bem feito mediante pouca folga orçamentária será o cenário (o "alto-mar"), que prevalecerá por muito tempo.

O enfrentamento das turbulências do vasto oceano será como o barco e seus equipamentos, da mesma forma com os recursos que a organização possui, a produtividade e a eficiência deverão ser os mantras a se impregnarem e se enraizarem em todos os níveis e setores na vida corporativa nas organizações, sejam públicas ou privadas.

Os recursos materiais e equipamentos precisarão ser atualizados e completados. A irregular qualidade no fornecimento de energia elétrica e as sofríveis condições de nossas estradas ao longo do território nacional deverão impor desgastes de toda ordem no acervo logístico das empresas. Esses custos esvaem outros que são essenciais para a sobrevivência de quase todas as empresas, bem como a única forma de inserir-se e manter-se em um ambiente de densa e acirrada competitividade global.

Assim como o marinheiro conhece as competências do barco, os líderes setoriais deverão desenvolver uma visão periférica para entender os desafios e restrições socioeconômicas, nacionais, internacionais e a intensidade que impactam cada setor. Convém, também, entender a interferência de tais impactos no mercado, no segmento econômico mais imediato no qual sua organização se insere, nos parceiros, fornecedores e clientes.

A identificação das restrições conjunturais e estruturais auxiliarão, sobremaneira, na elaboração e proposição dos planos de ação que permitam, na sua realização, considerando tal cenário, aumentos de produtividade e de eficiência com, se possível, baixos custos.

Comparando-se o mar com suas turbulências e a forma de enfrentamento com as competências e recursos que o marinheiro dispõe com a analogia aos novos desafios organizacionais, o líder deverá estimular, em todos os níveis da organização, uma visão sistêmica das atividades setoriais de forma a considerar os distintos planos de ação, em suas peculiaridades, de cada setor estimulando uma interação positiva. Permite-se, dessa forma, que cada setor contribua no plano de ação de sua unidade organizacional.

Já para se desenvolver uma consistente visão contextual, uma boa sugestão é o uso dos veículos de comunicação com o incentivo de redes sociais e fóruns entre colaboradores, fornecedores e parceiros. Com isso permite-se a troca de informações e debates sobre os eventos socioeconômicos à medida que surjam ou evoluam. Será possível avaliar o potencial de interferência nas atividades de sua organização, dos parceiros e fornecedores.

Essa prática salienta o estímulo aos diálogos constantes entre os setores. Informações de qualidade ajudarão o desenvolvimento de uma visão prospectiva, ponderada e madura, acerca da evolução dos fatos e como poderão interferir na capacidade e desempenho de cada setor. Por intermédio de acordos e negociações, o líder deverá se antecipar com linhas de ação consistentes e que sejam bem aceitas pelos demais setores de sua organização.

Essa forma de gestão é essencial uma vez que o trabalho ou atividade a serem desempenhados, em qualquer setor de uma organização, fazem parte de um todo mais abrangente que se amplia além dos limites físicos do setor ou divisão onde você trabalha. Elas se integrarão a outros setores, uma vez que há uma dependência e sinergia sistêmica entre as atividades, sejam operacionais ou administrativas.

Para se entender o complexo cenário organizacional, faça uma analogia com uma trilha, em meio a muitas bifurcações, correntes submarinas, variações de vento e de marés que, se seguida, fará a jornada segura. A estratégia a ser empregada requer percepção, entendimento e respostas pertinentes aos inputs que o macroambiente impõe a qualquer atividade gerencial ou projeto, seja de curta ou média duração.

Considerando-se o cenário acima, para o marinheiro eficiência e produtividade são os resultados práticos das atividades cotidianas dos pescadores. A correlação que estabeleci ajudou-me ao longo da carreira a desenvolver uma ampla visão de contexto.

Neste intuito procurava, diariamente, agregar mais conhecimento sobre os detalhes da operação do negócio em que trabalhava. Definia a missão principal e, a partir desse conhecimento, minhas decisões tornavam-se mais objetivas, seguras e permitia ações mais eficientes com redução de retrabalho e custos.

Sugiro, portanto, o desenvolvimento da visão de contexto, ou seja, procurar conhecer bem o negócio de sua empresa e de seu setor, o mercado no qual está inserido e as influências do macroambiente na consecução dos objetivos da empresa ou organização.

Do fato do jangadeiro trocar experiências, informações e impressões com os demais, conduz a um conhecimento mais comum para usar novas formas de vencer as dificuldades nos desempenhos organizacionais. Portanto, a partir do que se conhece por interação e trocas, é possível saber quais são os setores que influenciarão o seu desempenho, saber quais são os atores externos (fornecedores, parceiros, agentes intervenientes) que facilitarão ou dificultarão os objetivos organizacionais.

Da mesma forma que o marinheiro se antecipava às mudanças nos ventos e na maré, o controle de métricas pelo acompanhamento, passo a passo, do desenvolvimento das atividades e da consecução de metas organizacionais torna-se fundamental para a eficiência e o sucesso.

Prudência, sensatez e proatividade serão competências-chave para a conquista do sucesso no fim do exercício físico-financeiro da organização, a qual possui partes distintas e são ordenadas de forma coerente em uma disposição física e cronológica, para que a consecução de metas e objetivos aconteçam com uma menor quantidade de atritos funcionais, perdas e retrabalho que, por sua vez, também caracterizam a ineficiência e baixa produtividade.

Em meio a um cenário economicamente instável, é de fundamental importância que seus colaboradores também entendam o que está ocorrendo e estejam aderentes aos caminhos que apontarão. Essas linhas de ação estarão alinhadas com as novas estratégias que a alta direção de empresa definirá, acompanhará e cobrará.

Os principais desafios que se assemelham à turbulência das marés são as condições estruturais que permitem geração de emprego e de arrecadação, com um consistente e estável aumento de recursos financeiros.

Ocorre que esses recursos já vêm sendo comprometidos nos últimos vinte anos: estradas, redes de geração e de distribuição de energia elétrica e de telecomunicações encontram-se em condições inadequadas, quando não, sofríveis.

Para ser ágil e enxuto na disponibilidade de bens de insumo de produção, o uso, em tempo real, de sinais de celular e qualidade de telefonia são fundamentais, seja para pedidos ou acompanhamentos na circulação dos produtos-base para a composição de outros itens de produção. Para a circulação em tempo oportuno, estradas precisam ser transitáveis e com segurança o que, em sua expressiva maioria, não são.

A prudência de se olhar o "mar", a propósito da ânsia por inovação, requer refletir se as empresas fornecedoras, as parceiras e os demais setores, com planos de ação já apertadíssimos, terão condições de modificar seus planejamentos no meio do exercício financeiro para arriscar a produção de algo que não se tem certeza de que vai ser consumido, posto que, para se compensar e valer a pena, tem que se produzir em larga escala.

Portanto, vale considerar que a inovação passa antes, e necessariamente, por uma profunda e sincera radiografia de competências pessoais, setoriais e organizacionais considerando, claro, a capacidade das empresas da cadeia produtiva sustentarem novos projetos. Sendo o resultado dessa análise franco e consistente, empresários e colaboradores poderão vislumbrar em que patamar sua organização se encontra. Assim, a possibilidade de se aventurar comprometendo o futuro é, substancialmente, reduzida.

O desenvolvimento de tais competências e o sucesso na sua gestão ocorrerão se as atividades forem desenvolvidas de forma integrada com os setores envolvidos, com farta e constante comunicação disseminada entre os setores internos, fornecedores e parceiros.

Lembre-se de que para se lograr êxito, com alta produtividade e eficiência, somente quando os demais atores da organização se desenvolverem em condições de igualdade para alcançar o merecido sucesso.

Resta-lhe, portanto, enfrentar o turbulento mar com serenidade e confiança.

Como bem disse o compositor Paulinho da Viola, no samba "Tá legal!"...

"Faça como o velho marinheiro, que durante o nevoeiro, leva o barco devagar."

21

O empresário e o desafio da educação continuada

O conhecimento como diferencial
e instrumento de sustentação das
empresas. Do presidente ao mais simples
funcionário, este assunto afetará o
futuro de todos dentro das organizações

João Leles

João Leles

Planejador Financeiro, com formação em gestão financeira pela FGV – Fundação Getulio Vargas. Especialista em investimentos e previdência de terceira geração. Contador com larga experiência em empresas de pequeno e médio porte, com foco nas áreas financeira, tributária e recursos humanos. Formado em *coaching* pela Sociedade Brasileira de *Coaching* e criador do canal no *youtube* do *blog* Ação de Valor.

Contatos
www.acoesdevalor.com.br
joao-leles@hotmail.com
(11) 99721-9549

O grande desafio para as empresas brasileiras, nos próximos anos, sem sombra de dúvida, será preencher a lacuna do conhecimento que se infiltrou nas nossas organizações. Do presidente ao mais simples funcionário, quem quiser sobreviver, como empregado ou empresário, terá que buscar o caminho da educação continuada. Nos últimos anos, o mundo vem passando por uma revolução do conhecimento. Durante décadas, nossas empresas conviviam com um modelo que perdurava desde a era industrial. Em poucos anos, tudo mudou e passamos do papel e do analógico para o mundo digital. Porém, nosso sistema de ensino e nossas empresas não se prepararam para tal revolução. Um exemplo disso é o desperdício monstruoso que existe nas nossas empresas no uso dos equipamentos de informática. O serviço, que era feito por diversas pessoas para controlar impostos ou estoques, hoje está substituído por sistemas informatizados, que fornecem tais informações de forma precisa e instantânea. Entretanto, as empresas não se beneficiam desse avanço. Mantêm equipes que conhecem pouco dos recursos que os sistemas lhes oferecem e passam dias visitando sites que em nada contribuem para seu sucesso profissional ou o crescimento da empresa.

Outro dado preocupante é a fraca formação técnica dos empresários e ocupantes de postos-chave nas empresas. Muitas dessas funções são ocupadas por pessoas de confiança, com pouca formação técnica e sem o cuidado de manter-se atualizado. Apenas com boa intenção; trabalha muito e produz pouco. Alegando falta de tempo para frequentar um curso de atualização, não se dão conta do prejuízo que causam à carreira e à empresa.

Uma conta que sempre fica jogada para o futuro é o treinamento da equipe. Alegando falta de verba, as empresas mantêm equipes despreparadas trabalhando de forma obsoleta, causando prejuízos diversos, como o desperdício de material e tempo. Não precisa ser bom em matemática para descobrir que somente o valor gasto com horas extras seria suficiente para manter a equipe treinada e mais produtiva, sem contar os outros custos invisíveis como multas, despesas com fretes de mercadorias enviadas para o endereço incorreto, telefonemas desnecessários, reuniões improdutivas, duplicatas pagas em duplicidade, vendas não recebidas etc. Tudo isso parece coisa absurda, mas se fizer uma verificação rigorosa ou uma pequena auditoria se assustará com a quantidade de fatos dessa natureza dentro da sua empresa. E o pior e mais cruel de todos. A perda de clientes por mau atendimento. A maioria das empresas mantém uma conta permanente com gastos de publicidade e, ao mesmo tempo, perde uma quantidade enorme dos clientes que entram, por ter uma equipe pouco qualificada que não consegue reter os clientes que chegam como resposta da publicidade realizada.

Quanto maior o posto ocupado na empresa, maior é a necessidade de preparo e qualificação. Para tomarmos um exemplo, um gerente mal treinado pode conceder um desconto em uma grande venda para não perder o pedido. Daí vêm as seguintes perguntas:

— Qual a rentabilidade desse pedido?
— Será que fizemos um bom negócio?

Ao longo dos últimos anos, acompanhamos diversos casos de grandes vendas mal feitas, que levaram a empresa a dificuldades futuras. Ao pegar um grande pedido, a empresa precisa ter fluxo de caixa para arcar com todos os custos da operação, desde o início da produção ou venda até o efetivo recebimento do cliente. E são custos e despesas pesadas que, se não forem antecipadamente colocados numa planilha de fluxo de caixa, podem levar a empresa a enfrentar grandes dificuldades financeiras. Na maioria das vezes, antes do efetivo recebimento do cliente, a empresa precisa pagar os fornecedores, salários, horas extras e o mais pesado e inflexível de todos, os impostos.

Não precisa dizer que uma série repetida de várias operações dessa natureza podem levar a empresa a enfrentar dificuldades.

Nos últimos anos, os governos têm introduzido um série de mudanças em nossas empresas com o e-social e nota fiscal eletrônica. Estes instrumentos trazem grandes vantagens e grandes desafios. Entretanto, não tenho visto as empresas se prepararem para um nem para o outro. Tais instrumentos facilitarão os processos de fiscalização; para as empresas, trarão uniformidade de informações, evitando-se as incansáveis conferências e inconsistências entre departamentos. Contudo, a falta das padronizações poderá trazer multas desnecessárias para as empresas.

Chegamos à diretoria e à presidência! É agora que o *bicho pega*. É a seara dos intocáveis. Todo mundo vê, mas ninguém pode falar nada para não se queimar com os todo-poderosos. Algumas vezes, por medo; na maioria das vezes, por questão de conveniência. Todo mundo percebe que eles precisam, mas ninguém se arrisca a falar.

Diversas negociações e decisões são feitas pela diretoria sem o devido preparo para se aprofundar e conhecer o real impacto que aquela ação trará para o futuro da empresa. Aquisição de imobilizado sem planejar o impacto que aquela parcela trará ao fluxo de caixa da empresa. Operações de crédito com curto prazo, altas taxas de juros, simplesmente porque esse instrumento financeiro é mais fácil de ser contratado e o gestor desconhece outras formas mais eficientes de capitalizar ou suprir aquela necessidade financeira. Contratações com base em indicações que, na prática, pouco agregarão ao real desempenho da empresa. Um caso típico é a contratação de parentes ou indicados por amigos. Após detectar que o funcionário não tem competência para exercer a função para a qual foi contratada, para não se indispor com membros da família ou com aquele amigo que fez a indicação, mantém-se o funcionário na empresa, com um aposto, e aquele custo perdura por anos a fio na folha de pagamento, até que um dia alguém tome a atitude de dispensá-lo. A folha de pagamento das empresas é o grande vilão dessa falta de profissionalismo. Os empresários evitam ao máximo pagar a famosa multa dos 40% do FGTS, que, no Brasil, custa 50%. Para não ter essa despesa extra, prolonga-se o prazo para tomar a atitude de demissão. O que não se faz é a conta para se perceber que, ao tomar a atitude de demitir, realiza-se a despesa e põe um ponto final no assunto; ao passo que, adiar a atitude, incorrerá em despesas e encargos mensais que, em pouquíssimo tempo, será maior a despesa que o custo daquela multa que tanto se evitou ser paga. Na verdade, só está adiando e aumentando o valor da despesa.

Não tenho medo de dizer que as empresas brasileiras poderiam reduzir consideravelmente suas despesas com mão de obra e operacionais a partir do momento que decidirem focar na atualização e profissionalização das equipes. Do faxineiro ao presidente, sem exceção. A empresa que fizer isso dará um salto quântico na sua lucratividade e passará a ver a concorrência pelo espelho do retrovisor. Terá uma jornada de lucro, e paralelo a isso, implantará uma busca incessante pela melhoria. Estatísticas mostram que um funcionário americano produz o equivalente a quatro funcionários brasileiros. Esse é apenas um dos números que mostra o enorme desafio e as infinitas possibilidades que temos pela frente. O mais importante de tudo é as empresas e funcionários tomarem consciência que a mudança não virá de governos, acontecerá para aqueles que enxergarem e aceitarem o desafio.

22

A importância da confiança para o empreendedor total

Empreendedores são pessoas diferenciadas, que possuem e canalizam conhecimentos, habilidades e atitudes em prol dos seus ideais. Contam com características peculiares e, ao mesmo tempo, comuns ao grupo que fazem parte. Um elemento essencial do perfil empreendedor é a CONFIANÇA e a importância desta com os *Stakeholders*. Afinal, é impossível empreender sozinho e isolado do que existe ao redor

José Fernando Dias da Silva &
Ilda Maria Moraes

José Fernando Dias da Silva

Administrador, com MBA em Controladoria e Finanças pela FGV – Fundação Getulio Vargas. Empreendedor em série desde a década de 80, atuando em diversos segmentos.

Contato
fernando.diass@hotmail.com

Ilda Maria Moraes

Psicóloga pela UFPE – Universidade Federal de Pernambuco, com MBA em Gestão Empresarial pela FBV/Devry. *Professional & Self Coach*, pelo IBC – Instituto Brasileiro de Coaching. Sócio-diretora da Atena Assessoria e Consultoria em Gestão de Pessoas. Consultora credenciada ao SEBRAE/PE.

Contato
ildam.moraes@gmail.com

O mundo dos negócios existe, se sustenta, reinventa e transforma a realidade graças à atuação de pessoas empreendedoras, as quais são capazes de canalizar suas competências e habilidades em prol da concretização de ideias, sonhos e projetos.

Mediante pesquisas realizadas, constatou-se que algumas características são encontradas nos empreendedores e servem de modelo de desenvolvimento para os que estão adentrando nesse universo.

- Busca de oportunidades e iniciativa;
- Persistência;
- Comprometimento;
- Exigência de qualidade e eficiência;
- Riscos calculados;
- Estabelecimento de metas;
- Busca de Informações;
- Planejamento e monitoramento sistemáticos;
- Persuasão e rede de contatos;
- Independência e confiança.

Dentre tais características, destacamos a <u>confiança</u> como competência essencial para empreender, desde a concepção do negócio, com a ideia inicial, o escopo, até o desenvolvimento do projeto. A confiança acompanha as demais características do empreendedor. Por exemplo, quando surge uma ideia de negócio, produto ou serviço, novo ou existente, que possa ser criado ou melhorado e oferecido a um público, o empreendedor necessita buscar as informações necessárias para que possa ter confiança no negócio ou no produto. Quanto mais estudos e pesquisas, menor o medo e maior a confiança em empreender e investir na ideia.

É preciso, portanto, adquirir confiança para que as fases do empreendimento sejam desenvolvidas. Na fase de concepção e planejamento, faz-se necessário que o empreendedor acredite em si próprio, em seu potencial de levar adiante sua ideia. É fundamental a <u>autoconfiança</u>, para transformar o projeto em algo gerador de riquezas para si e de benefícios para a sociedade.

O Brasil é um dos países com maior número de empreendedores, aparecendo no topo do *ranking* de empreendedorismo, quando comparado aos demais países do globo. Segundo publicações recentes, 34,5% dos brasileiros adultos, entre 18 e 64 anos, são proprietários ou são envolvidos com a criação de um negócio próprio. Apesar do ambiente adverso para as empresas, cada vez mais pessoas, por necessidade ou oportunidade, buscam sua independência financeira por meio do empreendedorismo.

Praticamente em todos os negócios, mesmo numa firma individual (MEI – Microempreendedor Individual, por exemplo), o empreendedor necessitará conviver e interagir com outros públicos de interesse. No geral, todos precisam e/ou dependem de investidores, sócios, fornecedores, clientes, colaboradores, governo, concorrentes, parceiros etc.

Esse público de interesse ou *stakeholders*, na linguagem da administração, é a parte interessada, aquele que, de alguma forma, pode influir no sucesso do empreendimento. Cada negócio tem seu grupo de *stakeholders* e, em cada grupo, faz-se necessário desenvolver a confiança suficiente para que a influência possa ser positiva, ajudando a alavancar o empreendimento. A inexistência ou a pouca confiança desse público interessado significa uma fraqueza ou ameaça ao negócio, que devem ser trabalhadas e desenvolvidas.

Confiança no produto

Todo empreendedor precisa ter convicção de que seu produto, serviço e/ou negócio existe ou existirá para atender às necessidades de seu público, para atender, de forma diferenciada, às expectativas de seus consumidores. Se o empreendedor não acreditar, quem acreditará?

O empreendedor deve estar comprometido com a qualidade e eficiência ofertadas pelo negócio, sendo simultâneo o surgimento da confiança em relação ao serviço e/ou produto. Atender às necessidades justifica a existência. Porém, só a superação das expectativas é que pode garantir o sucesso e perpetuação do empreendimento.

Fornecedores

Todos os negócios necessitarão, ao longo de sua existência, de fornecedores. Até mesmo uma empresa de serviços precisará alugar uma sala, obter mão de obra etc. No comércio e na indústria, nem se fala. Construir um relacionamento de confiança com os fornecedores garante que o empreendimento não sofra com a falta de insumos e/ou produtos para venda.

> >> *Exemplo: Já ouvi locadores de imóveis afirmarem que preferem receber aluguéis inferiores de locatários que pagam em dia a arriscarem contratos mais vantajosos financeiramente, porém de locatários duvidosos. O cumprimento das cláusulas contratuais fortalece os laços de confiança entre fornecedores e clientes. Há caso de fornecedores que trabalham com várias tabelas: uma com mais vantagem para os melhores clientes, aqueles que pagam melhor; outra, que embute o risco dos que não pagam pontualmente.*

Os bancos, como fornecedores de crédito, são ótimo exemplo das vantagens auferidas pelas empresas que conquistam a confiança. Taxas A, B, e C significam nada mais que uma tabela do custo do dinheiro. Quanto maior a confiança do banco, menor a taxa que você pagará. Exija!

Investidores

Muitas vezes o empreendedor possui a ideia, a energia, um plano de negócio, mas não possui os recursos econômicos suficientes para financiar o empreendimento. Daí surge a necessidade de buscar um sócio, um investidor, um patrocinador ou mesmo um financiador para o projeto. Com certeza, este é o *stakeholder* mais exigente em todas as etapas do negócio.

Ninguém está disposto a apostar ou em aportar seus recursos em um empreendimento que não seja plenamente confiável. Como dito, quanto menor a confiança do investidor ou credor, maior o custo do dinheiro e as exigências para financiar o negócio. Daí a necessidade de se ter em mãos um plano de negócio factível, capaz de diminuir as incertezas de sucesso, ou seja, de diminuir o risco. Quanto menor o risco, menor será o custo dos recursos e as exigências e dificuldades em adquiri-lo.

Conclui-se que confiança no sucesso do negócio e custo do dinheiro para financiá-lo são aspectos inversamente proporcionais, ou seja, quanto maior um menor será o outro.

Clientes

Geralmente um negócio iniciante tem "zero" cliente. Pode-se até ter vários potenciais clientes, algumas boas promessas, como familiares, amigos, conhecidos etc. Mas não se tem nenhum cliente até que se efetive a primeira venda ou se realize o primeiro projeto.

> *>> Qual empreendedor não lembra a primeira venda? Lembro que, há 25 anos, quando abri uma gráfica, que ainda possuo, meu primeiro cliente foi um empresário conhecido, que me confiou confeccionar umas Duplicatas Mercantis, as quais seriam preenchidas por ele no dia seguinte, para serem descontadas em um banco. Que responsabilidade! Fui até tarde da noite, junto a meu primeiro funcionário, e único naquele momento, para concluir o trabalho. O fato de ter atendido a tempo aquele cliente fez com que ele continuasse confiando seus outros trabalhos gráficos a nossa responsabilidade, bem como nos indicasse para seus familiares e amigos.*

Para utilizar os serviços ou comprar os produtos, o cliente precisa confiar e acreditar que o empreendedor ou a empresa é capaz de resolver o problema dele, pela melhor relação custo-benefício.

Quanto menor a confiança do potencial cliente em seu serviço ou produto, maior será a dificuldade em atraí-lo e maiores serão os custos com publicidade, promoções e descontos. Para se conquistar a confiança da clientela, faz-se necessário desenvolver um relacionamento verdadeiro, em que haja a entrega do que se vendeu e do que se divulgou, na qualidade, no preço e prazos prometidos.

É possível encontrar dezenas de casos de grandes empresas, gastando milhões em propaganda na TV que, após atraírem os potencias compradores para suas lojas e promoções e efetuarem as desejadas vendas, não conseguem cumprir os prazos de entrega prometidos, gerando desconfiança, um "boca a boca" negativo.

>> *Recentemente fiz uma compra pela internet, na qual me foi prometido entrega até determinada data. Apesar de ter sido um prazo longo, dois dias antes recebi o pedido, o que me gerou confiança naquele fornecedor, pois cumpriu o prometido, com antecedência.*

Ora, se sua logística só consegue entregar com 8 dias, não adianta prometer entregar em 5 ou 6 dias. Melhor seria prometer entregar em no máximo 10 dias e entregar antes da data-limite.

Governo/fiscalizações

Quando pensar em abrir um negócio, caso ainda não o tenha, lembre-se de que terá um sócio exigente e voraz, que cobrará constantemente a sua fatia no faturamento, tendo o negócio lucro ou não. Além dos elevados impostos, deve-se preparar para receber fiscalizações dos mais variados órgãos do governo: Procon, Inmetro, Ministério do Trabalho, Vigilância Sanitária.

A organização, a capacidade em antecipar-se e fazer ações preventivas, determinará o grau de confiança que os órgãos de governo terão em seu negócio. Quando uma empresa é visitada pela fiscalização uma ou duas vezes seguidas e são encontradas inconformidades, saiba que receberá outras visitas. Neste caso, quanto maior for seu nível de organização, sua capacidade em cumprir as leis e exigências, gerando confiança, menor será a possibilidade de seu negócio ser surpreendido por fiscais mal-intencionados, que só querem tirar proveito da situação.

Colaboradores/membros da equipe

A existência de confiança entre o empreendedor e os membros da sua equipe é fundamental para atingir bons resultados. Afinal, são grandes responsáveis pelo contato da empresa com o público externo, tanto os fornecedores como os clientes.

Como empreendedor total, engajado no desenvolvimento de seus projetos, levando em consideração os diversos *stakeholders* do seu negócio, não pode esquecer a equipe interna que o ajudará a concretizar esses planos. Para firmar uma relação de confiança com seus colaboradores, o empreendedor deve pautar suas ações em alguns valores éticos e morais: honestidade, transparência, integridade, dentre outros.

Na relação de confiança entre o empreendedor e seus colaboradores, é importante que estes se sintam ouvidos e respeitados. Ouvidos, quando são proporcionados momentos de diálogo, reuniões de alinhamento e *feedbacks*; respeitados, a partir dos acordos e promessas que são cumpridos, salários pagos em dia, inclusão e valorização da diversidade, de gênero, raça, orientação sexual, religião, entre outros aspectos.

23

Futebol: lazer, trabalho ou investimento?

Clubes de futebol em crise e mal administrados. Em outra ponta, clubes com crescimento acelerado, boa gestão e planejamento de longo prazo. Em uma terceira ponta, uma bolsa esportiva com faturamento bilionário, que atrai investidores do mundo todo e que pode mexer no seu bolso. Afinal, o que podemos aprender com a gestão futebolística nos Estados Unidos? Como podemos investir nesse mercado?

Juliano Fontes

Juliano Fontes

Trader acionário há 10 anos e *trader* esportivo profissional há 6. Já transformou a vida de centenas de alunos, em diversos países além do Brasil, como Inglaterra, Espanha e Japão, que hoje vive nesse mercado e ganha dinheiro enquanto assiste a jogos de futebol. Principal investidor/afiliado da maior bolsa esportiva do mundo em 2014.

Contatos
www.investimentofutebol.com
juliano@investimentofutebol.com

O sonho começa na infância de grande parte dos meninos brasileiros: ser jogador de futebol. Fama, dinheiro, sucesso e trabalhar com o que gosta parece ser a vida que muitos desejam. Mas a realidade é bem diferente. Pouquíssimos conseguem se tornar profissionais, e os que conseguem, 82%, recebem menos de dois salários mínimos. Triste realidade.

Subindo alguns degraus estruturais do futebol, é possível enxergar a realidade dos clubes brasileiros: dívidas milionárias e crescentes, salários dos jogadores atrasados, estádios cada vez mais vazios, péssimas condições estruturais, difícil transporte até o estádio, má divisão dos direitos de transmissão, má gestão, direitos de imagem e o famoso "bicho" (artimanha brasileira que no fundo são salários sem direitos trabalhistas). Quero mostrar uma realidade um pouco diferente, e não estou falando dos times europeus.

O futebol nos Estados Unidos, o famoso "soccer", é um dos países que mais cresce em número de fãs. A principal liga se chama MLS (*Major League Soccer*) e possui 21 clubes, dentre eles o Orlando City, clube adquirido em 2011 pelo brasileiro Flávio Augusto da Silva, por $ 100 milhões de dólares. O empresário Carlos Wizard Martins também está interessado em investir em um clube de futebol nos Estados Unidos.

Por que dois brasileiros bilionários resolveram investir em times nos Estados Unidos e não no Brasil? O que esses investidores e empreendedores viram de tão interessante lá? **Qual a visão que tiveram? E o que podemos aprender com isso?**

Antes de explicar, vale ressaltar que, em 2013, mesmo antes de "pisar em campo", o Orlando City já estava avaliado em $ 300 milhões. Isso sem contar a enorme projeção lucrativa, grande expectativa de público e ainda crescimento constante.

Qual o segredo?

O fato dos clubes dos Estados Unidos terem donos. Lá os times são empresas particulares, ao contrário do Brasil, em que os clubes são geridos por presidentes eleitos, sem conhecimento administrativo e estratégico, e pior, sem nenhum compromisso com a saúde financeira do clube.

Outro ponto importante é a gestão da liga MLS. Nos EUA, os donos dos 21 clubes são também os 21 acionistas da MLS e, conjuntamente, tomam as decisões das ligas, os tetos de salários (de forma que não comprometam a saúde financeira dos clubes e as cotas de transmissão, que são divididas igualmente entre os clubes).

Os clubes americanos são unidos e brigam por um "bolo maior" de patrocínio que beneficie a todos e torne a liga cada vez mais forte; ao contrário dos clubes brasileiros, que brigam entre si para um "pedaço maior de um bolo pequeno".

Sabemos que nos Estados Unidos o mercado de consumo é muito mais maduro que o mercado brasileiro. A população em geral é (muito) mais consumista e predominantemente de classe média. Ainda têm a cultura de incentivar o esporte em todas as suas modalidades aos seus 300 milhões de habitantes. Ao contrário do Brasil, onde a população é predominantemente pobre e não possui nem de longe a cultura consumista que existe por lá.

Importante ressaltar que na MLS existe um teto salarial dos jogadores, que se encaixa nas cotas de direitos de transmissão dos jogos, que é a maior fonte de receita de qualquer clube de futebol do mundo todo. Ou seja, é quase impossível um clube fechar no vermelho, já que a maior despesa (salário dos jogadores) é menor que as cotas recebidas pelos clubes por meio de patrocínios.

Com o crescimento da liga, aumentam as cotas de publicidade e aumenta o teto salarial dos jogadores. Isso atrai grandes jogadores de renome e faz a liga crescer ainda mais, aumentando o público e, novamente, as cotas de publicidade.

Sistema simples e genial, também chamado de crescimento sustentável.

Uma bola de neve e um exemplar ciclo virtuoso.

Apenas para ilustrar, a MLS fechou em 2015 a verba de direito de transmissão 4,5 vezes maior que em 2014.

No Brasil, não existe teto e os presidentes dos clubes não respondem com patrimônio pessoal pelos prejuízos dos clubes. Sem grandes responsabilidades dos seus administradores, os clubes afundam em dívidas cada vez maiores.

Nos seus negócios, como estrutura o crescimento sustentável? Há planejamento de longo prazo? Os seus colaboradores estratégicos e de vendas recebem salários/comissões de acordo com o crescimento da empresa?

Voltando à MLS. Ao final da temporada, cada clube fica apenas com 11 jogadores e devolve o restante para a liga. Então, o último classificado da atual temporada é o primeiro a escolher um dos jogadores "devolvidos" para compor seu plantel; o penúltimo classificado é o segundo a escolher; e, assim por diante.

Isso torna os clubes competitivos e fortalece a liga ainda mais. Os clubes de fato estão interessados no crescimento de todos ao mesmo tempo, ou seja, crescem juntos. Dessa forma, estimulam a concorrência, criam oportunidades ainda não exploradas para fazer o mercado crescer junto.

E será que os americanos realmente gostam de futebol?

Na última Copa do Mundo de Futebol, realizada no Brasil, houve 200 mil americanos visitando o país sede. Os Estados Unidos foram o país com maior número de visitantes no Brasil para acompanhar a Copa de perto (e também o maior comprador estrangeiro de ingressos nas Copas na África do Sul e Alemanha).

O público médio para assistir à MLS foi de 19.000 torcedores em 2014, enquanto no Brasileirão foi pouco mais de 15.000, mas esses números ainda não foram notados pelo radar da maioria dos brasileiros, tanto torcedores quanto jornalistas.

Esse é apenas um exemplo do que chamou a atenção dos investidores citados. **A realidade** do futebol nos Estados Unidos **é diferente da percepção** que temos de lá. Da mesma forma que os brasileiros ainda não notaram a explosão de oportunidades no Futebol dos Estados Unidos, **será que existe algum número nos seus negócios que está passando por baixo do seu radar?**

Se der um passo para trás, para ter uma visão global, será que pode enxergar alguma oportunidade ainda não vista?

Existem jogos amistosos reunindo os melhores jogadores da MLS e os melhores jogadores são votados pelos próprios torcedores. Isso traz o público para mais perto ainda da liga. **E no seu negócio, o que você faz para aproximar o cliente da sua marca?**

Falando um pouco mais de oportunidades desconhecidas, você já ouviu falar da Bolsa de Investimentos do Futebol?

Quase desconhecida no Brasil e muito comum na Europa, as bolsas de investimento esportivo que alimentam outro braço da indústria do futebol: a paixão pelo esporte misturada com investimentos.

Em 1999, foi fundada a Betfair, primeira e atual maior bolsa esportiva do mundo, pelos investidores Andrew Bert e Edward Wray, no Reino Unido. Eles tiveram a visão que as apostas esportivas comuns eram deficitárias e incompletas, gerando distorções no mercado e, pior, não era possível investir ao longo do jogo. Eis que surge o mercado Exchange, em que é possível apostar e vender as apostas compradas também ao longo do jogo. Dessa forma, é possível gerar pequenos lucros percentuais isolados, mas que podem ser repetidos inúmeras vezes durante o evento futebolístico.

Durante o jogo, se percebe que não vão acontecer gols nos próximos 2 minutos, você pode comprar uma aposta que o jogo terminará empatado, vendendo a aposta 2 minutos depois com lucros aproximados de 1%, 2% ou até 3% nesse pequeno intervalo de tempo. A aposta pode ser repetida quantas vezes quiser, com quanto dinheiro quiser, desde que haja liquidez financeira no jogo que está trabalhando.

Esse novo modelo de investimentos está disponível também para os brasileiros, que podem investir direto de casa e usarem seu conhecimento em futebol para lucrar e transformar sua paixão em renda extra.

E o que a Betfair ganha com isso? Simples: cobra uma pequena corretagem dos lucros dos investidores e não cobra mais nenhuma taxa ou mensalidade. Dessa forma, incentiva o mercado e a bolsa que hoje movimenta mais de 250 bilhões de reais por ano e possui mais de 950 mil clientes ativos.

Se você se interessa por saber mais sobre o mercado da bolsa do Futebol, acesse o *website* www. investimentofutebol.com e saiba como pode começar a investir na bolsa esportiva.

24

Empreendedor total, risco total?

Quando se fala em empreendedorismo, se fala em empresários, empresas, que planejam, executam e administram negócios, tudo dentro de um orçamento preestabelecido de valores, mas quando envolve funcionários, o que todos sabem ou pensam que sabem é que para cada R$ 1 de salário há aproximadamente de R$ 1 a R$ 1,50 de encargos sociais e trabalhistas, o que ninguém consegue imaginar é o montante ilimitado de valores, consequências, envolvimentos de todos e de outros que não teriam nada a ver com a situação, nas decisões judiciais trabalhistas, que aqui chamo de absurdas e terroristas

Luiz Antonio Ercoles

Luiz Antonio Ercoles

Empresário contábil, contador, professor e perito contábil, atuando na área contábil em pequenas e médias empresas, empresas nas atividades do comércio, indústria e serviços.

Contatos
laercoles@uol.com.br
(19) 3232-0246
(19) 99723-9285

Neste artigo, falo de uma situação que aflige muitos empresários, ex-empresários, cônjuges de empresários, que estão passando por um terrorismo psicológico, invasão de domicílio, invasão de privacidade, invasão de liberdade, por decisões judiciais trabalhistas aterrorizantes com valores impagáveis, causando uma fuga para a empregabilidade, com base nessas ocorrências criei um slogan "Seja sempre empregado, caso seja patrão, contrate apenas cães e máquinas", saiba o porque no decorrer deste artigo.

Sempre trabalhei como empregado desde 1971 até os anos de 1990, quando então constituiu uma empresa prestadora de serviços, sempre com funcionários e cumprindo toda a Legislação Trabalhista, e algum caso isolado de ação trabalhista, que sem grandes transtornos foi resolvido e essa empresa funcionou até 2008, foi arrolada num passivo trabalhista impagável de uma outra empresa e ainda tomando conhecimento ao consultar o saldo bancário, que havia sido sofrido bloqueio judicial.

Em 2002, fui convidado a participar de uma empresa, com 1% de participação como sócio quotista, empresa esta que agenciaria produtos de uma empresa idônea de renome nacional, com base nisso aceitei a participação, mas após um mês de atividade, a empresa em que participava na sociedade passou a agenciar produtos de uma outra, até então desconhecida, e sem a minha participação ou consentimento. Por este motivo, tentei sair da sociedade para evitar problemas futuros, uma vez que o foco do negócio foi desviado, mas devido à burocracia exigida para um desligamento, se passaram seis meses, e esses poucos meses de funcionamento da empresa causaram um terrorismo psicológico a diversas pessoas, que nada tinham a ver com a situação.

Tentei pedir socorro a diversas organizações, encaminhei *e-mail* para políticos, presidente, deputados estaduais e federais, entidades públicas, Direitos Humanos, Defensoria Pública, a maioria nem respondeu. Desde 2003, venho sofrendo tortura psicológica, constrangimentos, humilhações, passando por fraudador, em consequência dos atos praticados pelo Judiciário Trabalhista. Este se diz agindo em nome dos direitos do empregado, mas na verdade age contra, pois vejo como maior direito dele o de receber mensalmente seu salário, e isso vem sendo prejudicado por decisões absurdas, com valores impagáveis, podendo assim dizer que o poder judiciário trabalhista está agindo como um espanta emprego.

Sem saber onde mais pedir socorro, sem nenhum direito, coube o direito de poder relatar o que vem acontecendo nos tribunais do trabalho, que chamo de "terrorismo trabalhista" um sequestro da privacidade de vida de pessoas de bem, que um dia se preocuparam em criar uma empresa, gerar emprego, e podem acabar precisando pedir bolsa família. Falo aqui principalmente em nome de pequenos e médios empresários, que não têm uma estrutura para bancar um suporte jurídico, como as grandes empresas. Para punir pelas leis trabalhistas não importa se é MEI, ME, EPP ou grande empresa, a diferença é que as grandes empresas têm suporte jurídico financeiro e estrutura para jogar com a Justiça trabalhista. Falo aqui não de um caso isolado, mas sim de muitos, principalmente nas regiões de Campinas e São Paulo.

O que vou relatar aqui são penalidades referentes a empregados, que as pessoas penalizadas não os conhecem, nunca contrataram, viram ou mesmo tinham conhecimento das ações trabalhistas, que corriam nos tribunais e tomaram conhecimento, por meio de bloqueios judiciais de contas bancárias, poupanças e de bens. Isso vem aterrorizando pequenos, médios empresários, que, repito, mantêm a maior empregabilidade do país, pois diante do rigor das medidas judiciais trabalhistas, cada vez mais trocam seres humanos por máquinas, robôs ou até animais, para não serem vítimas das armadilhas judiciais trabalhistas, que não respeitam limites, não têm limites. Quero registrar que não tenho nada contra os direitos trabalhistas, pelo contrário, dos empregados que contratei cumpri com rigor todos os direitos trabalhistas e até oferecendo benefícios além dos exigidos por lei. O custo dos encargos trabalhistas e sociais é matemático, é calculado, é planejado por meio de previsões de acordo com o montante de salários pagos.

O que ninguém tem conhecimento, nem possa imaginar é qual é o montante de uma dívida trabalhista sentenciada por um tribunal trabalhista e as ferramentas, métodos, procedimentos utilizados por esses tribunais são aterrorizantes e, muitas vezes, valores impagáveis e valor que nenhum funcionário trabalhando durante trinta, quarenta anos, consegue levantar e em nome da "justiça trabalhista", que chamo de "espanta emprego", um funcionário trabalhando seis meses, consegue o direito de uma brilhante ação trabalhista, no valor acumulado de um milhão de reais. Outros conseguem um pouco menos, seiscentos mil reais, outros, trinta, quarenta, setenta, oitenta, duzentos, quatrocentos mil reais, totalizando aproximadamente um passivo trabalhista em torno de três milhões de reais, para uma pequena empresa em um período de menos de oito meses ou em média seis, valor bem superior ao faturamento no mesmo período. Bem, mas isso é justiça trabalhista, a justiça é cega, agora entendo porque diz o ditado, realmente a justiça é cega. Seja sempre empregado, caso seja empregador, contrate apenas cães e máquinas! Atenção:

- Investidores internacionais que querem investir no Brasil.
- Empreendedores que sonham em "ser patrão".
- Empresários brasileiros que pensam que são donos de seus patrimônios.

Saiba por que a seguir. Não importa o tamanho da sua empresa ou capacidade econômica ou financeira, o peso da penalidade não será poupado. O texto abaixo está dividido em tópicos, que são intitulados por frases que são tidas como verdades absolutas na justiça brasileira. Mas não se iluda, na justiça trabalhista elas não existem:

1) Quem não registra, não é dono (antiga frase citadas nas capas de escrituras de imóveis). Não é assim na justiça trabalhista, para você que já foi um dia sócio com qualquer quota ou sem nenhuma participação administrativa. Mesmo que você tenha registrado um imóvel em seu nome, não terá a garantia de que será o dono dele, mesmo que seja único se essa empresa sofrer uma ação trabalhista, Você responde por ela com todos os seus bens e direitos! <u>Fato real:</u> A e B constituíram uma empresa e nunca contrataram funcionários. Após três anos, transferiram essa empresa para outros sócios que, por sua vez, contrataram funcionários, o que ocasionou ações trabalhistas. Os imóveis, contas bancárias e veículos dos antigos sócios (que nunca haviam contratado funcionários) foram penhorados para pagamento das dívidas das ações. Então, não compre de empresários (que participam ou que já participaram de empresas nos últimos 30 anos), pois você poderá comprar e perder o imóvel.

2) O Código Civil prevê responsabilidade aos ex-sócios, no caso de transferência de quotas, até o prazo de dois anos, de fatos ocorridos até a sua saída. Não é assim na justiça trabalhista. Você é ex-sócio da empresa, não importa há quanto tempo, o juiz trabalhista pode bloquear seus bens, conta bancária, poupança e tudo que tiver, caso a sua ex-empresa sofra ações trabalhistas. Em 1980, participei da sociedade de uma empresa, da que me desliguei faz 30 anos, pois essa empresa foi arrolada no passivo trabalhista da empresa no início deste artigo.

3) A responsabilidade dos sócios é limitada ao valor do Capital Social. Não é assim na justiça trabalhista. Mesmo se você tem ou tinha 1% da empresa, e não teve nenhuma participação administrativa, responderá por possíveis ações trabalhistas com todos os seus bens até que seja paga a dívida, inclusive seu imóvel de residência, poupança e salários.

4) Quem tem apenas 1% da sociedade não responde por dívidas na empresa. Não é assim na justiça trabalhista. Não importa quantos % você tem ou tinha, pois se tiver bens, tudo será penhorado e bloqueado até o valor de 100% da dívida trabalhista. Portanto, cada R$ 1,00 de participação pode se transformar em milhões de reais em dívidas trabalhistas.

5) Somente empresas sucessoras respondem por passivos trabalhistas de empresas anteriores. Não é assim na justiça trabalhista. Para garantir o débito trabalhista de uma empresa, que você apenas foi sócio quotista sem nenhuma participação administrativa, a justiça trabalhista vai arrolar todas as empresas das quais tenha participado antes, durante ou depois da empresa com dívida trabalhista. E isso envolve pessoas empresárias que tiveram você como sócio há tempos e não possuem mais nenhuma ligação com você, mas perante a justiça trabalhista, você também passa a ser devedor.

6) Não cabe penhora ou bloqueio judicial sobre um único imóvel, por se tratar de residência familiar. Não é assim na justiça trabalhista. O juiz trabalhista pode

bloquear todo e qualquer imóvel, em nome dos atuais sócios e ex-sócios, com pequena ou grande participação. Depois você pode até brigar pelos seus direitos, mas as chances de sucesso são duvidosas, morosas e o desgaste é gigantesco. Um único imóvel residencial, aliás 1/8 avos, recebido em herança, foi penhorado, por determinação da Justiça Trabalhista, para quitar dívidas trabalhistas de empregados nunca vistos antes.

7) Poupança bancária ou previdência privada são impenhoráveis. Não é assim na justiça trabalhista. Poupanças e previdências privadas em nome de atuais ou ex-sócios, inclusive em nome de filhos menores são bloqueadas pelo juiz trabalhista.

8) Salário é impenhorável. Não é assim na justiça trabalhista. Se você é ou foi sócio de uma empresa que sofreu ação trabalhista e mesmo que tenha outra renda atualmente como empregado de alguma organização, seu salário será penhorado para honrar as dívidas da ação.

9) Bens móveis na residência familiar são impenhoráveis. Não é assim na justiça trabalhista. O juiz trabalhista pode julgar que um computador na sua residência é um bem supérfluo para a família, ou que você tem muitas cadeiras, ou tem mesas ou qualquer outro item e penhorá-los para pagamento de dívidas trabalhistas. Um oficial de justiça levou uma carta precatória, repetindo com palavras o que estava escrito na notificação judicial para a empregada, na frente de uma criança de onze anos, que a juíza mandou penhorar todos os bens residenciais, deixando apenas fogão e colchão, sob pena de nenhuma alegação de defesa, por isso dizem que a justiça é cega, realmente é cega mesmo. Outro oficial de justiça chega na residência ameaçando, com palavras agressivas, como se fosse obrigado o intimado a adivinhar a hora que ele vai procurá-lo. E alerta a empregada na frente de pessoas estranhas que ele tem o poder de chamar a polícia para permitir a entrada, no entanto ninguém o estava impedindo, mas a pessoa que ele procurava não se encontrava.

10) Todos são notificados oficialmente sobre uma ação que estejam sofrendo. Não é assim na justiça trabalhista. Há casos do sócio se excluir do quadro social e se passarem dez anos ou mais, e somente se toma conhecimento de alguma ação trabalhista que tenha sofrido, depois de ser surpreendido por um bloqueio judicial em sua conta corrente, imóvel, veículo e até mesmo poupança sua ou dos filhos menores. Você, sua empresa, ou seu cônjuge toma conhecimento da inclusão no polo passivo trabalhista, quando surpreendido por um bloqueio judicial da sua conta bancária, da sua poupança, ou se for ao cartório de imóveis e perceber que seu imóvel está penhorado, pois mesmo sem nenhum conhecimento prévio ou qualquer tipo de notificação de alguma ação trabalhista que vinha ocorrendo fica sem nenhum direito à defesa.

Além disso:

— Na região de Campinas/SP, um empregado que trabalhou quatro anos em uma empresa, após uma decisão judicial, pela lei trabalhista, recebeu uma indenização de R$ 1.800.000,00.

Você, leitor: qual é o seu patrimônio hoje? Há quanto tempo trabalha para chegar nesse patrimônio? Quantos brasileiros trabalham há 40 anos, e não chegam nem perto desse valor em patrimônio?

E sabe quem pagou a conta? Uma senhora de 70 anos aposentada, que tinha saído da empresa há 15 anos. Teve o dissabor de receber um oficial de justiça para penhorar bens. Felizmente, essa senhora tinha bens superiores ao valor e acabou fazendo um acordo.

Agora pergunto, será que essa senhora que sempre honrou seus compromissos como empresária vai aconselhar uma neta, a ser empresária, a ter empregado??? E quem não tem esse valor, você não pode participar em vagas de empresas, pois seu nome é registrado no cartório de protesto por dívidas trabalhistas, não pode ter acesso a linhas de créditos por restrições financeiras. Não pode ser empregado, porque o salário pode ser bloqueado. Não pode ser empresário, pois qualquer empresa que tenha participado ou venha participar será arrolada nas dívidas trabalhistas absurdas e impagáveis. Não é possível fazer parte de uma diretoria de uma entidade, associação, condomínio, etc, pois sua ficha está completa de apontamento em execuções, protestos, bloqueios, etc. Não se pode ser administrador, síndico de um condomínio, pois a conta corrente do seu condomínio, poderá ser bloqueada.

Não posso ficar calado diante de tantas situações, mesmo sabendo que o que vai predominar por muito tempo é a justiça trabalhista, sentenciando processos a seu modo de todo rigor e que está acabando com o emprego, mas pelo menos sirvo como desabafo, com informações de alerta para investidores, empresários e, quem sabe num futuro, isso possa ser revisto. Não se pode vender ou comprar empresa, pois os vendedores, poderão se envolver em dívida trabalhistas futuras e os compradores poderão se envolver em dívidas trabalhistas antigas dos ex-sócios.

Alerto os senhores leitores que, se por ventura forem comentar isso a um advogado, juiz, estudante, vão tentar distorcer isso, dizendo, mas isso não pode acontecer, pois é assim mesmo, pois nas faculdades de Direito continuam ensinando falsas teorias, como imóvel residencial impenhorável, salário impenhorável e outras falsas teorias. Fiquem espertos, pois na justiça trabalhista tudo pode, a critério de cada tribunal. Todos os casos citados acima são baseados em fatos reais, ocorridos com base no período de atividade de seis meses em 2003, que vêm aterrorizando até hoje pequenas e médias empresas.

Em quaisquer dos casos, são cabíveis recursos. Você pode até brigar pelos seus direitos, mas as chances de sucesso são ínfimas e o desgaste é gigantesco. E ainda mais uma empresa por ser cliente de outra empresa, que, por sua vez, foi arrolada num passivo trabalhista de uma outra, essa primeira é citada como executada, ré. Isso é um absurdo, pode dizer um advogado ou juiz, mas aconteceu. Talvez o judiciário tenha cometido um erro administrativo, pode sim. Agora, se a sua empresa enviar para protesto ou ação judicial de uma dívida que não é devida, o que acontece? Você responde por danos morais. Qualquer argumento que alguém venha a usar para provar que os fatos acima não podem ser verdade, não passa de teoria. A prática é o que você acabou de ler.

Diante do exposto, sem levar em consideração ainda que:

— No Brasil, para cada R$ 100,00 de salários que são pagos a um funcionário, pagam-se outros R$ 107,00 de encargos sociais e trabalhistas, bem isso é o que o empresário já tem conhecimento e é devido por lei. O que o empresário desconhece é que quando for vítima da indústria de ações trabalhistas, a coisa pode chegar para cada R$ 100,00 de salário pode-se pagar R$ 1.000,00; R$ 2.000,00; R$ 10.000,00; R$ 20.000,00 E QUEM SABE R$ 100.000,00 para cada R$ 100,00 de salário pago, dependerá das decisões absurdas do judiciário trabalhista, além da altíssima carga tributária que não estamos citando.

—Não pense você que é ME, EPP dentro do Simples Nacional, MEI e até mesmo empregador doméstico, está livre desse terrorismo, pois a justiça trabalhista usará os mesmos rigores que utiliza para as grandes empresas, por se tratarem dos direitos trabalhistas, que têm como lema patrão é explorador, empregado é inocente, a vítima, o coitado e, com base nisso, vem ocorrendo uma avalanche da indústria de ações trabalhistas. Reconhecendo aqui que, infelizmente, existem alguns maus empresários que se recusam a pagar os direitos básicos dos empregados, pois falo aqui em nome dos pequenos e médios empresários que são envolvidos em situações nunca imagináveis.

Cabem algumas indagações:

Qual a motivação e segurança para alguém investir em uma empresa que necessite de funcionários? Qual a segurança para se vender/transferir uma empresa para outros sócios? Qual a segurança para se adquirir uma empresa de alguém? Qual a segurança para um investidor estrangeiro investir em uma empresa aqui no Brasil? Você que tem empresa, conhece o montante de seu passivo trabalhista? Tem certeza que o seu patrimônio e da sua empresa continuará sendo seu? Talvez, em pouco tempo, seja tudo para garantir ações trabalhistas.

Não tenho nada contra os direitos trabalhistas, tenho contra os valores abusivos, das causas abusivas, em defesa do direito trabalhista, que está virando um terror trabalhista, gerando medo de contratar, medo de ser dono, medo de que, na verdade, o maior direito trabalhista do empregado, que é o de receber mensalmente o salário mês a mês e os demais direitos previstos em CLT, acabem sendo extintos, pelo medo que se tem de demitir, evita-se a contratação. Enfim, não se baseie no que você aprendeu nas faculdades ou ouviu e ainda ouve dizer sobre justiça trabalhista, procure conhecer a realidade, a prática de milhares e milhares de processos trabalhistas que estão correndo, e pense bem se você será um empreendedor. Por que se você tiver funcionários, no final, poderá acabar apenas como perdedor. Mas seja empreendedor como empresário e sem funcionários, que aliás são chamados de colaboradores, mas isso não muda a justiça trabalhista, podem ser os destruidores, ou ainda seja um empreendedor como empregado numa empresa, citando aqui que empregado que tem perfil de empreendedor, não apela para ganhar dinheiro fácil na justiça trabalhista.

25

Empreendedor líder *coach*

Liderar é uma qualidade requerida para o empreendedor. Contudo, nem sempre o empreendedor lidera; apenas chefia com sentimento de liderança. Ações que são necessárias por parte do empreendedor para exercer liderança: potencializar, desafiar, capacitar e energizar seus colaboradores, proporcionando maior clareza frente a seus objetivos, contemplando seus valores, vivendo sua missão

Luiz Mattos

Luiz Mattos

Master Coach e analista *alpha*, pela Sociedade Brasileira de *Coaching*; analista DISC, pela TTI *Success Insights* Brasil; Professor Universitário e Instrutor Licenciado em *Personal & Professional Coaching*®. Formação acadêmica: Administração de empresas, pós-graduação em Gestão empresarial e *Marketing*; MBA em Gestão ambiental e controle da qualidade.

Contatos
www.coach4you.com.br
luiz@coach4you.com.br
Facebook: /LACoach4you
(15) 99833-1100

Liderar é preciso em qualquer esfera da sociedade. Na História, a humanidade sempre contou com grandes líderes, políticos, religiosos organizacionais ou apenas em grupos sociais. Contudo, o empreendedor não necessariamente é um líder; muitas vezes apenas empreende, tem a facilidade de criar algo novo pela própria característica pessoal de ser ousado, destemido ou ter visão de negócios em que só vê situações que outros não veem.

A grande questão é como o empreendedor pode adquirir as competências e as habilidades de um líder e, mais ainda, com técnicas de *coaching*. A liderança não é algo que se impõe; pelo contrário, se conquista. Por isso, o processo de *coaching* é uma das melhores ferramentas para transformar um empreendedor (chefe) em um líder *coach*, independente das características pessoais e profissionais que possua. O empreendedor, que deseja liderar, precisa potencializar seus colaboradores ao máximo, desafiando os pensamentos que podem limitar sua *performance*, capacitando-os na busca de novas habilidades e competências, sem deixar que sua energia vital se esgote; ao contrário, reconhecer a necessidade de energizar seus seguidores. Este último ponto é fator determinante de sua liderança: a energia que flui do líder a seus liderados.

A principal diferença nas características de liderança baseadas no processo de *coaching* é que o *coach* acredita que a pessoa que está à sua frente é um "ser humano" com infinitas habilidades. Portanto, o principal desafio do líder é reconhecer quais são as habilidades de seus liderados, seus pontos fortes, as principais características que o diferenciam das demais pessoas e que o faz um "ser especial" no ambiente de trabalho. Muitos empreendedores não lideram, simplesmente chefiam com sentimento de liderança por esse pequeno detalhe. Têm dificuldades de reconhecer os talentos de seus liderados, acreditando que, se assim o fizerem, terão de pagar mais caro por seus serviços. O que esses empreendedores não conseguem enxergar é que seus colaboradores podem não estar entregando o melhor de si, resultando em perda de lucratividade e maus resultados.

AÇÃO: não gostaria que este capítulo fosse apenas mais um em sua vida. Quero que tome a decisão e que, a partir de agora, DECIDA ser alguém diferente. Independentemente de onde trabalha, se lidera ou não pessoas, entenda que pode mudar a vida de outras pessoas porque decidiu agir de forma diferente, enxergando as pessoas à sua volta como seres humanos com grande potencial.

Quatro ações que todo empreendedor deve fazer para se tornar um líder:

Potencializar

Desafiar

Capacitar

Energizar

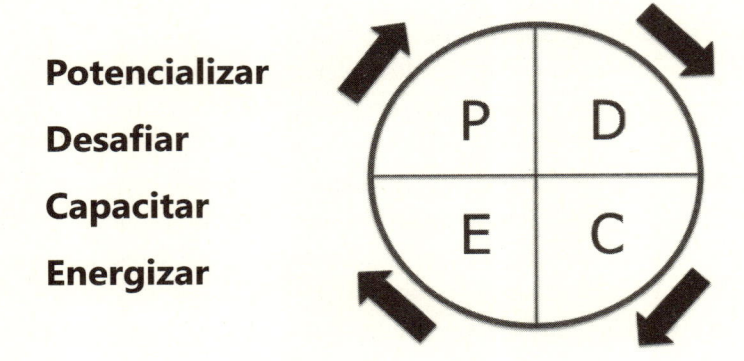

Para **potencializar** os recursos humanos de sua organização, é necessário fazer os colaboradores enxergarem que podem (e devem) viver sua "missão de vida" no próprio ambiente de trabalho. Contudo, temos de explorar ao máximo seus talentos, pontos fortes e principais características. O ambiente de trabalho não precisa ser um lugar desconexo ou fora do contexto de vida de seus colaboradores; pelo contrário, eles apenas serão felizes quando conseguirem enxergar que é possível fazer do trabalho uma forma de viver sua missão. Outro ponto de extrema importância é o entendimento dos valores de seus colaboradores. O empreendedor líder é aquele que tem a habilidade de reconhecer os principais valores de seus liderados e, de forma alguma, fazer com que se sintam feridos ou corrompidos com qualquer tipo de atitude.

Outro ponto de extrema relevância ao potencializar seus liderados é fazê-los enxergar o "ponto cego" ou a "zona de conforto". Muitos recursos humanos nas organizações se acomodam e, inconscientemente, vão perdendo seu potencial. Acostumam-se a entregar a mesma coisa e a ter o mesmo resultado. Portanto, o empreendedor líder *coach* deve fazer com que seu liderado viva sua missão dentro da organização, sem corromper seus valores, desafiando – o a sair da "zona de conforto".

Desafiar é outra característica do empreendedor líder, principalmente porque, independente de sua atividade, seu sucesso dependerá do quanto desafiador for, ou seja, quanto maior for o desafio, maior será a recompensa. Contudo, o desafio a que me refiro não é apenas operacional, mas intelectual e cognitivo. Quando o líder desafia os próprios pensamentos de seus liderados, fazendo-os refletir sobre eles, ajustando seus comportamentos frente às metas organizacionais, não diz o que deve ou não fazer, mas eleva o nível de consciência frente aos próprios pensamentos, desafiando-os o tempo todo, validando-os frente às metas organizacionais, missão e valores pessoais. Ao mencionar a palavra "desafio", refiro-me ao nosso maior inimigo: nós mesmos. Timothy Gallwey cita em seu livro *O Jogo Interior do Tênis* que há sempre dois jogos: aquele que acontece e todos veem e aquele que acontece dentro de nós, com nossos pensamentos. Gosto de dizer que a pior mentira é aquela que fazemos para nós mesmos. Entretanto, desafiar não é traçar metas mais ousadas, mas fazer com que seus liderados superem seus bloqueios internos, seus pensamentos críticos e desfavoráveis às metas da própria vida, consequentemente às da organização.

Capacitar é preciso! O empreendedor líder é aquele que capacita seus colaboradores por meio do próprio exemplo, proporcionando novas habilidades e competências, específicas ou não. Dificilmente o empreendedor exercerá liderança na ausência do ensino ou aprendizado. Repare grandes líderes da história ou um líder seu, verifique que, de alguma forma, ele ensinou algo. O ensino e o aprendizado estão intimamente ligados à liderança, entretanto não precisam estar atrelados às atividades operacionais ou rotinas específicas do empreendimento. A liderança é exercida pelo simples fato do empreendedor líder preocupar-se em transferir seu conhecimento ou como diz Paulo Freire: "Fazer com que ele construa seu próprio conhecimento".

Capacidade também pode ser definida pela quantidade de resultado que pode ser medido em função dos recursos disponíveis. Dessa forma, capacitar alguém também pode ser entendido como ensinar essa pessoa a produzir mais resultados, operacionais ou para a própria vida. A liderança, quando exercida de forma sadia e verdadeira, conduz os colaboradores a novos patamares de suas vidas, pois não apenas renderão mais nas atividades rotineiras e cotidianas, como aprenderão a extrair o melhor de si em todas as áreas de suas vidas.

A indagação que pode ser feita é: "Como ensinar se também não sei?" A questão aqui não consiste no ensino específico do conhecimento do empreendedor, mas na criação do ambiente propício, em que o indivíduo (liderado) construa o próprio conhecimento, por meio da motivação e da elevação de consciência proporcionada pelo empreendedor líder que, por sua vez, desafia-o a ser, ter ou fazer mais com o conhecimento adquirido (construído).

Energizar é fundamental! A energia que proporciona vida ao processo de liderança é provida pelo líder; neste caso, o empreendedor líder *coach*. É preciso o empreendedor entender que é ele quem deve manter acesa a chama, a motivação em alta, a fonte de inspiração e determinação, com força e poder, frente às dificuldades e desafios. Para isso, coragem e confiança são essenciais. Brian Tracy cita em seu livro O ciclo do sucesso o depoimento de inúmeros homens e mulheres que disseram que "o ponto de virada em suas vidas foi criar coragem para fazer o que realmente queriam fazer". A coragem e a confiança demonstradas pelo empreendedor líder *coach* será, sem sombra de dúvidas, a energia motriz que, em conjunto com o ensino, o exemplo, a forma de desafiar os próprios pensamentos limitantes e principalmente o vivenciar a sua missão, fará com que seus colaboradores se transformem em seus "discípulos".

Referências

KRAUSZ, Mario R. , Gallwey, W. TIMOTHY. *O jogo interior de tenis*. Texto novo, 1996.

TRACY, Brian. *O ciclo do sucesso*. Editora Gente, 2013.

DA MATTA, Villela, VICTORIA, Flora. *Livro de metodologia*. Publit., 2012.

26

Construindo uma imagem empreendedora de sucesso

Assim como grandes empresas elaboram cuidadosamente a embalagem de seus novos produtos, com o intuito de maximizar sua aceitação no mercado, nossa imagem reflete para o mundo qual é o nosso objetivo, nosso conteúdo e o que esperar de nós. Isso afeta a qualidade dos nossos relacionamentos profissionais e pessoais, afeta as oportunidades de ter a felicidade que tanto buscamos. Você está preparado para ser um sucesso?

Maria Fernanda Bastos

Maria Fernanda Bastos

Gestora da Imagem Corporativa para Empresas e Profissionais, membro do *Board do Chapter Brazil* da AICI (Associação Internacional de Consultores de Imagem). Palestrante de temas relacionados à Imagem com objetivo profissional. *Trainer* em aparência, comportamento e comunicação para empresas e pessoas físicas. Graduada em Administração de Empresas, com MBA em Gestão Financeira pela FGV. Formada pelo London Image Institute em *Image and Professional Development*; por Ilana Berenholc em Gestão da Imagem Corporativa; *Id.Int Revolution*; *Id.Int Evolution*; *Id.Int*; Estilo Integrado; Consultoria de Imagem; por Alexandre Taleb em *Personal Stylist* Masculino; e por Manu Carvalho em Consultoria de Moda.

Contatos
www.gestaobic.com.br
contato@gestaobic.com.br
www.facebook.com/gestaobic

Após anos de experiência como consultora de imagem, ainda me surpreendo como algumas mudanças podem contribuir para um maior nível de felicidade e realização pessoal. Muitas vezes me deparei com pessoas que tinham tudo para viver uma vida plena e feliz, graduação em uma ótima universidade, especialização fora do país, enfim um currículo impecável, mas parecia que sempre existia uma barreira invisível ao seu sucesso. Elas não entendiam por que não haviam sido contratadas, promovidas, ou mesmo não fecharam aquele contrato que tanto se dedicaram para conseguir. O que faltava nelas? Uma imagem consoante com as suas melhores qualidades. Afinal, temos uma luz interior pronta para ser revelada ao mundo. Juntos buscaremos a sua melhor versão.

Você está pronto para quebrar paradigmas?

Antes de pronunciar qualquer palavra em uma interação social, a primeira impressão já está formada. A imagem é julgada antes da obtenção de outra informação relevante. Esse julgamento ocorre dentro de uma escala inconsciente de atratividade em que é estabelecida uma distinção entre pessoas confiáveis ou perigosas, com maior ou menor escolaridade, condições financeiras etc. Adicionamos a isso informações de caráter, temperamento e habilidades profissionais. Estudos comprovam que a primeira impressão geralmente é a mais correta sobre uma pessoa. Segundo o economista John Kenneth Galbraith, *"nós procuramos reafirmar nossa primeira impressão ao invés de revisá-la"*. Ou seja, ao longo do relacionamento, nosso cérebro busca indícios que sirvam para provar que estávamos corretos desde o primeiro aperto de mão. Esse comportamento humano, embora natural e inevitável, é muito condenado pela sociedade e pelas religiões. Na psicologia social existe um termo cunhado pelos seus estudos: O Efeito Halo. Diz respeito ao fenômeno em que pessoas transferem sua percepção sobre um único atributo de um indivíduo para outros atributos que não têm nenhuma relação com esse primeiro. Portanto, o contato com uma única variável se expande como uma auréola em torno da pessoa. Por exemplo: quem usa óculos é inteligente. Se esse julgamento ocorrerá instintivamente, em vez de nos revoltarmos, por que não usar a nosso favor?

Quando pensamos em indivíduos que gerenciam a sua imagem, as primeiras pessoas que vêm à mente são as celebridades: atores, cantores e atletas de alta *performance*. O principal objetivo desse grupo de indivíduos é se tornar o rosto a estampar campanhas de grandes marcas e novos patrocínios. Querem uma imagem impecável até quando estão em seu momento de lazer ou fazendo compras no supermercado, porque assim se tornam mais vendáveis. Em um segundo grupo, encontram-se os políticos, que possuem um motivo óbvio nessa relação: os votos. Se essa atitude é compreensível para quem está sempre na mídia, também deveria ser para outros profissionais que não são figuras públicas, como empreendedores, profissionais liberais, líderes comunitários e colaboradores em geral. No mundo globalizado e competitivo em que vivemos, ter uma boa imagem pode ser o diferencial que garantirá novos negócios, contratos assinados, a confiança dos investidores, mais clientes e mais vendas. A sua imagem representa o seu melhor?

A imagem se constitui de 3 pilares igualmente importantes: aparência, comportamento e comunicação. Abordarei cada um deles de forma mais detalhada adiante.

1 - Aparência

Sua aparência deve ser compatível com o seu profissionalismo. Se é um profissional de alta *performance* em sua área de atuação, sua aparência deve refletir isso. Você investiu muito tempo e dinheiro na fachada, mobiliário e decoração da sua empresa, na escolha do *logo* e na construção do *site* porque traz credibilidade e fortalece sua marca. Porém, qual foi o investimento em você? Se a empresa é reflexo do dono, não faz sentido estar inconsistente com o ambiente. Sua aparência e a de seus colaboradores também são um importante componente do *branding* e da identidade corporativa.

Considerando que a maioria dos profissionais passa pelo menos 8h do seu dia trabalhando, ou seja, 1/3 do seu tempo, vale muito a pena investir em roupas para trabalhar. Seguindo essa lógica, se você tiver um orçamento pessoal, o ideal é que pelo menos 1/3 do orçamento destinado para comprar roupas seja gasto para montar seu guarda-roupa profissional. Invista em poucas partes de baixo, calças ou saias, mas que tenham um ótimo tecido e caimento, porque isso vai aumentar sua durabilidade. O mesmo raciocínio vale para a escolha do blazer. Dê preferência a cores neutras, assim será mais fácil de combinar com outras peças e multiplicar as possibilidades de uso. As partes de cima, camisas ou blusas que vão por dentro do blazer, devem ser mais numerosas, por isso mais baratas, mas sem deixar cair a qualidade. Outro direcionamento importante para o seu dinheiro é investir mais em peças para as partes do corpo que tem mais dificuldade de vestir. O caimento é muito importante, roupas amarrotadas, furadas, largas ou justas demais são vistas pelo senso comum como pertencentes a um profissional desorganizado, desmotivado e incompetente.

O clássico preto e branco é um bom aliado para seu profissionalismo, isso porque o alto contraste garante a percepção de credibilidade, que também pode ser obtida com outras combinações entre tons claros e escuros.

Ainda sobre aparência, observamos os níveis de formalidade. Cada empresa possui seu nível, que deve ser respeitado. Não faz sentido vestir um terno se você tem um depósito de material de construção. Mas usar bermuda e regata também ficaria casual demais. Assim, os níveis variam do maior ao menor grau de formalidade. No primeiro nível de formalidade, ou seja, nas empresas mais formais, homens usam terno e gravata e mulheres usam calça social, saia ou vestido com blazer. Já no segundo nível de formalidade, os homens podem ficar sem gravata, as mulheres usam vestidos e calças ou saias com camisa, sem a necessidade do blazer. Enquanto no terceiro nível de formalidade, os homens podem vestir apenas a calça social com camisa de manga longa, podendo dobrar as mangas, mas evitando que fiquem acima dos cotovelos. As mulheres podem deixar o braço à mostra. Agora, se o ambiente é informal, como em agências de publicidade e empresas de TI, os homens podem vestir calça e camiseta polo ou camisa de mangas longas com as mangas dobradas e as mulheres podem usar blusas mais informais. A calça *jeans* masculina e feminina é permitida, mas prefira as lavagens escuras e sem detalhes, o corte é reto e a modelagem não deve ser larga e tampouco justa demais.

O que deve ser evitado em qualquer ambiente profissional para os homens são camisa de manga curta, bermudas, *shorts*, regatas, sandálias e chinelos. Assim como as mulheres devem evitar as peças brilhantes, curtas, justas e decotadas, chinelos, sandálias rasteiras e tamancos. Evite roupas muito femininas, laços, babados e tons pálidos (cor pastel) para não passar uma imagem muito frágil e infantil. Roupas esportivas, muita pele à mostra, cores chamativas, acessórios exagerados e saltos muito altos também não circulam bem no ambiente corporativo. A maquiagem deve ser discreta. Batom, *blush* e rímel já são suficientes. Se quiser usar sombra, os tons terrosos são boa opção. Deixe as sombras coloridas para os momentos de lazer.

2 - Comportamento

Você é um empreendedor, dita as regras. Porém, isso não é desculpa para descuidar de seus comportamentos. A sua postura no âmbito social é um fator determinante para seu sucesso ou fracasso no mundo dos negócios. Se sua aparência está adequada ao seu círculo de relacionamentos, o passo seguinte é tornar o seu comportamento coerente com a expectativa que foi gerada pela sua aparência. Aqui está o maior erro que encontro quando começo a consultoria com os meus clientes: querer aparentar ser algo que não é!

Antes de mais nada, você deverá ser extremamente honesto consigo mesmo. Possuir senso crítico de quais são os comportamentos que tem hoje que não condizem com a pessoa que você é e que se tornará. Não adianta comprar roupas caras e de marcas famosas se palita os dentes na mesa do almoço durante uma reunião de negócios. Ou ainda, passa o tempo todo no celular fazendo a pessoa que está ali parada na sua frente se sentir desprezada e desrespeitada. Pequenos gestos de desconforto ou desprazer são rapidamente notados pelo nosso inconsciente. Isso ocorre como reação da parte mais primitiva de nosso cérebro denominada reptiliano, a qual é responsável pelas nossas reações instintivas, associadas à preservação da espécie, acionando um alerta todas as vezes que nos sentirmos ameaçados ou que a mensagem passada pela aparência e comportamento não sejam consistentes. É o que o senso comum chama de intuição. "Eu não sei o que é, mas não vou com a cara dele, não consigo confiar". Você possui pouca ou nenhuma informação sobre aquele indivíduo, mas a sua percepção já foi formada. Por exemplo, o atraso em uma reunião ou compromisso é assimilado como um gesto de agressão por aquele que espera.

Quando você faz alguém esperar, está demonstrando quem está com o poder da situação. Se o seu objetivo era ter colaboração, começou mal. Agora imagine chegar atrasado e não cumprimentar quem estava o esperando. Estudos da neurociência comprovam a importância do aperto de mão na formação de uma imagem positiva. Esse único elemento pode ser decisivo. Portanto, não perca a oportunidade, fazendo "mão mole", sem energia o que demonstra insegurança ou falsidade; ou ainda "quebrando ossos", apertando demais, demonstrando sua ânsia por poder. Cumprimente a pessoa olhando nos olhos, com um sorriso e um aperto de mão firme, com energia.

Agora, você já está pronto para dar o próximo passo.

3 - Comunicação

Se me acompanhou até aqui, chegamos ao último pilar que compõe a nossa imagem, a comunicação, que vai muito além da fala e da expressão corporal e abrange as formas de interagir com o mundo que nos cerca.

Atualmente, a comunicação acontece por *e-mails*, redes sociais, *whatsapp* etc. Estamos na era da superexposição, nada passa despercebido ou sem um *post* na rede social preferida. A sua imagem está sendo afetada pelas interações com os meios de comunicação. Mesmo a contragosto, você será julgado pelo que compartilha.

Recentemente, vimos o caso da professora da Universidade de Letras da PUC-Rio, que foi afastada de suas atividades por postar uma foto com descrições preconceituosas. A sua imagem profissional de educadora exemplar, que levou uma vida para ser construída, agora está destruída. Por isso sou muito enfática quando se trata desse assunto. Cuidado com o que você compartilha! Evite comentários preconceituosos ou agressivos. Fotos que não contribuem com a sua imagem, com bebidas ou em situações constrangedoras são alguns cuidados.

A primeira impressão de um indivíduo não se forma com aspectos isolados. O vocabulário, o sotaque, a gramática, o tom de voz, o ritmo da fala e a forma de articular também expressam sua educação e origens. Um exemplo famoso é o da ex-primeira ministra da Inglaterra Margaret Thatcher, que tinha um tom de voz agudo, o qual diminuía a credibilidade em seus discursos. Ela trabalhou durante anos para tornar sua voz mais grave antes de se tornar a "Dama de ferro" que o mundo conheceu.

Um estudo realizado pela UCLA, Universidade da Califórnia, sobre comunicação comprova que, em um discurso, 7% é composto pelo conteúdo da mensagem, 38% pelo tom de voz e 55% pela linguagem não-verbal. Suas expressões faciais, seus gestos e sua postura dizem muito sobre você, adquira o hábito de se observar como se fosse outra pessoa. Isso aumentará a sua consciência corporal.

A primeira impressão é a que fica!

Espero que tenha notado a importância de causar uma primeira impressão marcante em seus relacionamentos. Temos uma janela de menos de meio segundo para causar impacto nas outras pessoas antes dos julgamentos serem concluídos e estarmos "rotulados".

O mundo está repleto de oportunidades esperando para serem exploradas, novos relacionamentos, novas amizades e novos negócios. Somos seres únicos dotados de qualidades maravilhosas prontas para aflorar. Comece com pequenas adequações, seguindo os 3 pilares que compõem a imagem e perceba os resultados.

Se desejar compartilhar comigo suas conquistas, ficarei muito feliz em participar do seu crescimento.

Construa hoje o seu amanhã!

27

Como fazer do empreendedorismo a sua carreira e um estilo de vida?

Ser empreendedor pode significar mais do que ser dono do próprio negócio. Empreender é pensar e agir de forma inovadora em qualquer situação. Faça do empreendedorismo seu estilo de vida e tenha um futuro de sucesso

Mariana Boner Lacombe

Mariana Boner Lacombe

É formada em Psicologia, pela Universidade de Brasília - UnB. Possui MBA em Gestão de Serviços e Atendimento a Clientes, pela Fundação Getulio Vargas - FGV. É certificada como Conselheira de Administração, pelo Instituto Brasileiro de Governança Corporativa - IBGC. É diretora executiva com ampla experiência em Gestão, Recursos Humanos, Administração e Governança Corporativa. É *Master Coach*, pelo Institute of Coaching Research e pela Sociedade Brasileira de Coaching. Sua especialização é empreendedorismo e lideranças de alta *performance*. É coautora dos livros *A Bíblia do Coaching*, da Editora Kelps, e *Estratégias Empresariais, Manual de Treinamentos Comportamentais* e *Empreendedorismo Total*, da Editora Ser Mais. Atua em frentes sociais, propagando os princípios de sustentabilidade em todos seus empreendimentos. É sócia-fundadora da AME - Associação de Mulheres Empreendedoras.

Contatos
www.marianalacombe.com
mariana@thetop.me
Skype: coachmaribl

Ser especialista da área de Recursos Humanos me trouxe o contato com diversos tipos de pessoas, perfis, aptidões, competências, cargos e empresas. Uma das perguntas que mais me fazem é *"Que carreiras eu posso seguir?"*. Durante conversas sobre carreira, escuto pessoas me questionando: *"E se eu abrir uma empresa e me tornar um empreendedor?"*.

É comum ouvir essa dicotomia de que ter uma carreira significa trabalhar em uma empresa e, ser empreendedor, ter uma empresa própria. Durante toda a minha vida, vivi em ambientes rodeados de empreendedores, na minha família ou com amigos, o que me faz acreditar que essa dicotomia não é verdadeira.

Esse ponto de vista acaba por limitar tantas possibilidades para pessoas e empresas se tornarem mais produtivas e satisfeitas com seus resultados, por criar regras para pessoas se definirem ou não como empreendedoras. Para compreender melhor a questão, precisamos saber o que é empreendedorismo e quem é empreendedor.

O conceito de empreendedorismo foi utilizado inicialmente pelo economista Joseph Schumpeter, em 1950. Segundo ele, *"o empreendedor é aquele que destrói a ordem econômica existente pela introdução de novos produtos e serviços, pela criação de novas formas de organização ou pela exploração de novos recursos e materiais"*. Para ele, o empreendedor é mais conhecido não só como aquele que cria novos negócios, mas também como empreendedor corporativo, se estiver dentro de empresas já constituídas.

Um conceito mais atualizado de empreendedorismo foi demonstrado pela Endeavor Brasil, organização global de fomento ao empreendedorismo. Em 2014, a Endeavor realizou a pesquisa "Os Perfis dos Empreendedores Brasileiros", com o objetivo de entender a cultura empreendedora brasileira e o comportamento dos empreendedores. O estudo contou com análises qualitativa e quantitativa, entrevistando cerca de 4.000 pessoas em 14 capitais das 5 regiões do país. De acordo com a pesquisa, o empreendedorismo possui três dimensões:

1. **Dimensão dos aspectos comuns e indispensáveis:** há comportamentos que são inerentes a todos os empreendedores: <u>o otimismo, a autoconfiança, a coragem para aceitar riscos, o desejo de protagonismo, a resiliência e a persistência.</u>
2. **Dimensão do modelo de gestão:** define o modo como o empreender gere seus negócios. O empreendedor pode ter o perfil <u>paternalista, líder, democrático, visionário e executor.</u>
3. **Dimensão motivacional:** o centro da motivação para o empreendedorismo é ter a certeza absoluta do seu propósito e saber demonstrá-lo. É preciso conhecer a razão de empreender, tornando-se ainda mais especial se é criado valor para a sociedade.

Um dos aspectos interessantes da pesquisa se refere ao entendimento do que é ser empreendedor. Dentre os 4.000 participantes da pesquisa:

- 52% acreditam que o empreendedor é aquele que transforma uma ideia em negócio e gera empregos para a população;
- 39% acreditam que basta agir e pensar de forma inovadora para ser empreendedor;
- 9% dos participantes entendem que o empreendedor é um empresário, que possui um negócio próprio (uma empresa) para conquistar um alto padrão de vida.

O levantamento demonstra que 61% dos participantes veem o empreendedor como um criador de novos negócios, e apenas 39% percebem que o conceito de empreendedorismo e as características de um empreendedor vão além das empresas.

Nenhum conceito está errado. Porém, como seria acreditar que basta agir e pensar de forma inovadora para ser empreendedor? E se formos inovadores em nossas vidas, nossas casas, nossos cargos, nossas empresas? Não importa onde, pensar com audácia nos torna diferente.

Você pode ser um empreendedor de sucesso onde quer que esteja. Utilize suas competências para potencializar ainda mais a sua experiência profissional e pessoal e empreenda em sua carreira, em sua vida pessoal e em seu negócio.

Como ser empreendedor em sua carreira?

É possível ser empreendedor em uma empresa em que você não é necessariamente o dono dela. As empresas buscam pessoas que sabem tomar decisões, são inovadores, exploram ao máximo as oportunidades, fazem a diferença, são visionárias e dedicadas, correm riscos calculados, criam valores para a empresa e a sociedade, e são apaixonadas pelo que fazem. Essas são competências de todos os empreendedores.

Sabemos que o maior risco do empreendedorismo, na abertura de novos negócios, é a gestão administrativa e financeira das empresas. Você pode ser contratado e já ter todo o apoio operacional necessário para aplicar suas melhores qualidades. Ao aplicar suas competências empreendedoras em uma empresa, é possível usufruir de uma estrutura organizacional já construída previamente. Os riscos são compartilhados com outros gestores e com os próprios donos da empresa, criando uma rede de apoio maior e mais estruturada do que você teria em um voo solo como empreendedor do próprio negócio. É como ser a cereja do bolo da empresa. Aproveite todo apoio operacional que seja fornecido para que seja aquele que faz a diferença.

Mesmo em situações de *startups*, empresas que estão em uma fase de início de suas atividades e de seu lançamento, a presença de funcionários com competências empreendedoras faz toda a diferença. São eles que verão o negócio com olhar de dono, aproveitando ao máximo todos os recursos disponíveis e, no caso de *startups*, isso é ainda mais crucial pelo fato dos recursos serem mais escassos. Afinal, *startups* iniciam sem faturamento e possuem um maior volume de investimentos e gastos no início das operações.

Há três passos fundamentais que você pode tomar, a partir de agora, para empreender em sua carreira:

1. **Inove:** busque inovação contínua no seu trabalho, em sua equipe ou em seu departamento. Demonstre seu interesse em realizar coisas novas. Ideias inovadoras são sempre bem-vindas. Afinal, vivemos automaticamente a maior parte do tempo. Não se esqueça de que novas ideias são aceitas se preparar antes de mostrá-las ao seu gestor. Faça um planejamento e levante as consequências positivas que sua ideia agregará à empresa na qual trabalha.

2. **Dedique-se:** surpreenda a si mesmo e à sua equipe, superando as expectativas do seu trabalho. Entregue mais do que o esperado. Faça além do que é pedido. A dedicação é uma competência imprescindível do empreendedor. Afinal, ele busca estar sempre à frente dos demais. Enquanto a maioria das pessoas faz apenas o que é solicitado, seja empreendedor e se dedique ao máximo à sua carreira.

3. **Saiba tomar decisões:** sinta-se seguro para a tomada de decisões ao buscar informações prévias necessárias que possam ajudá-lo a decidir. Converse com especialistas e entenda as consequências da sua decisão.

Crie comitês para discutir diferentes decisões que podem ser tomadas, sempre levando em consideração os impactos que a decisão causará à sua empresa e até mesmo à sociedade.

Como ser empreendedor em sua vida pessoal?

O empreendedor possui uma eterna agonia interna de querer realizar mais. Porém, o viés de que ser empreendedor significa ter um negócio próprio torna seu potencial de realização limitado. Focar no que está faltando é sempre uma fonte de desgaste pessoal. Você pode ser empreendedor no próprio emprego que tem agora, como já falamos. E que tal ser empreendedor em sua vida pessoal?

Empreendedores devem e podem ser pessoas com vidas diferenciadas da média da população. O pensamento e o comportamento empreendedor já colocam essas pessoas em um patamar especial, pois são as que buscam a melhoria contínua. O que não pode ser esquecido é que nossa vida pessoal é parte concomitante do sucesso. Não é possível ser bem-sucedido sem ter uma vida plena.

Leia as perguntas a seguir e pense em suas respostas.

- *Como seria ser mais inovador em seu dia a dia?*
- *Se fosse determinado e dinâmico em sua vida pessoal como em sua carreira, o que seria diferente?*
- *Ao planejar ou organizar sua vida e assumir riscos calculados, que consequências teria daqui a 5, 10, 20 anos?*
- *E se fosse tão apaixonado por si mesmo, por sua família, pelo que possui, por suas experiências, por sua história, como é pelos seus interesses profissionais?*

As respostas que você objete são seu plano de empreendedorismo para a vida. Pensar todo dia sobre o que poderíamos fazer de diferente no futuro nos faz bem. Isto é algo que revigora o empreendedor. Fazendo isto constantemente em sua vida, o sucesso virá por consequência. A partir de agora, é um desafio empreender em sua vida pessoal. Afinal, <u>empreendedores adoram desafios</u>.

Para <u>empreender em sua vida</u>, há três passos fundamentais que pode tomar diariamente:

1. **Sonhe grande:** assim como sua vontade de construir um negócio fora do comum e de ter uma carreira excelente, sonhe grande sobre quem quer se tornar como pessoa. Estabeleça metas de curto, médio e longo prazo para sua vida. Pergunte-se sobre o que gostaria de fazer, conquistar e viver nos próximos anos.

2. **Planeje e organize sua vida:** viver ao léu não o levará a lugar algum. Planeje e organize-se para realizar seus sonhos. Ao definir suas grandes metas, você saberá quais são os recursos necessários para construir seu futuro, que podem ser tempo, dinheiro, pessoas, saúde, emoções positivas, dentre outros.

3. **Invista em você:** você é seu maior bem. Nada poderá ser construído se não investir em si mesmo. Cuide de sua saúde física e mental. Busque novos conhecimentos e experiências sempre. Entenda que tempo e dinheiro gastos com você mesmo não são despesas, mas investimento para um futuro brilhante.

> *"Vou empreender em minha carreira e em minha vida: quero abrir meu negócio."*

Nada mais natural do que um empreendedor querer o próprio negócio. Você pode empreender em sua carreira, em sua vida e <u>também ter novos negócios</u>. Empreendedores de alto impacto tendem a possuir mais de uma frente de trabalho, por sonharem grande, serem inovadores e apaixonados e por terem a capacidade de executar com excelência.

Porém, para iniciar bem um negócio, é preciso pesquisar e obter conhecimentos que são decisivos em todas as etapas da empresa. Ser empreendedor é um grande passo para o sucesso, mas é necessário conhecer sobre <u>a estruturação do negócio e processos de gestão</u>.

Um estudo publicado pelo SEBRAE, em 2013, realizado com empresas constituídas em 2007 e que se mantiveram abertas até 2010, indica que, a cada cem empresas criadas no Brasil, quase 76 sobrevivem aos dois primeiros anos de vida (75,6%). O estudo indica que o período inicial é considerado crucial porque a empresa ainda não é conhecida no mercado, não possui carteira de clientes e, muitas vezes, os empreendedores ainda têm pouca experiência em gestão. As empresas que sobrevivem possuem grande estruturação do negócio e processos de gestão claros e funcionais, assim garantindo a perpetuação do negócio.

Portanto, para <u>empreender em seu negócio</u>, há três passos fundamentais que deve seguir para garantir seu sucesso:

1. **Pesquise:** busque informações sobre empresas já existentes que possuem ideias semelhantes à sua, e aprenda com seus sucessos e fracassos. É necessário conhecer o ramo de negócios que escolheu o melhor possível. Faça amizades com empresários do ramo ou pessoas do meio; faça pesquisas em livros e outros tipos de comunicação específica sobre seu negócio, como *websites*, jornais e revistas. O objetivo da pesquisa é deixá-lo convicto do projeto de sua empresa.
2. **Qualifique-se:** busque formações profissionais e acadêmicas para criar e gerir seu negócio. Você pode buscar cursos profissionalizantes e até mesmo uma pós-graduação específica para sua área de trabalho. Lembre-se de que a estruturação do negócio e os processos de gestão são o grande diferencial que terá para estar entre as empresas sobreviventes.
3. **Prepare-se:** garantida a pesquisa sobre seu negócio e sua qualificação profissional, prepare-se para executar sua ideia ao criar um plano de negócios estruturado. O plano de negócios deve deixar claro que produtos e serviços serão oferecidos para o mercado, como serão oferecidos e com qual preço, o seu diferencial competitivo, localização da empresa e dos clientes, as competências dos dirigentes da empresa, os investimentos e gastos iniciais, o retorno de investimento esperado. Além disso, nenhum plano é suficiente se não for executado corretamente. Dedique-se e busque as pessoas certas para apoiá-lo.

Comece a agir!

Como disse Albert Einstein, *"Aprendizado é ação. Do contrário, é só informação"*. Não basta conhecer se não colocar em prática o que você aprendeu. Aproveite as <u>dicas essenciais</u> que acabou de aprender e comece a <u>agir imediatamente</u>.

Lembre-se de que o empreendedorismo é mais amplo do que empresas e negócios. Empreenda diariamente e esteja cada vez mais próximo do seu <u>sucesso pessoal e profissional</u>.

28

Você tem um negócio verdadeiro?

Um negócio verdadeiro é uma empresa comercial, lucrativa e que funciona sem você

Assim como a liderança, o empreendedorismo é uma arte. A arte de enxergar oportunidades, brechas para mudanças e inovação, repaginar o já existente, acreditar que sempre há algo a ser melhorado, ter disposição a correr riscos e o dom de transformar uma simples ideia em um negócio bem-sucedido

Patrícia Atui

Patrícia Atui

Coach Empresarial com certificação internacional pela *Action Coach*. *Coach* Ontológico com certificação pelo Instituto Appana Mind. *Coach* Executivo com certificação pela Sociedade Brasileira de *Coaching*. Pós-Graduada em Finanças – Instituto de Pesquisa e Ensino de São Paulo. Graduada em Ciências Econômicas – Universidade Mackenzie. Experiência de mais de 15 anos em gestão de PMEs, exercendo cargos de gestão nas áreas de planejamento, finanças, controladoria, RH e gestão de negócios. Desde 2011, como *coach*, com mais de 100 clientes atendidos nos programas de *coaching* individual e em grupo, nas áreas de gestão de negócios, administração do tempo, *marketing*, vendas, liderança, finanças, imagem pessoal e empresarial, planejamento estratégico, *networking* e temas motivacionais. Palestras ministradas em associações de empresários, como AESUL, ACSP, CIESP e Universidades. Artigos publicados em jornais, revistas, internet e vídeos no canal do youtube.

Contatos
www.patriciaatui.com.br
www.actioncoach.com.br
patriciaatui@actioncoach.com
(11) 2129-7109

Como tudo começou...

No último emprego que permaneci por 12 anos, tive a oportunidade de percorrer quase todas as áreas da empresa, o que me fez enxergá-la por vários ângulos e desenvolveu minha sede por aprendizado em áreas desconhecidas. Nesta época estudava bastante e assinava revistas de empreendedorismo, que até hoje não perdi o hábito de ler. Lembro que, antes de dormir, devorava as matérias e me encantava com as histórias dos empreendedores. Depois, ficava tão ansiosa com o que lia que demorava a pegar no sono, já planejando como aplicar os novos conceitos aprendidos e inovações na empresa. Tinha autonomia, o que me permitia sempre atualizar e apresentar soluções para apoiar o negócio da empresa e fazer as pessoas mais felizes. O meu último cargo na empresa foi como diretora de recursos humanos, que sucedeu a função anterior de diretora financeira, ou seja, mudei de números para pessoas, e isto me trouxe novo olhar e novo rumo na minha carreira profissional.

Tornando-me uma empreendedora...

Em 2011, ocorreu a transição de carreira. Decidi empreender e ser dona do meu destino. Um desejo de criança. Lembro-me de quando me perguntavam sobre o que gostaria de ser quando crescesse e respondia, sem titubear: Quero ser dona de lanchonete! No entanto, ao analisar os fatores de sucesso do negócio, entendi que para ser proprietária de uma lanchonete precisaria ter domínio da logística do negócio e que seria interessante ter uma sociedade com alguém que tivesse esse tipo de negócio, mas não conhecia ninguém no ramo que confiasse.

Comecei a analisar os meus pontos fortes, os fatores limitantes, o ambiente externo e observei que havia uma grande demanda de melhoria na gestão das pequenas e médias empresas, no desenvolvimento de habilidades e atitudes dos donos das empresas e suas equipes. Verifiquei que havia muitos profissionais autônomos recém-saídos de grandes empresas galgando oportunidades nesta fatia do mercado extremamente carente.

Então, pensei: "Preciso de uma marca forte para entrar neste mercado com força". Busquei no setor de franquias uma empresa respeitada, consolidada, com uma metodologia robusta de gestão empresarial que tivesse valores e fundamentos iguais aos meus e um negócio que me fizesse feliz e realizada. Encontrei na Action Coach, a qual me permitiu aliar o negócio com o meu propósito principal de ajudar as pessoas a serem mais felizes em seus negócios e na vida pessoal.

Cases de empreendedores...

O que compartilho são conceitos, características, ideias, estratégias, comportamentos, atitudes, por meio de *cases* reais de empreendedores que têm um negócio e que se permitiram um novo olhar sobre as suas empresas e despertaram para ter um negócio verdadeiro.

Um dos meus primeiros clientes obteve uma alavancagem impressionante nos três primeiros meses do programa de *coaching*. No momento da visita à empresa, deparei-me com uma situação interessante, identifiquei que o investimento do programa seria maior que o pró-labore do sócio administrador da empresa. Duas perguntas ao sócio investidor fizeram o negócio se concretizar na primeira visita: "O senhor investe na empresa para quê?" Ele respondeu: "Invisto na empresa para que prospere e me traga lucros e dividendos". Então, fiz a segunda pergunta: "O senhor acredita que se ampliassem os seus conhecimentos sobre gestão e utilizassem as estratégias e a metodologia que acabei de apresentar-lhes poderia ter uma empresa próspera e com os lucros que almeja?" A resposta foi um sonoro *sim*. Neste momento estendi-lhes a minha mão, dando os parabéns pela decisão tomada e agradeci a oportunidade e confiança.

Os desafios iniciais da empresa estavam relacionados à organização da área financeira, definição do papel e das responsabilidades de cada sócio e o estabelecimento de um direcionamento para o negócio. O primeiro passo foi a definição dos papéis e responsabilidades dos sócios, a missão de cada um e o papel que mais se identificava, que tinha mais conhecimento e habilidade. Assim, foram definidas as responsabilidades e também os indicadores de cada área. Tivemos um ganho de produtividade e alinhamento da comunicação entre os sócios.

O segundo passo foi a organização da área financeira, por meio da implementação de instrumentos de gestão financeira, como o fluxo de caixa e o demonstrativo de resultados, com a qual foi possível conhecer os custos fixos e variáveis, margem de lucro e o ponto de equilíbrio. Com o domínio destes indicadores financeiros, foi possível estabelecer metas de vendas semanais, permitindo que um dos sócios focasse 80% do seu tempo na área de vendas. O novo olhar para o negócio, aliado a outras estratégias de *marketing* digital, permitiu à empresa ter um incremento de mais de 150% nas vendas nos primeiros três meses de programa.

A adoção de estratégias de controle e a organização na gestão do negócio trouxeram nova dinâmica na operação e novo horizonte para a empresa, permitindo que os sócios pudessem direcionar a bússola da mente, denominada de sistema de ativação reticular, presente em nosso cérebro, que apontou o foco para os objetivos e os grandes resultados.

Em todo programa de *coaching* individual, fazemos uma reunião de alinhamento com os sócios, na qual são conhecidos os sonhos, os objetivos pessoais, o histórico da empresa, *como* e *por que* ela existe e os objetivos empresariais. Em uma empresa familiar com três sócios, tivemos uma experiência interessante com uma mudança expressiva desde a primeira reunião.

Para a realização do alinhamento, adotamos um questionário com uma série de perguntas para conhecer as áreas da empresa. Ao fazer perguntas desafiadoras sobre as estratégias que a empresa utiliza para aumentar os resultados, a experiência sobre o mercado onde está inserida e a capacidade de produção, notei certo distanciamento de uma sócia em relação aos demais. Pareceu-me que ela estava desalinhada com o propósito e com a vontade dos demais sócios. Mantinha-se pessimista em relação ao futuro da empresa e consigo mesma. Após ouvir dela várias respostas negativas, justificativas, crenças negativas com relação ao mercado e clientes, saquei duas perguntas que mudariam o destino daquela sociedade em minutos. A primeira foi: "A senhora acredita nesta empresa?" A sócia respondeu: "Não!" A segunda e derradeira: "Por que então a senhora está nesta empresa?" Silêncio de quase um minuto. Os outros dois sócios abaixaram a cabeça e ela respondeu, com uma voz desconcertante: "Acho que chegou o momento de eu tomar a ação que precisava tomar! Acho que não devo nem mais fazer parte desta reunião." O silêncio na sala e a cabeça baixa dos outros sócios foi a resposta que ela precisava.

Quantas empresas ficam paralisadas e represadas de ações e inovações que podem mudar o rumo dos negócios em virtude de medos ou comportamentos limitantes?

Afinal, o que significa medo?

Traduzido para a língua inglesa é FEAR, que conceituamos por meio acróstico:

F alsas
E xpectativas
A parentemente
R eais

Quando não tomamos ações, ficamos paralisados em um estágio de medo. Mas o medo é simplesmente um pensamento: "E se eu não conseguir? E se não der certo?"

Refletindo como empreendedores, mudaria para: "Como cheguei até aqui? Como obtive estas conquistas em minha vida?" Fortalecendo a mente com afirmações positivas: "Eu posso lidar com isto! Eu sou capaz de ..." Só assim o medo deixa de existir.

Superado o medo, o passo seguinte é a mudança.

Apresento uma fórmula que conduz as pessoas a iniciarem um processo que denomino fórmula da mudança:

$$I \times V + Pp > R$$

Onde I = Insatisfação, V = Visão, P = Primeiros Passos > Resistência

O processo de mudança inicia-se com a insatisfação, amplia-se com a visão da solução, concretiza-se com os primeiros passos, as ações – que devem ser mais fortes que a resistência do ser humano para que haja a mudança.

Um *case* de sucesso foi desenvolvido em uma empresa que tinha um sócio jovem, com experiência e formação internacional. Ele estava tão envolvido na operação que não conseguia enxergar o todo. Perguntei, no início do programa, qual era o maior desafio que enfrentava na empresa. Respondeu que 90% do tempo dele era destinado às atividades que os funcionários deixavam de realizar, o que o incomodava.

Apesar de ter um perfil inovador e a maior parte da equipe ser formada por jovens talentos que o admiravam e o respeitavam, muitos profissionais não tinham a *performance* esperada.

Iniciamos o processo de conhecimento das responsabilidades de cada área e dos papéis de cada um dos componentes da equipe. À medida que evoluíamos, encontrávamos pessoas desajustadas em suas funções. Por meio do processo de *coaching*, descobrimos que as pessoas estavam sendo contratadas pelo dono por seus conhecimentos e formação, mas não tinham as habilidades para colocá-las em prática, porque não tinham competências ou experiência na função que ocupavam na empresa.

Identificado o contexto, as pessoas foram dispensadas ou substituídas, redefinimos as responsabilidades das equipes, criamos indicadores de desempenho para avaliar a *performance* de cada área.

Na equipe de vendas, identificamos os principais medidores de sucesso da equipe, monitorada semanalmente pelos seguintes indicadores:

1. O número de clientes em potencial, volume de pessoas que têm interesse em comprar;
2. A taxa de conversão, percentual de clientes em potencial que efetivamente compram;
3. O *ticket* médio, valor médio da venda;
4. O número de transações, quantidade de vezes que o cliente compra repetidamente.

Identificamos vendedoras com menor taxa de conversão, atendendo à maior parte dos clientes potenciais. Imagine se estes clientes fossem atendidos pelas vendedoras com maior taxa de conversão? As vendas poderiam ter sido muito maiores.

Com foco nos medidores, identificamos o perfil da equipe e os talentos individuais. Redimensionamos a equipe e potencializamos as vendas, pela capacitação com treinamentos e técnicas de vendas. Elaboramos um roteiro padrão de atendimento e venda consultiva, tratamento de objeções e técnicas de fechamento.

Adotamos metas recompensadoras com comissões e prêmios atrativos. A cada semana era feita uma reunião com a equipe para avaliar os resultados e as melhores vendedoras compartilhavam os bons resultados.

Por meio da reestruturação e sistematização das equipes envolvendo também o processo de delegação, desenvolvemos as outras áreas da empresa e chegamos à situação em que o dono havia superado o seu principal desafio no início do programa. Passou a ter 90% do tempo livre para poder diversificar seus investimentos. Abriu um novo negócio em outro segmento e o construiu pautado na metodologia que havíamos aplicado na empresa a qual fui contratada.

Esse foi um case de sucesso graças às características do dono: espírito empreendedor, com o olhar no futuro e o desejo constante de novas conquistas, novos aprendizados, disciplina para a realização das tarefas de forma pontual e foco nos resultados.

O desejo de conquistas incessantes e a busca por novos horizontes são alcançados por meio da mudança na essência do indivíduo.

A fórmula do sucesso pode ser representada por apenas três palavras:

SER x FAZER = TER

Do ponto de vista contrário, primeiro desejamos TER ou conquistar algo diferente e para tanto precisamos FAZER coisas diferentes, que somente conseguimos SENDO pessoas diferentes, ou seja, mudando as nossas atitudes e comportamentos, ou melhor, a nossa identidade.

Afinal, o que nos move para o alcance dos objetivos que nos tornarão pessoas de sucesso?

Empreendedores de sucesso têm sede insaciável por mudanças, renovação e se tornarem autores da própria história. São movidos por

SONHOS

Empreendedores de sucesso reconhecem que, para alcançar os seus sonhos, precisam estabelecer

OBJETIVOS

Empreendedores de sucesso desenham um mapa para chegar lá, com diretrizes, estratégias e os passos detalhados em um

PLANO DE AÇÃO

Empreendedores de sucesso executam o plano de ação envolvendo suas equipes e avaliam cada movimento com foco, disciplina e

DETERMINAÇÃO

A combinação destes elementos leva os empreendedores de sucesso ao alcance dos resultados, que os levarão ao irremediável

SUCESSO !

29

Finanças empresariais: a arte de manter o barco navegando

Ter o próprio negócio é um dos maiores sonhos do brasileiro. Para que isso se concretize e perdure, certamente o empresário terá de aprender a lidar com dinheiro e a periodicamente fazer da economia, do planejamento e do investimento inteligente um hábito. Neste artigo, elenquei os principais desacertos dos empresários em relação ao dinheiro e sigo com instruções para que os problemas sejam resolvidos ou, pelo menos, minimizados

Pedro Braggio

Pedro Braggio

Há 20 anos, atende famílias e empresas ajudando-os a cuidar das finanças por meio de palestras, cursos, vivências, encontros individuais e grupos de apoio financeiro. É graduado em Ciências Contábeis e especialista em Finanças. Desde criança, Pedro enfrentou dificuldades financeiras na família e assumiu o controle do orçamento doméstico aos nove anos. O talento natural o impulsionou a auxiliar mais pessoas no equilíbrio da saúde financeira.

Contatos
www.pedrobraggio.com.br
educador@pedrobraggio.com.br
www.facebook.com/pedrobraggio
(11) 98765-4180
(11) 96194-4006
(11) 4582-5498

Finanças empresariais: a arte de manter o barco navegando

Quando alguém decide se tornar empresário, certamente é porque sonha em ser protagonista da própria vida e também por desejar melhores condições financeiras. E para que isso se concretize, esse empresário terá de aprender a lidar com dinheiro e a periodicamente fazer da economia, do planejamento e do investimento inteligente um hábito.

Quando se começa um negócio ninguém deseja fechar em alguns meses. Apesar de a falência não ser pretendida, os números alertam para que quem se aventura no empreendedorismo tenha os pés no chão. Segundo o Sebrae, 49% das empresas quebram em dois anos; 60%, em quatro anos; e 82%, em dez anos. E você, pretende ir até quando com seu empreendimento?

Se o retorno financeiro que você imaginou para seu negócio não está se realizando, muito provavelmente o número idealizado não foi determinado com base em um planejamento financeiro sustentável. Como resultado dessa ausência de plano, identificamos lucro menor do que o esperado, necessidade de empréstimo ou até a temida e provável falência.

Meu propósito é te ajudar a ser mais assertivo com suas decisões financeiras na empresa e, consequentemente, na vida. Dessa forma, elenquei os principais desacertos dos empresários em relação ao dinheiro e sigo com instruções para que os problemas sejam resolvidos ou, pelo menos, minimizados.

Não determinar um valor fixo de pró-labore

O que mais vejo nas empresas é os sócios retirarem dinheiro sem qualquer parâmetro. Pagam-se as contas e divide-se o valor restante entre os donos.

Além de gerar estresse, ansiedade e descontrole financeiro pessoal, a medida desestrutura o planejamento da empresa, que nunca conhece realmente se fatura o necessário para manter as portas abertas.

Outra dúvida costuma ser em relação ao quanto definir como pró-labore. Isso vai depender do padrão de vida já alcançado pelos sócios e da disponibilidade que eles têm de passar um período sem circular no patamar financeiro que desejam. Nesse momento, é primordial que se alinhe expectativas e realidade.

Assim como em um casamento, sócios vieram de formações diversas em relação ao dinheiro, R$ 5 mil de salário pode ser extremamente motivador para um, mas totalmente desanimador para outro, que provavelmente não vai se dedicar como deveria e se sentir desestimulado financeiramente. Inclusive, infelizmente, por causa de dinheiro, vejo sócios se dedicarem a atividades extras, gastando em "bicos" a energia que poderia ser aplicada no próprio negócio.

Também costumo encontrar histórias de empreendedores que passam anos sem receber nada em suas atividades empresariais. Pagam o aluguel, os colaboradores, investem em equipamentos e marca, mas não retiram pró-labore. Claro que, em alguns segmentos, é comum que se precise de um tempo para o amadurecimento financeiro do negócio e assim se demore mais para que o retorno desejado ocorra. Até esse tempo de espera pode e deve ser previsto no planejamento. Por outro lado, esse trabalhar de graça é sinal de que algo vai mal, até porque "o salário dos donos" também deveria estar no custo fixo.

O pró-labore dos sócios pode ser igual para todos ou proporcional ao tempo e trabalho que cada um dedica para a empresa. Lembrando que isso precisa ser conversado e acordado juridicamente antes de a empresa começar a funcionar. Monitorar essa remuneração evita distorções na companhia e brigas entre os sócios.

Não separar despesas pessoais dos sócios das contas da empresa

Utilizar a conta da empresa para pagar despesas ou realizar aquisições pessoais é assumir, e até provocar, o suicídio iminente do negócio.

Essa mistura no faturamento costuma ocorrer principalmente com empresas familiares, que tantas vezes colocam mensalidades escolares de filhos dos sócios, prestação de carros, supermercado e até aluguel como despesa da empresa.

Mudar esse costume é uma tarefa que exige coragem para instaurar novos procedimentos. No início, pode-se perceber, por exemplo, que os sócios não retiravam pró-labore com a desculpa de que a empresa andava mal e que precisava de investimentos, porém, quando se delimitam as fronteiras entre as contas pessoais e empresariais, nota-se que o valor destinado a pagar contas particulares equivalia a altos salários, contraditórios à realidade financeira da pessoa jurídica.

O processo de adequação vai exigir maturidade e disciplina dos sócios, para que mantenham o correto controle na empresa. Oferecer aulas ou vivências de educação financeira pessoal para todos os envolvidos, sócios e familiares, é minha indicação para que a relação e o fluxo de caixa permaneçam saudáveis.

Não fazer o fluxo de caixa

Negligenciar o registro das operações financeiras da sua empresa é como relaxar na proa do navio enquanto litros de água entram por um furo enorme no casco. Uma hora você afunda e nem sabe porquê.

Quanto você recebeu de dinheiro no seu caixa hoje? Esse dinheiro veio das vendas ou de investimentos? E quanto saiu? As saídas foram para pagamento de contas, para devoluções a clientes insatisfeitos ou para remuneração dos sócios?

Além de oferecer um controle detalhado sobre a movimentação do capital da empresa, o fluxo de caixa pode lhe indicar dados estratégicos, como, por exemplo, identificar um fornecedor que recebe regularmente grandes quantias em dinheiro. É possível que, para manter o relacionamento com um bom cliente, o fornecedor possa conceder descontos. Assim, você economiza.

Um fluxo de caixa atualizado possibilita ao empresário segurança e inteligência na hora de planejar o futuro do negócio. Se você tem muita conta para pagar no dia 5, por exemplo, e várias para receber no dia 10, ficará com seu caixa defasado naquele período.

Uma opção para resolver ou minimizar o problema é oferecer descontos, incentivando o seu cliente a pagar antecipadamente. Claro que a medida só deve ser tomada tendo a certeza de que esse desconto não prejudicará o lucro.

Verificar taxas de bancos, juros pagos, se os clientes estão em dia e se as despesas foram pagas são exemplos de ter um fluxo de caixa equilibrado e sustentável. O banco sabe da vida financeira da sua empresa até o dia de hoje, você deverá conhecê-la muito além disso, dois, seis, doze meses para frente. De preferência, pelo menos enxergar dois anos adiante.

De acordo com o tamanho da empresa, principalmente se está deixando de ser pequena para se tornar média, vale inclusive conhecer sistemas de gerenciamento de gestão para auxiliar e agilizar os controles monetários. De nada adianta ter um caixa alto, mas uma leitura lerda dos números.

Com um fluxo detalhado e organizado é possível se criar demonstrativos de resultados, os quais fornecem aos sócios um diagnóstico completo dos processos, incluindo custos e receitas, indicando se a empresa é lucrativa. Conhecer as informações financeiras aumenta consideravelmente a percepção de erros e oportunidades, assim o rumo que a empresa está tomando pode ser corrigido a tempo, se necessário.

Fazer reuniões periódicas para definir os rumos em curto, médio e longo prazo; não delegar completamente o controle financeiro da empresa e contar com pessoas técnicas e de confiança é importante, mas abandonar a gestão a alguém que não seja o dono pode custar caro.

Determinar o preço pela concorrência

É muito comum encontrarmos empresas que precificam seus produtos pela tabela do concorrente. Se o preço caiu, fazem promoções. Se subiu, ajustam os valores.

Pesquisar e ficar por dentro dos preços que seu concorrente está aplicando é necessário, mas colocar a mesma cifra para o seu produto não é nada inteligente. Criar seu próprio valor é diferente de apenas determinar um número a ser cobrado!

O quanto um produto ou serviço custa depende de qualidade, matéria-prima, processo, marca, tradição, *know-how*, mão de obra, logística, carga tributária, entre outros fatores. Se cada empresa tem uma pitada diferente de cada um desses quesitos, o resultado também vai ser diferente na etiqueta.

Existem vários fatores externos e internos que contribuem para a formação do preço. Conhecer os fatores externos leva algum tempo, contudo os fatores internos estão ao seu alcance, sempre, basta mensurá-los com atenção aos detalhes.

Não saber os custos relacionados ao produto, como o valor de produção ou aquisição, impostos, valor de armazenagem e valor de transporte, é dar vantagem ao concorrente.

Errar na obtenção do crédito

Muito embora a melhor maneira de se iniciar um negócio seja investir capital próprio, é extremamente comum pedir crédito para bancos e financiadores.

A burocracia e a falta de habilidade do empreendedor acabam atrapalhando o planejamento financeiro do novo negócio. Buscar ajuda para tomar decisões financeiras é importante para não acarretar perdas financeiras graves.

Os altos percentuais de impostos também têm sido um grande problema para os marinheiros de primeira viagem. Eles precisam entender que, apesar das cargas tributárias, a empresa precisa atingir seu objetivo que é o lucro. Não adianta reclamar dos impostos, o bom empreendedor planeja esses custos de forma inteligente.

É claro que o empreendedor, em algum momento, poderá ter dívidas. Algumas são consideradas menos piores, pois trazem mais lucratividade para a empresa. A pior dívida é aquela que nasce para resolver problemas ocasionados pela falta de planejamento financeiro: cobertura de conta corrente e pagamento de cartão de crédito, por exemplo.

Simplesmente, procurar o gerente do banco para tirar a empresa do sufoco não é a atitude mais indicada. Entender a origem dessa necessidade, principalmente se for constante, de empréstimo é de extrema necessidade para eliminar o problema pela raiz.

Desconhecer o estoque de mercadorias e o patrimônio

Conhecer o seu estoque é importante por dois motivos. Em primeiro lugar, para você não vender ao cliente algo que não possui. Em segundo lugar, mas não menos importante, para você não desperdiçar dinheiro com armazenamento desnecessário.

Há vários tipos de produtos que possuem data de validade. Se você tem dezenas de itens no seu estoque que se aproximam do vencimento, chegou a hora de fazer uma grande promoção. Caso contrário, você corre o risco de pagar armazenamento para produtos estragados.

Outro caso comum é o de excesso de produtos iguais. Talvez você esteja desperdiçando armazenagem com um volume grande de itens que possuem pouca saída. O estoque representa um dos principais custos de uma empresa e tem relação direta com o preço do produto na prateleira.

Além do valor investido em estoque, as empresas possuem muito dinheiro materializado em imóveis, veículos, ferramentas, móveis, computadores e material de escritório.

Muitas vezes o crescimento da empresa se dá de maneira tão desorganizada que os sócios desconhecem a quantidade de bens que possuem e, pior, quanto isso representa em dinheiro e quanto está sendo gasto em manutenção.

Conhecer o balanço patrimonial ajuda a identificar necessidade de expansão ou retração.

Deixar a inadimplência de lado

No melhor dos cenários, todo empresário deve considerar que 5% dos seus ganhos podem ficar comprometidos por clientes devedores. Com a crise financeira, econômica e política iniciada em 2008 e se agravando no Brasil, o índice foi crescendo chegando, em alguns casos, a 30%. Uma empresa com esse número pode falir, piorando ainda mais o quadro econômico regional e nacional.

Quando se trata de inadimplência, as atitudes dos sócios precisam ser ágeis e certeiras. Vejo muitos negócios esperando meses de atraso para começar a cobrar clientes inadimplentes, quanto mais se demora, menor a chance de recebimento.

Outro erro comum nesses casos é destinar parte da equipe para a cobrança. A decisão desfoca o objetivo principal do negócio. Suponhamos que seja uma empresa de confecção, o negócio está direcionado a descobrir as tendências de moda, a encontrar bons fornecedores de matéria prima e a investir em mão de obra criativa. Se os colaboradores forem desviados para cobrar devedores estarão se afastando de sua vocação natural.

Para que os resultados sejam mais rápidos quando o assunto é inadimplência, indico, principalmente para pequenos negócios, que trabalham com equipes enxutas, que se terceirize a cobrança a empresas especializadas.

Como prevenção à inadimplência, fazer uma análise de crédito do seu futuro cliente é importante para não ter surpresas na hora de receber. Além disso, tenha todas as combinações registradas juridicamente, em um contrato de prestação de serviços bem detalhado.

Em muitos momentos, como empreendedor, você deverá correr riscos para aumentar a produtividade ou fazer crescer o seu negócio. Nesse momento, é importante manter os "pés no chão" e isso se faz conhecendo-se as chances de ganhar e de perder por meio da educação financeira, a qual difere de ambições por dinheiro fácil.

Daqui, como educador e planejador financeiro, desejo que você conquiste o sucesso como consequência do próprio esforço e que, quando chegar lá, permaneça satisfeito com suas realizações.

30

Assumindo o desafio universal de empreender

Os empreendedores e suas realizações
são sustentáculos da humanidade.
Quem empreende sabe da dificuldade
e da importância de sua atitude

Prof. Célio Hoegen

Prof. Célio Hoegen

Proprietário e Consultor da Empresa Impacto – Treinamento & Consultoria Ltda, Licenciado em Pedagogia, Pós-Graduado em Psicopedagogia Clínica e Institucional, Mestre em Recursos Humanos e Gestão do Conhecimento. Coautor do livro: *Ser mais em Excelência no Atendimento ao Cliente*. São Paulo: Editora Ser Mais, 2012. Articulista do Jornal *"A Comarca"*, em Santa Catarina há mais de 20 anos. Possui grande conhecimento no atendimento de demandas de empresas, órgãos públicos, entidades associativas e cooperativas. Larga experiência em cursos e palestras em eventos de pequeno, médio e grande porte, nos setores público e privado, desde 1996. Estilo realmente próprio, com metodologia testada e aprovada, conta com mais de 150 mil pessoas treinadas, em vários estados brasileiros.

Contatos
www.impactotreinamento.com
www.facebook.com/
ImpactoTreinamentoConsultoriaLTDA
(47) 3533-4634

Por décadas, lidar com empreendedores e seus negócios tem sido uma rotina na vida profissional que exerço. Dia após dia, muitas lições tivemos a oportunidade de compartilhar e receber.

O Empreendedorismo de qualidade não é uma receita mágica, mas uma conjuntura de atitudes que podem ser desenvolvidas e aperfeiçoadas ao longo de uma vida e carreira.

Para não ficar naquelas teorias das quais todos falam, procurei destacar alguns pontos que considero bem relevantes para o comportamento pessoal e profissional do empreendedor de sucesso, frutos de uma vivência de muitos anos no meio:

1) Sem informação não tem negócio

Não é segredo que ninguém consegue fazer o que não sabe, por isso é preciso saber para fazer, obviamente. As oportunidades passam sem sermos capazes de reconhecê-las, pois nos falta a informação correta para usar no tempo certo.

Está na hora de aproveitarmos melhor as oportunidades para obtermos a informação, tanto no conhecimento específico de nossas áreas profissionais quanto no geral. O mercado está afunilando, de forma seletiva, beirando à crueldade, banindo os profissionais que insistem em não se aperfeiçoar constantemente.

2) O que faz diferença: sorte, azar ou competência?

O poeta já dizia: "Assim caminha a humanidade". Vislumbramos a multidão e, no meio dela, cada um fazendo uma coisa que não se sabe o que e nem por quê. Cada um correndo para um lado. Se fechar os olhos, escutará os ruídos dos carros, das conversas misturadas de forma desconexa, dos sapatos no chão, num vai e vem frenético, enlouquecedor. O cotidiano mostra as pessoas, os seres humanos, e o pensamento simplista e generalista faz esquecer que em cada indivíduo, gordo ou magro, grande ou pequeno, jovem ou idoso, rico ou pobre, residem sonhos, desejos, projetos pessoais, buscando aquilo que chamamos de felicidade, sem saber direito do que se trata.

Rodeado pela realidade, você começa a pensar com a **razão** nos grandes sonhos do seu **coração** e, no íntimo, pergunta se é possível tornar reais os desejos de tanta gente e também os seus. Abaixa a cabeça e passa a pensar numa resposta que pode ser *não*. Infelizmente, na maioria dos casos, a resposta é não! O conformismo com a ideia fará com que seja definitivamente não para você também. A lógica e estatísticas existentes dizem que levar ao êxito pleno a realização dos projetos pessoais é apenas um privilégio de uma parcela minoritária da população. Todos sabem que isso é verdade, por mais que tentem enganar-se.

Não é preciso ser nenhum especialista para saber que nada honesto pode ser conquistado sem o esforço, sem o empenho e o sacrifício pessoal. Ter êxito é se diferenciar, não é uma questão de **sorte**, na qual tantos desiludidos depositam suas fichas. Como podemos confiar na **"sorte"** da loteria, por exemplo, quando a ciência provou que é 50 vezes mais fácil levar o **"azar"** de cair um raio sobre sua cabeça? Não se trata de querer roubar a sua esperança, mas de chamá-lo à realidade para refletir que, se não ocorrer uma mudança real na atitude, as coisas vão piorar. Lamentavelmente, será possível regredir, mesmo para quem já se ache numa condição em que não haja espaço para piorar.

Talvez a maior sorte que precise ter é a de saber o que necessita fazer para aumentar suas chances, mesmo conhecendo os problemas, obstáculos e adversidades que encontrará.

3) Liderança forte

A História é testemunha de que os líderes foram cruciais nos fatos relevantes da humanidade. Em seus mais diversos estilos, mandaram, comandaram, plantaram ações, reações e tiveram a oportunidade de colher aquilo que cultivaram ao longo da vida.

Moisés, por exemplo, foi um líder excepcional. Depois dos 80 anos, começou seu trabalho como líder de uma imensa nação, conduzindo-a da escravidão para a liberdade. Teve como resultado o cumprimento da promessa ao seu povo, mesmo quarenta anos depois. Uma conduta que norteia até hoje o comportamento de milhões de pessoas. O Rei Davi, líder ainda menino, foi um vencedor. Em comum com Moisés, o fato de ambos terem sido coerentes e leais aos seus bons princípios. Comprova-se assim que liderança não se exerce só com a força física, mas com a perseverança e fé.

Pensador e Escritor, Luís de Camões é autor da frase: *"O fraco Rei, faz fraca a forte gente"*. Não resta dúvida de que isso é a plena expressão da verdade. Parece estranho, mas os fracos manifestam a fraqueza por meio da força, querendo eliminar os que pensam diferente de forma covarde. Prática dos fracos e medíocres, que querem escrever com mão de ferro o nome na História, mas que só conseguem humilhar e enfraquecer o seu povo.

A fraqueza não é uma característica dos tempos antigos, mas permeia a sociedade contemporânea, ainda repleta de déspotas, disfarçados na pele de governantes populistas, políticos assistencialistas, empreendedores autoritários, professores prepotentes "concessionários da verdade" e do conhecimento, pseudo-ricos arrogantes, etílicos "corajosos e filósofos" com solução para a humanidade.

Todos são líderes, mesmo que nunca tenham pensado nisso. Na hora da tomada de decisão, somos os líderes da situação e responsáveis pelas consequências do caminho que tomarmos. Se pudéssemos fazer uma retrospectiva da vida, veríamos que conseguimos resultados mais significativos quando agimos como os fortes, com sabedoria e firmeza, consciência tranquila, sem a preocupação de agradar o outro.

Ser forte não é mostrar a sua força de forma irracional, animalesca, aos socos e pontapés, mas pela serenidade, respeito, determinação e confiança. Sempre que começa um novo ano, um novo mês, um novo dia, começa um novo tempo. E o mesmo Camões que mencionei anteriormente também disse algo a respeito: "Jamais haverá ano novo (novo mês, novo dia) se continuar a copiar os erros dos anos (meses, dias) velhos". Desejo que possamos nos libertar das fraquezas do passado.

4) Sim. Preciso aprender sempre.

Não pare nunca de estudar, mesmo que o diploma já esteja pendurado na parede, pois o aprendizado precisa ser constante. Devemos assumir o que disse Gonzaguinha: *"ter a certeza de ser um eterno aprendiz"*.

Aprimorar as virtudes pessoais e acumular aprendizado são necessidades que sempre existiram, mas para as quais muita gente só despertou agora e começa a correr atrás do prejuízo, consciente do tempo perdido.

Não se admitem mais expressões do tipo: "eu já sei!" ou "não necessito saber isso". O hoje exige conhecimento específico, com grandes doses de conhecimentos gerais. Como o conhecimento é necessário à competitividade e à qualidade de vida, não pode estar restrito ao meio escolar ou acadêmico, sugerindo aos indivíduos que busquem aprender com a família, natureza, ambiente de trabalho etc. Em suma, podemos dizer que a vida é uma faculdade, cuja formatura nunca chega.

Quem aproveita mais o aprendizado é aquele que sabe que precisa aprender, seja como diferencial de sucesso ou até mesmo como alternativa de sobrevivência. Para o empreendedor, é requisito indispensável.

5) Fazendo história, mesmo que no anonimato.

Cada pessoa é um importante personagem do mundo em que vive, por mais restrito que possa parecer o universo de seu contexto diário. A verdade é que, dentro de cada contexto pessoal, social, familiar, as pessoas são protagonistas e não coadjuvantes. Nem sempre são premiados ou reconhecidos, mas isso não quer dizer que não tenham cumprido direito o seu papel. Nem sempre o melhor filme leva o Oscar e o melhor livro nem chega perto de ser um *best seller*. As pessoas são importantes mesmo quando acreditam que não sejam.

Os livros de História sempre relataram os grandes momentos da vida humana no planeta ignorando a realidade. Fomos ensinados, por exemplo, que Pedro Álvares Cabral descobriu o Brasil, mesmo sabendo que não tenha trazido sozinho a sua caravela e que nem tão bom comandante foi, tanto que a embarcação tinha a Índia como destino. Nunca descobrimos o nome daquele grupo de pessoas que atravessou com ele as desconhecidas águas do Atlântico Sul. Exceção feita ao Frei Henrique de Coimbra, que celebrou em solo brasileiro a primeira missa e a Pero Vaz, o escritor das cartas ao Rei de Portugal. E fica por aí, quase mais ninguém é citado. Mas, justiça seja feita, nada acontece de fato, sem a participação de uma multidão de anônimos, que não aparecem, mas que são indispensáveis para que as coisas se realizem.

Relatar os nomes pode ser uma tarefa impossível, os livros não comportariam tanta gente, o relato do "Fato Histórico" desapareceria em meio aos nomes. O fato é que se torna possível entender como quase todo mundo é desconhecido, sem que seja menos importante.

Hoje, em meio a tantos problemas que a humanidade enfrenta, o empreendedor olha para os registros históricos e começa a ver que D. Pedro proclamou a Independência, Moisés tirou Israel do Egito, Getúlio Vargas fez as leis trabalhistas, Albert Sabin inventou a vacina da paralisia infantil e fica esperando que alguém faça alguma coisa sozinho, quando cada um dos mencionados pouco ou nada fez na solidão, mas tiveram a capacidade de liderar o capital humano que dispunham para que perseguissem o mesmo ideal.

Os livros talvez se neguem a registrar nossa passagem pelo planeta. Afinal, somos 200 milhões de brasileiros! Mesmo assim, devemos encampar nosso papel e nossa missão. Devemos caminhar na direção de nossos ideais, seguindo aqueles que fizeram história em nossos corações. Muitos foram os que nos ajudaram a chegar até aqui. Talvez sejam nada para o mundo, mas são tudo para você. Para aqueles por quem pode fazer diferença, seja a última e única expectativa. Saiba que, para muitos, você é único! Aja! Faça com fé! Lembre-se: fazer com fé não é encarar o seu papel para ver no que vai dar, mas a garantia de que conseguirá o seu melhor. Ter fé não é ter esperança, é ter certeza.

6) Autoconsciência de objetivos

Uma das grandes dificuldades dos profissionais contemporâneos é a de perseverar na busca de seus objetivos, já que é notória a tendência da maioria em abortar seus projetos próximos do êxito. As pressões e adversidades exigem grande persistência, comprometimento e competência pessoal.

Mais do que nunca, quem precisa atingir metas em sua vida carece, até mesmo para preservar sua credibilidade pessoal, cumprir aquilo que fala que vai fazer. Você já viu quantas pessoas fazem promessas no final do ano? Dizem que vão parar de beber, de fumar, de comprar compulsivamente, prometem fazer dieta e emagrecer, voltar a estudar etc. O final do ano seguinte chega e nada mudou. Fica claro que para fazer acontecer alguma coisa que mude para melhor é necessário mais que meras palavras.

A ciência define o processo pelo qual as pessoas atingem seus objetivos de autorregulação, que funciona melhor ou pior dependendo da autoconsciência dos objetivos e comportamentos necessários para viabilizá-los. Assim, as pessoas precisam definir o que realmente querem em suas vidas e devem estar conscientes de que para conquistar algumas coisas é preciso sacrificar outras. Não há nenhuma recompensa sem sacrifício pessoal.

Pense naquilo que realmente é importante, motive-se, estabeleça metas com prazos, comece a traçar as estratégias e colocar energia nas suas prioridades de vida. Nada acontece por acaso. Seu sucesso será definido pela eficiência em usar razão e emoção para potencializar ações. Tudo começa do "marco zero", ou seja, para vencer a maratona é preciso correr o primeiro quilômetro também, que é tão importante quanto os outros, mas será completamente perdido se você ficar no meio do caminho.

31

A liderança nos serviços de saúde

Este capítulo apresenta um estudo sobre a liderança em serviços de saúde, visando identificar o perfil existente na área. As organizações de serviços de do setor são caracterizadas sob a ótica de empresas e suas regras. A análise apresenta, também, a importância da liderança no segmento e como a estratégia é tratada nesse ambiente complexo

Profª. Drª. Teresinha Covas Lisboa

Profª. Drª. Teresinha Covas Lisboa

Doutorado em Administração pela Universidade Presbiteriana Mackenzie, Mestrado em Administração Hospitalar, Especialização em Didática do Ensino Superior, Especialização em Administração Hospitalar, Pós-Doutorado em Administração pela Florida Christian University, com linha de pesquisa direcionada para Hospitalidade e Humanização em Saúde. Extensão Universitária: Harvard University, Drexel University, MIT, Yale University, FIA, FGV; Coordenadora do Grupo de Excelência em Gestão de Instituições de Ensino Superior do CRA/SP e Membro do Grupo de Excelência de Administração em Saúde do CRA/SP, Diretora do SINDAESP-Sindicato das Empresas de Administração do Estado de São Paulo. Diretora da Associação dos Administradores do Estado de São Paulo, Diretora da Federação Brasileira de Administradores Hospitalares.

Contatos
teresinhacovas@uol.com.br
teresinhacovas@yahoo.com.br
(11) 3675-5735
(11) 99621-4362

1 Introdução

Robbins conceitua liderança como o: processo de influência pelo qual os indivíduos, com suas ações, facilitam o movimento de um grupo de pessoas rumo a metas comuns ou compartilhadas. (2000 p. 371). No presente capítulo, utilizaremos este conceito de liderança para os serviços de saúde porque o indivíduo que está à frente de uma equipe procura motivar e comprometer os participantes do grupo, no intuito de atender pessoas, movimentando um grande número de profissionais. Para as empresas prestadoras dos serviços de saúde, temos três momentos caracterizados por Limongi-França (2005):

> Líder, liderado e situação. A liderança, objeto de nosso estudo, demonstra a influência do líder diante do processo de interferir no comportamento das pessoas (liderados) e na condição de fazer perpetuar a organização.

Existe certa complexidade no exercício da liderança em saúde, pois além dos aspectos da receita, dos valores éticos e morais, os valores espirituais, religiosos, sociais e políticos são relevantes para a discussão do tema. Os profissionais têm de saber lidar com todas essas variáveis, de maneira equilibrada.

Limongi-França (2005) demonstra-nos um estudo realizado por algumas empresas, como: American Express, Alcoa, AT&T, General Electric, Unilever e outras, onde são identificados dois tipos de competências, que podem ser adaptados aos serviços de saúde: práticas e atributos.

Denominamos de <u>prática</u> as atividades que as pessoas realizam em seu ambiente de trabalho, visando resultados. <u>Atributos</u> são os conhecimentos, as habilidades e outras características que devem existir para as pessoas exercerem cargos de liderança. No caso dos serviços de saúde, as atividades realizadas em atendimentos ambulatoriais, de pronto-socorros ou laboratoriais, são caracterizadas pela prática médica, de enfermagem, de biólogos visando ao atendimento de clientes com presteza e qualidade.

Os atributos referem-se à formação profissional e as demais características inerentes a cada cargo existente na instituição.

Quadro 1 - Atributos e práticas de liderança

Atributos de liderança	Práticas de liderança
Capacidade mental	Influenciar outros
Conhecimentos técnicos e administrativos	Fazer com que as coisas aconteçam
Desenvolvimento pessoal	Construir relações
Forte senso de si próprio	

Fonte: França, A.C.L., 2005, p. 75.

A existência de atributos e práticas está contida nos princípios éticos da profissão e das pessoas. Um dos aspectos importantes desses atributos e práticas da liderança refere-se à gestão das pessoas, onde as lideranças têm a responsabilidade de gerar um ambiente saudável, no intuito de obter comprometimento e provocar a motivação no trabalho.

1.1 Comprometimento

O comprometimento refere-se ao sentimento dispensado pelo indivíduo à organização. É o orgulho e a satisfação que o colaborador demonstra pelas atitudes, como recomendação dos serviços, dos produtos, acompanhamento do crescimento e parceria nos momentos difíceis (LISBOA in KUAZAQUI, 2005). Alguns serviços de saúde dispensaram a prestação de serviços de médicos e passaram a contratá-los de maneira formal, a fim de gerar o comprometimento e o verdadeiro sentido de equipe.

Outro fator é o envolvimento das pessoas com seu ambiente de trabalho, demonstrado por sentimentos de satisfação com o salário ou com o crescimento profissional. Diferentemente do comprometimento, as questões pessoais predominam e, assim, raramente pensam na organização como parceira. Para a área de saúde, é um comportamento não satisfatório, pois são necessárias pessoas altamente comprometidas com suas atividades.

Compete às lideranças ter a percepção de escolher indivíduos que estejam aptos a exercer as suas atividades com qualidade e comprometimento.

1.2 Motivação

A motivação é o estudo que se refere às razões pelas quais as pessoas se comportam de algum modo (SILVA, 2001).

Para que a liderança possam integrar-se com sua equipe é importante que haja um esforço em direção ao alcance de metas, bem como uma predisposição para o acompanhamento das mudanças constantes que ocorrem no ambiente das empresas. Esse esforço está relacionado, também, com a satisfação de alguma necessidade prevista: salário, benefícios, status, satisfação no trabalho etc.

As teorias de motivação estão sempre se preocupando em determinar quais as razões dos comportamentos das pessoas e qual o processo que causa esse comportamento. O caráter multiprofissional das organizações de saúde tem o privilégio de poder escolher as metodologias ideais para motivar suas equipes, pois cada função tem um tipo de formação e expectativa.

Podemos citar algumas teorias que podem ser adaptadas nos ambientes de trabalho das organizações de saúde:

a) Hierarquia das necessidades, que identifica cinco categorias de necessidade: fisiológicas, segurança, associação, estima e autorrealização. Elas ocorrem, à medida que uma delas é satisfeita (Maslow);

b) A teoria X e Y, onde a primeira afirma que as necessidades de ordem inferior dominam os indivíduos e a segunda, que as necessidades de ordem superior são mais dominantes;

c) A teoria da expectativa é explicada pela força que um determinado resultado tem perante o indivíduo. Ou seja, se necessita de um atrativo para motivar-se;

d) A teoria da motivação-higiene (Herzberg) preconiza que fatores extrínsecos da organização motivam o indivíduo: política da organização, salário, condições ambientais, não motivam. A motivação baseia-se em fatores intrínsecos, como realização, crescimento, responsabilidades etc.

e) Os programas de pagamento variável e horário flexível são, também, formas de motivar os funcionários; As técnicas de comprometimento pelo incentivo, presentes em organizações prestadoras de serviços, estimulam a motivação: bolsas de estudos, participação em congressos, eventos da área, visando o crescimento profissional.

Dependerá da organização a opção por métodos que estimulem a fixação do indivíduo na organização, bem como sua participação na definição de metas.

2 A liderança estratégica e os serviços de saúde

Para o gestor de saúde, o processo de liderar é um ato natural e envolve a capacidade de influenciar pessoas por meio de cinco princípios: poder, conhecimento, interação, situação e expectativa. É por meio desses princípios que o administrador antevê, ou seja, planeja estrategicamente seus passos na empresa.

Dubrin define liderança como "...a habilidade de inspirar confiança e apoio entre as pessoas de cuja competência e compromisso depende o desempenho" (2003 p.264). Para a organização, a liderança estratégica é aquela que se refere, tanto da análise do ambiente externo quanto do ambiente interno da empresa, buscando atingir objetivos preestabelecidos.

A liderança estratégica é caracterizada pela capacidade do líder, por meio dos outros, administrar uma organização inteira e não uma subunidade funcional. Segundo Charan, Droter e Noel, "as organizações de hoje precisam de líderes eficazes em todos os níveis e em todos os locais. Devido à revolução da tecnologia da informação, à globalização e a outros fatores, a liderança é um requisito em todos os níveis da organização" (2012, p. 5).

O planejamento estratégico da empresa depende do desempenho da liderança, porque é determinado pela direção, pelas competências desenvolvidas, pelas pessoas (funcionários), pela cultura, pelas práticas éticas e os controles. E como isso é operacionalizado? Pela direção e pela forma de liderança.

A direção é a materialização da visão empresarial e ,habitualmente, projetada numa visão de longo prazo. Por meio dessa direção, o administrador exerce a comunicação, motivação, liderança e o comprometimento junto a seus colaboradores. São as funções básicas, oriundas de estudos científicos apresentados no desenrolar da ciência administrativa.

O desenvolvimento das competências essenciais é a forma de implementar as estratégias, a partir das pressões dos riscos externos. Por exemplo: as pressões econômicas, as mudanças de hábitos sociais, implantação de nova legislação. Isso afeta negócios, pessoas, pois envolve negociações e decisões.

A cultura organizacional é uma consequência do capital humano, pois o conjunto de valores, símbolos e ideologias é que compõe o grupo que irá atuar nas diversas unidades da empresa. Caberá à liderança, ao administrador a tarefa de exercer a sua liderança estratégica para que a cultura não seja ortodoxa e inflexível. O mundo externo é mutável e as pessoas acompanham esse ritmo.

2.1 Práticas e condutas

As práticas éticas são os códigos de conduta da organização, encabeçados pela liderança. A área de saúde enfatiza a ética como base para o atendimento com qualidade e humanização.

2.2 Perfis de liderança empresarial em saúde

Como são os novos perfis? Atualmente o mercado é caracterizado pelas constantes mudanças do ambiente externo e no interno, que modificam as expectativas, tarefas e o desempenho dos gestores das organizações. Para França, os novos perfis de liderança exigem indivíduos dinâmicos e interativos.

Quadro 2 - novos perfis de liderança

VISÃO ANTIGA	VISÃO MODERNA
Controlador	Facilitador
Soluções em curto prazo	Visão estratégica
Controle dos subordinados	Comprometimento da equipe
Comportamento individual	Formação de times

Fonte: Adaptado de FRANÇA, A.C.L. (2005).

Diante dessa visão moderna, podemos concluir que os indivíduos que compõem a organização de saúde necessitam de treinamentos permanentes, a fim de poderem acompanhar a visão moderna da liderança estratégica. Podemos exemplificar pela relação médico-paciente. Na visão do passado, as informações sobre o estado de saúde do indivíduo ficavam sob domínio do profissional médico, numa condição subordinada, sem que o paciente e sua família tivessem controle sobre seu estado de saúde. Atualmente, o paciente é atendido por uma equipe multiprofissional, compartilhando com todos e acompanhando o desenvolvimento do tratamento e de seu estado de saúde.

Conclusões

Assim, foi apresentada uma visão da liderança dos serviços de saúde, onde se pode observar o conceito atual, participativo, mostrando como os indivíduos estão mais motivados e comprometidos com suas equipes. Viu-se que as organizações de saúde passaram a ser vistas como empresas prestadoras de serviços e, com isso, deram espaço às novas lideranças. Além da figura do médico, que sempre foi a linha de frente das empresas de saúde, o surgimento de novas profissões possibilitou a expansão das teorias administrativas nas organizações de saúde, gerando o sentido de "equipe". A ideia do capítulo apresenta um conceito de que a pessoa que lidera prioriza as necessidades do paciente, tendo a hospitalidade e a humanização como meta no atendimento. Concluiu-se que, atualmente, o conceito da liderança humanizada, muito usada nas instituições de saúde e nas organizações do terceiro setor, passou a ser o foco para obtenção da excelência no atendimento, motivando e comprometendo a equipe.

Referências

AZEVEDO, Creuza da Silva. *Liderança e processos intersubjetivos em organizações públicas de saúde*. Revista Ciência & Saúde Coletiva, 7 (2): 349-361. 2002.

CHARAN, Ram; DROTTER, Stephen; NOEL, James. *Pipeline de liderança: o desenvolvimento de líderes como diferencial competitivo*. 2.ed. São Paulo: Elsevier, 2012.

CHIAVENATO, I.; SAPIRO, A. *Planejamento estratégico: fundamentos e aplicações*. Rio de Janeiro: Elsevier, 2003.

DUBRIN, Andrew J. *Fundamentos do comportamento organizacional*. São Paulo: Pioneira Thomson Learning, 2003.

FRANÇA, Ana Cristina Limongi. *Comportamento organizacional: conceitos e práticas*. São Paulo: Saraiva, 2005.

HITT, Michael A.; IRELAND, R. Duane.; HOSKISSON, Robert E. *Administraçãoestratégica: competitividade e globalização*. São Paulo: Pioneira Thomson Lerning, 2003.

KUAZAQUI, Edmir; LISBOA, Teresinha Covas; GAMBOA, Marcia. *Gestão estratégica para a liderança em empresas de serviços privadas e públicas*. São Paulo: Nobel, 2005.

KUAZAQUI, Edmir (org.). Liderança e criatividade em negócios. São Paulo: Thomson Learning.

LISBOA, Teresinha Covas. *Breve história dos hospitais: da antiguidade à idade contemporânea*. Encarte especial da revista "Notícias Hospitalares" junho/julho de 2002, ed.37.

ROBBINS, Stephen P. *Administração: mudanças e perspectivas*. São Paulo: Saraiva, 2000.

SILVA, Reinaldo da.Teorias da administração. São Paulo: Pioneira Thomson Learning, 2001.

ZOBOLI, Elma L.C.P. *Ética e administração hospitalar*. São Paulo: Loyola, 2002.

32

Empreender é o
ato de criar !

"O mercado adota o termo como o ato
de criar um negócio ou recriar uma
ideia, de resolver situações difíceis"

Raquel Kussama

Raquel Kussama

Membro do Comitê Científico do CRIARH Recife. Graduada em Serviço Social, com especialização em Recursos Humanos e cursos em Antropologia e Desenvolvimento Organizacional. Idealizadora do Grupo RK, com as marcas: LEXDUS Projetos em Gestão de Pessoas e Recursos Humanos, AGROMAIS – Gestão Empresarial para Agronegócio e CALE – Intermediação de Negócios. Atua há 30 anos em empresas nacionais e multinacionais na aplicação do conceito de Estratégias de Pessoas & Negócios; na implantação de processos e ferramentas de RH, gestão empresarial e no processo de fusão, da compra e venda de empresas. Aliança Estratégica como Diretora de Novos Negócios com fundo internacional.

Contatos
redesocial@raquelkussama.com.br
(19) 99195-5375

Do sonho à estratégia: a Vida

São os empreendedores que vão construindo as trans-
formações no decorrer da vida.

A vida é um eterno nascer e crescer. É o ato de nascer que traz o novo, a transformação, o rompimento do antes e do agora. O sonho é o ideal, é o imaginário, é a ilusão daquilo que o coração sente e o pensamento deseja. O sonho passa a ser real quando a estratégia é criada.

Um grande amigo tem o seguinte discurso: "a gente tem que aprender a caçar diferente". Assim é o novo indígena. Precisa manter a cultura, os ritos, mas a caça é diferente. São diferentes costumes para se manter na selva que é a civilização, sendo alma indígena. Wakay Pontes fala na aceitação do nascimento, no coração que pertence a um único ser e sobre a reciclagem do corpo na ligação com Deus. Assim é a idealização da estratégia, é a saída do mundo do sonho.

Estratégia é a definição da visão em longo prazo. É a visão do futuro, definida pela missão, pela visão, pelos valores e pela formulação do crescimento do negócio.

O empresário é protagonista, ou seja, dono do seu tempo, assumindo riscos, sucessos e fracassos. Tem risco de capital, da administração de pessoas, dos processos e dos procedimentos da empresa. Tem que pensar em modelos de gestão, em cenários econômicos bons e ruins.

O novo profissional é aquele que trata o emprego como se fosse sua empresa. Isso significa mudança de paradigmas e pensamentos de gestão empresarial. O profissional é aquele que assume os riscos da sua carreira em benefício do negócio da empresa de outra pessoa, ou melhor, do mercado, visando a obter o crescimento da sua carreira, dentro e fora de uma única organização.

São estabelecidas relações sociais e do trabalho diferentes do que em anos anteriores. Por isso, a necessidade de mudanças nas legislações vigentes.

Assim o sonho de ser empreendedor precisa ser construído com alicerce. O primeiro é a criação da estratégia de vida pessoal e profissional.

Pessoal, pois a família precisa participar do apoio a este projeto de vida. A própria pessoa, o empreendedor, precisa estar disposto a viver a instabilidade do mercado com serenidade, sabedoria e, acima de tudo, com postura profissional proativa e de resolução de problemas e conflitos.

Da estratégia à realidade: Profissional e Negócio

Idealizada a estratégia é necessário pensar e estabelecer a empresa.
Engana-se quem pensa que é só abrir!

Para definir o tipo de empresa é essencial saber se o profissional tem perfil para o negócio que deseja. Isto significa atuar no cargo correto.

O profissional de venda é vendedor; o profissional gestor é administrador de empresa; o empreendedor é o criador. Uma empresa, para ser saudável, tem que ter esses três profissionais e ainda o financeiro, contábil, jurídico, recursos humanos ou, no mínimo, departamento pessoal; e por aí segue montando a estrutura do negócio. Essa é a grande dificuldade do empreendedor que começa sem investimento, sem planejamento, somente com a força de vontade.

Na maioria das vezes, vemos pessoas querendo "ter o próprio negócio". Como se isso fosse fácil! Ter uma empresa estruturada significa estar constituída segundo as legislações vigentes. Nesse aspecto alguns falam "a lei está errada, a lei atrapalha" mas, independentemente do julgamento, se há lei é para ser cumprida.

No planejamento, é preciso contar financeiramente, principalmente, com esse fator. O negócio tem que ter processo definido. As regras são definidas para um, dois, dez, cem funcionários e/ou donos atuando.

A concretização - Estrutura

É preciso ter pensamento estratégico antes
mesmo do planejamento estratégico.

A boa estrutura da empresa se inicia pelo financeiro, pelo planejamento geral e específico do negócio. A corporação exige bom relacionamento com o mercado fornecedor, cliente e relações com o mercado financeiro.

A forte ação em Gestão de Pessoas, com a preocupação da criação da Cultura Organizacional, contendo
garantia, confiança e articulação, traz um alicerce importante ao ambiente saudável e competitivo.

São as lideranças que promovem a legitimação dos processos, dos procedimentos e a responsabilidade, independentemente do número de colaboradores na empresa.

É o empresário quem determina o ritmo da empresa e o formato do negócio.

A estrutura empresarial faz com que executivos e executores atuem em prol da evolução e amadurecimento.

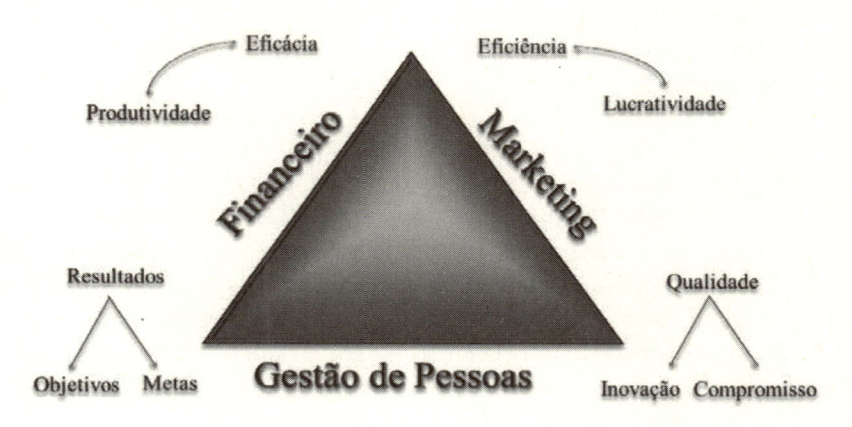

As empresas estão vindo de um período de conturbações financeiras, do aumento do desempenho produtivo em razão da melhoria do parque tecnológico, do consumidor exigente e padrões de qualidade, produtividade e competitividade altos e em constante crescimento e evolução.

Os empresários estão necessitando de ações que estruturem e criem os caminhos para uma ação rápida dos profissionais frente ao contexto social e econômico mas, em contrapartida, é preciso avaliar e reorganizar a área financeira, *marketing* e gestão de pessoas.

O reconhecimento/comemoração

*O processo de gestão empresarial exige
serenidade, persistência e determinação.*

Administrar uma empresa exige a rapidez do diagnóstico e propostas de soluções, de modo personalizado, com cronograma da ação pela realidade da organização. Realizar, ser assertivo e ter a capacidade de concretizar ações eficazes requer um nível de maturidade profissional alto e voltado aos resultados da empresa-cliente.

É com espírito empreendedor, com trabalho em equipe e com visão de futuro, que uma empresa sobrevive no mundo competitivo e com recursos escassos.

Aspectos importantes:
1. A valorização da empresa;
2. A geração de novos negócios;
3. A melhoria contínua em produtividade e rentabilidade;
4. Aumento da visibilidade no mercado;
5. O aumento na participação de mercado.

É preciso criar metas para o crescimento e para a comemoração. Comemorar significa ter a marca da passagem, aqui é preciso eliminar a conotação de festa. Compartilhar é diferente de visibilidade somente, é comemorar com quem fez a diferença, com quem contribuiu no processo.

Acima de tudo, é o empresário se reconhecer como mentor, como ponto forte e decisivo do processo, como o responsável pela tomada de decisão, assumindo os riscos necessários. É preciso se perdoar pelos erros cometidos e perceber que, tudo o que passou, valeu a pena. Sucessos e fracassos são marcas registradas do empreendedor.

Gestão por competências

Todo e qualquer gestor precisa compreender as estratégias da empresa e assumir o comando da gestão de pessoas para que alianças sejam construídas, a equipe se fortaleça e ocorra o aumento da competitividade no mundo dos negócios.

Conceito de competência: entendemos como a capacidade que um profissional tem; é a aptidão adequada na execução de suas funções no cargo em que exerce. É a habilidade e a inteligência para a realização de uma ação. Competência é um conjunto de ações observadas na atuação. Competência é o preparo do profissional no exercício do cargo.

Aplicações:
- Formação da cultura organizacional;
- Seleção profissional;
- Capacitação profissional;
- Avaliação de desempenho;
- Avaliação da pessoa no cargo;
- Descrição de cargo.

Definição das competências:

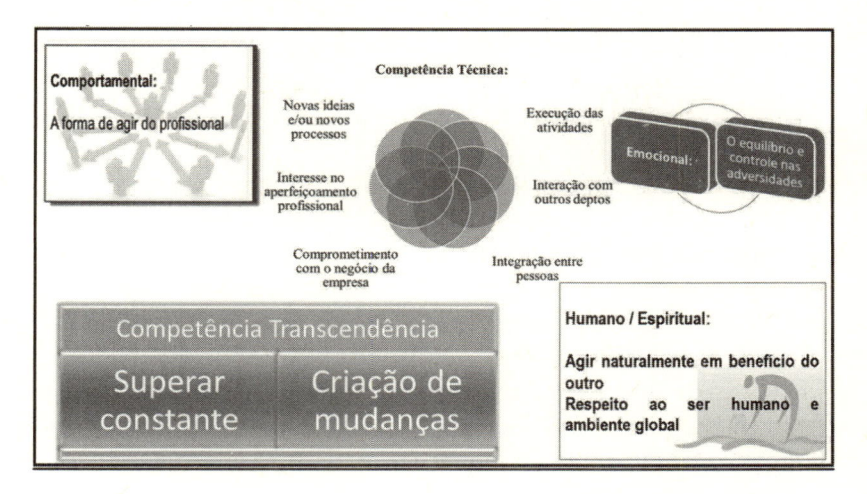

Competência técnica: é a ação do profissional na execução de funções específicas num cargo que requeira técnicas. Entendendo como técnico aquele que é perito numa atividade reconhecida.

Competência comportamental: é o conjunto de habilidades utilizadas no comportamento em prol de um melhor relacionamento na equipe de trabalho, atuando em grupo ou individualmente em busca do resultado da organização.

Competência emocional: é a capacidade do profissional em lidar com situações de estresse, mantendo equilíbrio entre a razão e a emoção, agindo com racionalidade durante a situação ou o conflito.

Competência espiritual: é a capacidade de agir do profissional como controle das adversidades contidas no cotidiano das organizações. No sentido da visão global da empresa e do homem, é o desenrolar do papel profissional com coerência em nobres sentimentos, facilitando e buscando a criação do ambiente organizacional para que colabore com a estabilidade e a integridade das pessoas.

Competência de transcendência: é a capacidade do profissional em aplicar todas as competências acima com a constante superação e a criação da distinção para as mudanças necessárias ao exercício do cargo, com facilidade no entendimento da missão do negócio da empresa e a aplicação de novos procedimentos e processos, com eficiência e resultados positivos ao negócio e às pessoas envolvidas.

A necessidade da valorização do empresário

Saber pensar rápido, com interpretação assertiva e ação imediata cumprindo prazos, estabelecendo relacionamentos e negociação importantes ao resultado do negócio, significa ter alta performance.

Ser empresário significa sentir-se oprimido por funcionários descontentes com a própria vida, ou o baixo entendimento sobre negócio. É estar pressionado com as legislações fiscais, das negociações coletivas e das relações comerciais impostas. É ser dono de negócio gerido por regras infinitas e com datas retroativas, a contradição é a teoria de planejamento estratégico, quando o futuro é brilhante se comparado a outros países.

Diante do cenário de riscos, o empresário arrisca o capital na geração de produtos e serviços, abre mão do seu tempo de convivência com a família e amigos para estar presente na empresa, em associações e reuniões com clientes, fornecedores, em reuniões sociais correlacionadas ao ambiente organizacional. É o responsável por pessoas, por profissionais, principalmente quando o risco está na fase de crescimento de pequeno a médio ou de médio para grande. Nessa hora, é preciso confiar em si mesmo, na tomada de decisão baseada em fatos e tantas outras, com subjetividade.

Na trajetória, fica o sentimento de injustiça; num Brasil, em que o empresário é visto como um vilão. Fiscais, sindicalistas e funcionários enxergam o dono do negócio como alguém que quer burlar, que a vida é fácil de ser vivida e, em contrapartida, quando a CLT foi criada, as relações e os conflitos do capital versus trabalho eram acirrados e com exploração. E o dono do negócio protegido. Contradições que o mundo moderno trouxe para que as pessoas busquem o equilíbrio.

Ao empresário fica a missão de participar com maior intensidade de associações de classe, para que possamos desenvolver pensamentos coletivos em prol do desenvolvimento econômico, para que grandes negociações possam ocorrer visando a diminuir custos empresariais, como logística, matéria-prima, insumos, financeiros, administrativos, dentre outros.

É preciso evidenciar que o empresário tem a missão de ser fonte de riqueza e geração de renda às pessoas, pela contratação de profissionais para trabalhar, da comercialização de produtos e serviços que geram impostos a serem revertidos em benefícios para a população. Empresas precisam nascer e crescer, com sustentabilidade, mas é preciso valorizar o papel do empresário.

33

Gestão do conhecimento, inovação e empreendedorismo nas relações de liderança no mundo do trabalho

O texto objetiva discutir a importância de líderes empresariais num ambiente efêmero, tendo a inovação e a gestão do conhecimento como elementos prementes, o que exige dos trabalhadores competências extras para enfrentar a concorrência mundial e, dos líderes, empreendedorismo e sensibilidade para ajudar esses trabalhadores a transporem seus próprios limites

Roberto Monastersky, MSc.

Roberto Monastersky, MSc.

Especialista em Desenvolvimento Humano e Organizacional com atuação em Recursos Humanos, desde 1987. Foi executivo no Walmart, Mclane Logistics, DHL e Unibanco, acumulando experiência profissional no Brasil, Estados Unidos da América, Chile e Argentina. Atuou como Consultor Sr. pela Kienbaum Consultants. É professor convidado pela FIA - Fundação Instituto de Administração para cursos de MBA. Em 2007, fundou a Monastersky Desenvolvimento Humano e Organizacional para promover soluções em Recursos Humanos voltadas a empresas multinacionais e nacionais de grande porte, empresas do segmento *middle* e para executivos, na pessoa física, em busca de programas de aprimoramento e desenvolvimento gerencial. É psicólogo especializado em organizações pela FFCL São Marcos, MBA em Recursos Humanos pela USP e mestre em Sociologia do Trabalho / Liderança nas Organizações, pela PUC-SP. Concluiu diversos cursos no Brasil e no Exterior, com certificação em ferramentas voltadas ao *assessment*, *coaching* e desenvolvimento organizacional.

Contatos
www.monastersky.com.br
roberto@monastersky.com.br
monastersky@terra.com.br
55 (11) 98133-5817

Max Weber, sempre atual, ao expressar as "afinidades eletivas" entre a ética protestante e o *ethos* capitalista, escreve:

> para saber quais as forças motrizes da expansão do capitalismo (moderno) não se precisa pôr em primeiro lugar a questão da origem das reservas monetárias valorizáveis como capital, e sim a questão do desenvolvimento do espírito capitalista [...] tal entrada em cena não foi pacífica. Uma onda de desconfiança, de ódio por vezes, sobretudo de indignação moral, levanta-se repetidamente contra o primeiro inovador [...]. Dificilmente se permite reconhecer com suficiente imparcialidade que só uma extraordinária firmeza de caráter é capaz de resguardar um desses empresários "novo estilo"... juntamente com a clarividência e capacidade de ação [...] lhes possibilitam angariar confiança desde logo indispensável dos clientes e operários [...] sobretudo para assumir o trabalho infinitamente mais intenso que agora é exigido do empresário e que é incompatível com um fácil gozo da vida – qualidades éticas –, todavia, de um tipo especificamente diverso das que eram adequadas ao tradicionalismo de outrora. (WEBER, 2012, p. 61)

Schumpeter demonstra afinidades com o pensamento weberiano no início do segundo capítulo do livro *O Fenômeno Fundamental do Desenvolvimento Econômico*, em que Weber é citado para se explicitar o sentido da palavra racionalização ali empregada.

Na obra de Schumpeter (1985) e Weber (2012), mesmo ambos tendo vivido momentos e circunstâncias diversas, pode-se perceber em seus relatos que a inovação sempre enfrenta algum tipo de resistência para que venha a prosperar, porém é sempre vista como necessária para que mudanças econômicas, tecnológicas, culturais, políticas e sociais possam ocorrer.

Schumpeter explica, a partir da teoria do desenvolvimento econômico, que longas ondas dos ciclos do desenvolvimento no capitalismo resultam da conjugação ou da combinação de inovações, as quais criam um setor líder que passa a impulsionar o crescimento rápido da economia.

O autor considera que o impulso fundamental que inicia e mantém o movimento da máquina capitalista decorre dos novos bens de consumo, dos novos métodos de produção ou transporte, dos novos mercados, das novas formas de organização industrial que a empresa capitalista cria. Ele ainda complementa que a abertura de novos mercados — estrangeiros ou domésticos — e o desenvolvimento organizacional, da oficina artesanal aos conglomerados, ilustra o mesmo processo de mutação industrial o qual incessantemente revoluciona a estrutura econômica a partir de dentro, destruindo a velha e criando uma nova.

Esse processo de destruição criativa é o fato essencial do capitalismo. É nisso que consiste o capitalismo, é assim que têm de viver as empresas capitalistas. Para Schumpeter, o capitalismo desenvolve-se em razão de sempre estimular o surgimento dos empreendedores, isto é, de capitalistas ou inventores extremamente criativos – os inovadores – que eram os responsáveis pelas ondas de prosperidade que o sistema conhecia.

Num ambiente de inovação, líderes assumem riscos e lidam com incertezas, dois ingredientes que geralmente criam resistência tanto em setores empresariais como de trabalhadores. Em um ambiente altamente agressivo e informatizado, como o do século presente, é possível sobreviver, empresarialmente, em setores muito competitivos sem inovar?

O contexto para a inovação extravasa as fronteiras da ciência e da tecnologia, campos geralmente associados à inovação, e alarga-se a outros domínios. Líderes utilizam a inovação como apoio ao desenvolvimento dos trabalhadores.

A inovação traz em si forças motrizes que, no essencial, são a investigação, a tecnologia, a concorrência, as competências dos trabalhadores, bem como a organização e a dinâmica de acesso à informação qualificada e estruturada, interagindo e articulando-se na geração de conhecimentos nas empresas em rede ao perseguir objetivos integrados. Criam-se, assim, as condições e um ambiente propício a uma cultura generalizada de inovação, catalisador absolutamente essencial da melhoria da competitividade de uma sociedade nos diversos campos de atuação. Inovar exige a capacidade de antecipar o futuro: qualidade fundamental de qualquer líder.

As oportunidades econômicas e sociais que a inovação traz podem extravasar o mundo da ciência pura e dura, e constituir um dos trunfos fundamentais para alcançar patamares de desenvolvimento social e econômico qualitativamente superiores. Simultaneamente podem gerar incertezas e medos aos trabalhadores relutantes, ou menos preparados em aceitá-las.

O contexto para a inovação gira em torno da sociedade e da economia, porém potencializado por um contexto educacional coerente.

A inovação é induzida pelo conhecimento enquanto força para a competitividade e criação de riqueza, dentro do *modus operandi* da atual economia. O valor econômico do conhecimento depende de sua utilização em atividades produtivas, e a sua adequação pode gerar produtos e serviços diferenciados, atrativos e competitivos, constituindo o catalisador da inovação.

O conhecimento com essas características pressiona um sistema de ensino de elevadíssima qualidade, num referencial internacional de excelência, e é por isso que cada vez mais são exigidas qualificações e novas competências do trabalhador.

Líderes de milhares de empresas ao redor do mundo estão fomentando universidades corporativas ou centros de treinamento dentro de sua estrutura (ex: General Eletric, General Motors, Citibank, Coca-Cola etc.) como forma de acelerar a qualificação e a geração de competências nos trabalhadores, melhorando a produtividade e as possibilidades de geração de novos conhecimentos.

O momento se caracteriza por mudanças aceleradas nos mercados, nas tecnologias, nas formas organizacionais, e a capacidade de gerar e absorver inovações vêm sendo considerada, mais do que nunca, crucial para que um agente econômico se torne competitivo e para que haja garantias de trabalho.

Entretanto, para acompanhar as rápidas mudanças em curso, torna-se de extrema relevância a aquisição de novas capacitações e conhecimentos, o que significa intensificar a capacidade dos trabalhadores, empresas, países e regiões de aprender e transformar esse aprendizado em fator de competitividade para si. Por esse motivo, vem-se denominando essa fase como a da economia baseada no conhecimento.

A gestão do conhecimento é uma área emergente, relacionada a técnicas e abordagens para a administração adequada do conhecimento corporativo, que possibilita às organizações o gerenciamento de assuntos referentes à sua competência e às suas estruturas organizacionais. A gestão do conhecimento ou do capital intelectual está entre os temas mais comentados no momento. Líderes empresariais, consultores e acadêmicos vêm falando do conhecimento como o principal ativo das organizações e como chave para uma vantagem competitiva sustentável, o que difere fortemente de qualquer concepção taylorfordista, na qual as máquinas é que tinham valor agregado. Agora, o valor agregado concentra-se nas relações de liderança no mundo do trabalho, ou seja, em líderes que consigam gerar conhecimentos e inovações utilizando a motivação e o envolvimento de trabalhadores, em tarefas enriquecidas de conteúdo e com altos índices de responsabilidade agregada.

Existem muitas interpretações para a definição de conhecimento. Nonaka (2000) diz seguir a epistemologia tradicional e afirma que o conhecimento pode ser definido como "uma crença justificadamente verdadeira".

Segundo Nonaka (ibid.), o conhecimento explícito ou codificado refere-se ao conhecimento transmissível em linguagem formal, sistemática, enquanto o conhecimento tácito possui qualidade pessoal, o que o torna mais difícil de formalizar e comunicar. O autor afirma que o conhecimento tácito está profundamente enraizado na ação, no comprometimento e no envolvimento em um contexto específico.

Podemos perceber que a tecnologia da informação permite a fácil transferência de conhecimento, porém apenas informações e alguns conhecimentos podem ser transferíveis. Elementos cruciais do conhecimento, implícitos nas práticas de pesquisa, desenvolvimento e produção não são facilmente transferíveis, pois estão enraizados em trabalhadores, organizações e locais específicos. Somente os que detêm esse tipo de conhecimento podem ser capazes de se adaptar às velozes mudanças que ocorrem nos mercados e nas tecnologias e gerar inovações em produtos, processos e formas organizacionais. Assim, um dos limites mais importantes à geração de inovação, por parte de líderes empresariais, países e regiões, é o não compartilhamento desses conhecimentos que permanecem específicos e intransferíveis.

Por outro lado, enormes esforços vêm sendo realizados para tornar novos conhecimentos apropriáveis, bem como para estimular a interação entre os diferentes agentes econômicos e sociais para a sua difusão e, consequentemente, geração de inovações. Reconhece-se, portanto, no contexto atual de intensa competição, que o conhecimento é a base fundamental e o aprendizado interativo é a melhor forma para trabalhadores, empresas, regiões e países estarem aptos a enfrentar as mudanças em curso, intensificarem a geração de inovações e se capacitarem para uma inserção mais positiva nessa fase.

As organizações de vários setores de serviços e da indústria deverão também ser reinventivas. Recordamos que Schumpeter (1988) considera invenção como uma ideia, uma descoberta, um esboço ou um modelo que poderá servir para a realização de um produto, processo, sistema novo ou aperfeiçoado, ou seja, os trabalhadores necessitam estar motivados para tudo isso, para a transformação que só o carisma das lideranças consegue empreender.

A nova empresa busca como base o conhecimento. Aos trabalhadores mais qualificados, cabe dirigir e disciplinar seu próprio desempenho, por meio do *feedback* sistemático de colegas, clientes e da alta administração. A chamada organização baseada em informações. Como exemplo, podemos citar o processo de avaliação de 360° graus para colher informações dos mais diversos níveis hierárquicos e transformá-las em planos de ação, treinamento e desenvolvimento para seus trabalhadores.

As mudanças na economia induzem a mudanças nas empresas, especialmente quando impõem a elas a necessidade de serem inovadoras e empreendedoras. A mudança é acima de tudo, exigência da tecnologia de informação, que é o dado investido de relevância e propósito. Assim, a conversão de dados em informação requer conhecimento.

As empresas baseadas em conhecimento demandam objetivos nítidos, simples e comuns que se traduzem em ações específicas. No entanto, elas também necessitam de concentração em um único objetivo ou, no máximo, em poucos objetivos, para manterem-se focadas.

As transformações ameaçam empregos, *status* e oportunidades de muitas pessoas nas empresas, principalmente dos gerentes de nível médio, de meia-idade, já há muito tempo na empresa, que, em geral, são os menos móveis e os que se sentem mais seguros no trabalho, na posição, nos relacionamentos e no comportamento.

A organização baseada em conhecimento também sofre com seus próprios problemas gerenciais específicos, ou seja, o desenvolvimento de recompensas, reconhecimento e oportunidades de carreira para os trabalhadores especialistas, exigência para que os líderes criem uma visão unificada impulsionando maior cooperação entre trabalhadores qualificados, certeza de seleção, preparação e teste do pessoal da alta administração, um dos desafios mais críticos quando pensamos no contexto da inovação.

Enfim, consideramos que as grandes inovações ocorrem pela competência de influenciar pessoas e processos que a alta administração conduz pela liderança.

Referências

NONAKA, I. *A empresa criadora de conhecimento*. In: Gestão do conhecimento / Harvard Business Review. 2a. ed. Tradução de Afonso Celso da Cunha Serra. Rio de Janeiro: Campus, 2000. p. 27-49.

SCHUMPETER, J. *O Fenômeno Fundamental do Desenvolvimento Econômico*. In: *A Teoria do Desenvolvimento Econômico*. Rio de Janeiro: Nova Cultural, 1985.

SCHUMPETER, J. *Teoria do desenvolvimento econômico: uma investigação sobre lucros, capital, crédito, juro e o ciclo econômico*. 3a. ed. São Paulo: Nova Cultural, 1988.

WEBER, M. A *Ética Protestante e o Espírito do Capitalismo*. São Paulo: Cia das Letras, 2012.

34

Consultoria em finanças pessoais: muito além de dicas

Cada vez mais, percebemos a preocupação das pessoas em relação a suas decisões financeiras, tanto para respeitar o orçamento doméstico, quanto para selecionar os melhores investimentos. Infelizmente, muitas delas ainda cuidam de suas finanças apoiadas em dicas, um comportamento ineficiente, para não dizer arriscado. Neste texto, vamos mostrar os fundamentos e a essência de uma condução inteligente e segura das finanças pessoais

Rodrigo José Guerra Leone

Rodrigo José Guerra Leone

Doutor em Otimização, mestre em Matemática e especialista em Administração Financeira. Profissional CPA-20 e consultor nas áreas de gestão de riqueza, gestão financeira, *asset allocation*, custos e formação de preço, *valuation*, estudos de viabilidade e reestruturação financeira. É professor do PPGA da Universidade Potiguar e autor dos livros Dicionário de Custos, Os 12 Mandamentos da Gestão de Custos, Curso de Contabilidade de Custos e Matemática Financeira e dos *e-books* Matemática Financeira Comentada e Planejamento Financeiro Pessoal. Nos últimos anos, ministrou palestras e cursos para mais de 5.000 pessoas, entre eles para a Petrobras, Vale, Eletrobrás, Amil, BNB, Correios e Souza Cruz e foi professor visitante na Espanha e na França. É apresentador do programa "Conta +" sobre finanças, economia e investimentos na RCTV e consultor financeiro para os assuntos econômicos nos programas e reportagens do Sistema Correio de Comunicação.

Contatos
www.gestorfp.com.br
rodrigo.leone@gestorfp.com.br

Cuidar das finanças pessoais é bem mais do que uma reunião, sem lógica e sem método, de atos, hábitos e produtos financeiros. Cuidar de suas finanças é montar um quebra-cabeça em que as peças – sua situação financeira atual, seu perfil de risco, seu comportamento, seus objetivos financeiros, os produtos financeiros disponíveis no mercado e o cenário econômico – se encaixam de forma eficaz, eficiente e efetiva. É usar o dinheiro de forma inteligente, com técnicas suportadas por planejamento, estratégia e disciplina.

Tratar das finanças pessoais é tratar da condução de nossa vida financeira, considerando todos os aspectos financeiros que nos dizem respeito e entendendo que eles estão ligados entre si, numa engrenagem única. Assim como para uma empresa, a gestão financeira para a pessoa física é um tema que requer conhecimento, habilidade e comportamento. Somente com gestão, é possível atingir os objetivos financeiros mantendo a qualidade de vida.

Queremos administrar nosso dinheiro dentro do contexto mais amplo de plano de vida. As finanças pessoais são os pilares e o oxigênio desse plano. Portanto, precisamos encará-la de forma completa e inter-relacionada, por meio de um processo integrado e orientado.

Os fatores de sucesso na gestão financeira pessoal

Para alcançar sucesso nas finanças pessoais, você precisa ter competência e comportamento e entender que a gestão financeira pessoal deve ser eficaz, eficiente e efetiva.

Competência e comportamento são fundamentos da educação financeira pessoal. Sem eles, você não constrói nada, muito menos algo sólido. A competência envolve conhecimento e habilidade/experiência, ou seja, envolve o saber e o saber fazer, a teoria e a prática. Já o comportamento é o resultado de seus valores e atitudes. É como você se posiciona e como você age. Em outras palavras, é querer fazer e fazer.

Eficácia, eficiência e efetividade são a essência da gestão financeira. Não faz sentido gerenciar, se não buscarmos a essência. É para isso que a gestão existe. Eficácia tem a ver com resultado e êxito, é chegar lá. Um planejamento eficaz define os objetivos apropriados e faz coisa certa. Eficiência tem a ver com processo, é o caminho até lá. Um planejamento eficiente identifica os meios apropriados e faz a coisa certa, da maneira correta. Finalmente, efetividade tem a ver com ser possível, com poder ser implementado. Não adianta termos planos eficazes e eficientes, se não tivermos como colocá-los em prática.

O processo de gestão financeira pessoal/familiar

Com educação financeira (fundamentos) e respeitando a essência da gestão, podemos estabelecer o processo de gestão financeira pessoal. O que elaboramos e utilizamos com nossos clientes tem cinco etapas: (1) o diagnóstico financeiro, que nós gostamos de chamar de levantamento do status quo financeiro, (2) formalização dos objetivos financeiros, (3) estabelecimento dos planos de ação, (4) execução e (5) adequação dos instrumentos de medição e controle, as revisões e os ajustes.

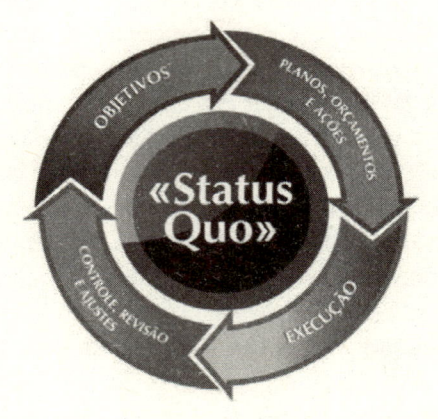

Na etapa do diagnóstico financeiro, buscamos conhecer a situação financeira do cliente: quanto ganha, como ganha, quanto gasta, como gasta, quais suas responsabilidades financeiras, quais as suas atitudes, os seus valores e as suas expectativas em relação ao dinheiro, qual a sua tolerância ao risco, quais os seus ativos e quais os seus passivos, além, é claro, de levantar as informações sócio-demográficas. Essa é a fase de saber onde e como estamos em relação às finanças.

Na etapa dos objetivos, a tarefa é defini-los. É essencial que os objetivos a ser atingidos sejam apropriados, realizáveis e bem delimitados. É a fase do onde queremos e onde podemos chegar.

Costumamos classificar os objetivos em primários e secundários. Os objetivos primários são aqueles que visam à recuperação e à preservação do padrão de vida (hoje e no futuro, seu e de seus dependentes). Os objetivos secundários são aqueles voltados para a melhora do padrão de vida.

Recuperar o padrão de vida significa recuperar o crédito e planejar o pagamento das dívidas; preservar o padrão de vida é organizar e controlar o fluxo de caixa, gerenciar o crédito, proteger-se contra os riscos, minimizar o pagamento de tributos, planejar a sucessão de seus bens, planejar educação e carreira e planejar a aposentadoria.

A etapa dos planos e ações depende diretamente das etapas anteriores: é nela que vamos traçar o planejamento ótimo para lhe levar de onde está para onde quer e pode chegar. Veja que o termo "ótimo" significa a melhor solução dentre as soluções possíveis, ou seja, é a solução mais adequada para seu perfil e objetivos. É a solução ideal.

Costumamos dividir essa etapa em três partes: a parte 1 diz respeito ao dimensionamento. Nela, vamos calcular o que é preciso conseguir para lhe levar do seu status quo para seus objetivos; a parte 2 diz respeito à escolha do meio em que serão implantados os planos e as ações; finalmente, a parte 3 trata das estratégias e táticas que serão utilizadas.

A etapa de execução é o momento de por os planos em prática. Essa etapa pode caber ao cliente, se a consultoria apenas envolver o planejamento, ou à consultoria, se o serviço envolver a gestão completa. De qualquer forma, é imprescindível que o planejamento seja posto em prática: planos e decisões que não são executados não passam de boa vontade.

Na etapa dos instrumentos de medição e controle, estabelecemos um sistema de medição de desempenho, metas intermediárias e parâmetros de comparação. Esse sistema precisará focar as perspectivas condizentes com os objetivos, os planos traçados na etapa anterior e é essencial para as revisões e os ajustes.

Essas revisões podem ser periódicas ou podem acontecer quando houver necessidade. Obviamente, só saberemos da necessidade se estivermos medindo e se tivermos parâmetros. O objetivo aqui é acompanhar o avanço rumo aos objetivos traçados, de acordo com o planejado, e alertar para qualquer desvio além do aceitável.

Atuação da consultoria

As pessoas têm necessidades diferenciadas e específicas: são o status quo financeiro (situação e características financeiras individuais) e o cenário econômico que vão determinar a solução ideal para o alcance dos objetivos traçados. Acontece que nem todas as pessoas têm conhecimento, tempo e disciplina suficientes para selecionar as soluções mais adequadas dentre aquelas oferecidas pelo mercado financeiro.

As instituições participantes desse mercado (bancos, seguradoras, corretoras, distribuidoras, etc.) desenvolvem, oferecem e/ou distribuem essas soluções: produtos e serviços financeiros próprios ou de terceiros. Entretanto, quase sempre, privilegiam as soluções com as quais são mais bem remuneradas. Isto é, as instituições têm suas soluções "de prateleira" e encaixam as necessidades dos clientes nas características dessas soluções. Uma inversão de valores, gerada por um conflito de interesses.

A consultoria precisa se inserir, de forma isenta e independente, entre as instituições financeiras e o cliente, buscando as soluções mais eficientes e atuando em prol da melhor gestão financeira possível.

Serviços oferecidos pela consultoria

Controle do caixa

Controlar o caixa mensal é base para a gestão financeira pessoal. É uma obrigação de toda pessoa física, pois, só com esse controle, conseguimos manter nossas contas no positivo e ter segurança sobre a existência de superávit mensal.

Não confunda controlar o fluxo de caixa mensal com conhecer o fluxo de caixa mensal. O objetivo de controlar ultrapassa o de conhecer. Conhecer faz parte do diagnóstico financeiro. Controlar é usar as informações levantadas e avaliadas no diagnóstico para, no mínimo, preservar o padrão de vida.

Gestão de crédito e dívidas

Gerenciar o crédito é saber o que fazer com ele: não abusar do crédito disponível e buscar sempre aumentá-lo e melhorá-lo. O crédito é uma disponibilidade e tê-lo não lhe obriga a usá-lo. Ter crédito é uma garantia, é segurança. Gerenciá-lo tem impacto direto nos planos para acúmulo de riqueza e na qualidade de vida, uma vez que o crédito permite a compra de alguns bens, sem risco de colocar seu orçamento doméstico em desordem.

O objetivo de gerenciar o crédito demanda planejamento. Queremos nos desviar das armadilhas (crédito fácil e sem burocracia, prestações que cabem no seu bolso, etc.) e construir um bom histórico. Talvez você nunca utilize esse crédito, mas é um alívio saber que ele estará lá se você precisar.

Gerenciar as dívidas não significa quitá-las imediatamente, mas, sim, livrar-se dos problemas que elas causam. Queremos nos livrar das altas taxas de juros do cartão de crédito e do cheque especial, queremos nos livrar das prestações daquele empréstimo bancário feito diretamente no caixa eletrônico, queremos limpar nosso nome, livrar-nos da cobrança dos credores, voltar a ter crédito e queremos sair do vermelho.

Proteção contra riscos

A proteção contra riscos deve considerar os riscos de contingências, hoje e no futuro, e os riscos do mercado financeiro.

Proteger-se contra riscos de contingências, como objetivo de manutenção do padrão de vida no presente, significa se precaver contra as incertezas e qualquer infortúnio que possam destruir seu bem-estar financeiro atual.

Os riscos a que estamos expostos e que afetam nossa vida financeira (e de nossa família) no presente são bem variados: morte, doença, acidente, roubo, desemprego, invalidez, divórcio, crise econômica e volatilidade do mercado de ações. Esse último pode ser evitado, os outros não, por isso devem ser gerenciados, para o bem das finanças da família. Riscos de contingências não gerenciados podem por em cheque o orçamento doméstico e destruir o patrimônio acumulado durante anos.

Proteger-se contra riscos do mercado financeiro significa ter estratégias e táticas de defesa de seus ativos, principalmente dos ativos financeiros, contra a volatilidade do mercado financeiro.

Planejamento tributário

Planejamento tributário significa ter um mecanismo que aja de forma corretiva e/ou preventiva, dentro das alternativas legais existentes, para evitar o excesso de tributação. O fundamento por trás desse objetivo é se certificar de que você aproveitará todas as deduções a que tem direito, tirando vantagem das várias provisões que vão minimizar suas obrigações fiscais. Esse objetivo está intimamente ligado aos objetivos de aposentadoria e sucessão.

Planejamento sucessório

Planejar a sucessão de seu patrimônio significa criar condições de acumular, preservar e distribuir sua riqueza, em vida ou após sua morte, minimizando os efeitos da carga tributária e os custos administrativos e, dessa forma, conseguir maximizar o montante que seus dependentes, herdeiros e beneficiários receberão. Esse objetivo está ligado, evidentemente, ao objetivo de minimizar os efeitos da tributação, mas também tem relação com o planejamento para contratação de seguros e para a aposentadoria.

Planejamento de aposentadoria

A longevidade das pessoas está aumentando – vive-se por mais tempo e mais ativamente. A aposentadoria torna-se, cada vez mais, um período de usufruto, com vida social, lazer e viagens, e não apenas uma espera sedentária. Esse fato, associado ao crescente preço da alimentação e dos cuidados com a saúde, eleva consideravelmente as necessidades financeiras, que ficarão ainda maiores nos próximos anos. Cabe a nós, e não ao Estado, garantir – mesmo que recheado de incerteza quanto aos parâmetros (por exemplo, gastos mensais, prazo, inflação e rentabilidade média) – nosso bem-estar financeiro na aposentadoria.

Planejamento de investimentos

Planejar seus investimentos, também chamado de alocação de ativos, significa montar uma carteira diversificada de investimentos que balanceie rentabilidade, risco e liquidez, focando nos seus objetivos e respeitando suas características e necessidades atuais.

35

Empreender com a vida

Milhares de pessoas iniciam novos empreendimentos todos os dias em nosso país, mas o índice é grande de empresas que fecham as portas no seu primeiro ano de vida. Empreender com a vida é se entregar de corpo e alma ao que se propõe fazer. É dedicar-se ao máximo, não descuidando do seu negócio. São pequenos detalhes que fortalecem as empresas e as fazem obter solidez

Rodrigo Machado

Rodrigo Machado

Professional Coach membro da SLAC - Sociedade Latino Americana de *Coaching*, Consultor em Gestão Empresarial, Administrador graduado pela UnB - Universidade de Brasília, Gerente pela empresa PREMIX no Tocantins, Coordenador em Logística e Supervisor de Vendas pela BONASA - Asa Alimentos, Gerente pelos Laticínios JUSSARA, com foco em vendas e implantação de BPF - Boas Práticas de Fabricação, Supervisor de vendas pela empresa BOLAMEL e palestrante motivacional nas empresas que trabalhou.

Contatos
om-rod@hotmail.com
omrodcoach@gmail.com
Facebook: /roliveiramachado
Linkedin: Rodrigo Machado
Telefone e Whatsapp: (16) 99392-2888

A origem do ser humano, por si só, é uma atitude empreendedora. Em um ato de bravura, coragem, paciência e persistência, um espermatozoide se torna o maior empreendedor entre milhares e fecunda um óvulo, gerando o ser humano. Nossa natureza é empreendedora. Portanto, nossa parte na história é desenvolver essa característica com qualidade.

Lembro-me da minha infância. Desde pequeno, demonstrava atitudes empreendedoras: fazer brinquedos, criar novas brincadeiras, customizar roupas e calçados etc. Com 10 ou 11 anos, eu e amigos demonstrávamos vontade de aprender a cozinhar. Construímos um fogão no quintal da casa de um coleguinha, com entulhos de tijolos e madeira, onde fazíamos sempre arroz misturado com alguma coisa, como as exóticas folhas de taiobas picadas, uma folhagem que nasce em matas próximas à nascente de água.

Recordo-me das vezes que ganhei torneios de empino de pipas, da mais criativa, maior, menor e a mais bonita do torneio. Entre meus 10 e 13 anos, empreendi muitas coisas que me ajudaram a formar minha carreira profissional e me dignificou como ser humano. Vendia sabão em barras de casa em casa, doces, sacolés, *din din* ou *chup chup*, dependendo da região do país, no intervalo de almoço em indústrias de calçados, picolés em estádio de futebol, dentre outras coisas.

Mas o que marcou minha vida como uma atitude empreendedora foi quando instalou em minha cidade (Franca/SP) o primeiro hipermercado, cheio de ideias novas e modo de trabalhar diferente da cultura local. O grande diferencial e a oportunidade enxergada por mim com a idade de 12 anos e mais dois amigos com a mesma idade foi que o hipermercado não tinha empacotadores junto aos *check-outs* (caixas) e isso deixava os clientes constrangidos.

Quando percebemos esse nicho do mercado, começamos a encostar aos *check-outs* e perguntar aos clientes se gostariam da nossa ajuda para empacotar os produtos e empurrar o carrinho até seus automóveis, ajudando a guardar as compras. Por esse trabalho, não ganhávamos nada do hipermercado, mas ganhávamos gorjetas preciosas dos clientes.

Passados dois meses, o gerente do hipermercado nos chamou na sala dele e nos fez a proposta de trabalhar no mercado como funcionários temporários, já que não tínhamos idade, com uniforme e tudo. Ficamos felizes e nossa clientela também!

São atitudes de empreendedorismo como esta que transformam ambientes e realidades.

Tive outras atitudes de empreendedorismo. Trabalhei na loja que tirava fotocópias de projetos e planta baixa de casas e galpões industriais. Tive a primeira franquia de time de futebol famoso em minha cidade (um centro de treinamento do Flamengo). E, empreendendo algo novo em outro Estado, as primeiras massas caseiras de macarrão e as porções de mandioca já cortadas, descascadas, embaladas e congeladas da cidade de Araguaína, em Tocantins.

Também desenvolvi algumas atitudes de empreendedorismo social, fazendo *marmitex* com amigos e distribuindo nas madrugadas dos finais de semana, para moradores de rua e usuários de entorpecentes.

Nós, brasileiros, temos em nosso gene a propensão ao empreendedorismo.

Segundo a pesquisa da GEM (Global Entrepreneurship Monitor), de 31/03/2015, o Brasil está no topo do empreendedorismo em primeiro lugar, à frente de nações como China, Estados Unidos, Reino Unido, Japão e França, sendo que 03 em cada 10 brasileiros entre 18 e 64 anos possuem uma empresa ou estão envolvidos com um negócio próprio. É um número alto e mostra que somos um povo que tem sede em abrir seu próprio negócio e empreender coisas novas.

A minha preocupação é que, segundo dados de 12 anos de acompanhamento do SEBRAE/SP, 27% dessas empresas fecham as portas no seu primeiro ano.

Eis as causas do fechamento das empresas:
- Comportamento empreendedor pouco desenvolvido;
- Falta de planejamento prévio;
- Gestão deficiente do negócio;
- Insuficiência de políticas de apoio;
- Flutuações na conjuntura econômica;
- Problemas pessoais dos proprietários.

Percebemos que a maioria das causas de falência no primeiro ano é de responsabilidade do empreendedor.

Em meus empreendimentos, pequei nesses quesitos e acabei indo à falência. Não tive bom planejamento e bom fluxo de caixa aliado a uma boa gestão para gerir meus negócios.

Nascemos com atitude empreendedora, mas precisamos desenvolvê-la e nos capacitarmos. Necessitamos ter bom planejamento, boa gestão e não misturar a vida particular e os problemas pessoais com a empresa.

O método violão: visão, valores, inovação, organização, liderança, ação e amor, que consta no livro *Estratégias Empresariais para Pequenas e Médias Empresas*, da Editora Ser Mais, mostra como aplicar esses princípios básicos para o negócio prosperar e o empreendedor obter sucesso.

Aprendi vivenciando o problema, sofrendo as consequências, sentindo as dores. Mas você pode avaliar os exemplos e as dicas para que não sofra as consequências de uma má administração e seja um empreendedor de sucesso.

Você tem um sonho?

Não está vendo a luz no final do túnel?

Como consultor, meu trabalho é orientar, ajustar, organizar e proporcionar ao empreendedor tranquilidade para investir, inovar, conquistar novos clientes e fazer novas aquisições, sabendo que existem controles que lhe dão uma retaguarda e segurança para dar os passos.

Como *coach*, trabalho ajudando pessoas e empresas a terem alta *performance*. Traçando metas e objetivos, dando os passos para cumpri-las, aliados a um bom plano de ação e muita disciplina. Assim, se torna possível realizar sonhos.

O que você quer para sua vida? O que você quer para sua empresa? Qual seu propósito de vida? Pode ser que o que o trouxe até aqui não o leve adiante! Quer mudar sua situação atual e atingir o estado desejado?

Não precisamos ser Einstein para empreender algo. Somos capazes e podemos concretizar qualquer projeto. Basta dar o *start*, com foco, determinação e fé!

O sinal está verde. Mova-se! O que está esperando?

Busque conhecimento com pessoas que são referência no meio em que quer crescer. Invista em estudos e relacionamentos. Busque qualificação.

A estrada está aberta, trace sua rota, faça seu plano de ação e vá em frente! Ah, não esqueça o planejamento! São pequenos detalhes que nos fazem parar no acostamento.

Três atitudes fundamentais para empreender um negócio:

- **Uma avaliação da sua vocação para o negócio que quer empreender;**
- **Uma pesquisa no mercado que vai atuar;**
- **Um planejamento financeiro, sem descapitalizar seu negócio.**

Primeira atitude:
Faça uma avaliação da sua vocação para o negócio que quer empreender.

Procure um consultor de negócios que o oriente sobre sua vocação, ou o próprio SEBRAE, que tem profissionais que orientam e avaliam sua vocação para o negócio.

Analise com calma suas competências, sua capacidade de gestão no ramo de atividade, a energia que está disposto a colocar no negócio.

É importante avaliar esses pontos. Agir com senso crítico apurado, sem decidir pela emoção da vontade ou do sonho de abrir o negócio.

Segunda atitude:
Faça uma pesquisa no mercado em que vai atuar.

Levante as empresas que existem na sua região, no mesmo ramo de atuação. Procure conhecê-las e analisar seu funcionamento. Troque ideias com funcionários para entender melhor o negócio.

Conheça seus concorrentes e a importância de cada um no mercado.

Avalie pontos fortes e fracos dos concorrentes, para que possa fazer diferente e tenha diferencial em seu negócio.

Terceira atitude:
Faça um planejamento financeiro, sem descapitalizar seu negócio.

Essa é a terceira e mais importante atitude de um novo empreendedor. Muitas empresas não sobrevivem ao seu primeiro ano de vida por descontrole financeiro e má administração. Os empreendedores iniciam seus negócios e querem viver dele, fazendo retiradas do dinheiro em caixa, descapitalizando a empresa.

Todo negócio necessita de um capital de giro para se manter, ou seja, o dinheiro que entra no dia a dia com as vendas necessita ser armazenado para pagar as contas que o negócio gera: impostos, compra de matéria-prima, salários de funcionários, energia elétrica, água, escritório contábil, propagandas etc.

Tenha bom fluxo de caixa. Acompanhe as receitas e despesas, analisando a curto, médio e longo prazo o grau de endividamento da empresa, a saúde financeira do negócio.

Nos primeiros meses do negócio, não se pode tirar dinheiro para uso pessoal, muito menos misturar vida particular ou familiar com a empresa que você abriu. Se desfocar, leva a empresa à falência.

Enfim, empreender com a vida é se entregar de corpo e alma ao que se propor a fazer. É se dedicar ao máximo, com foco, não descuidando do seu negócio. São nos pequenos detalhes que as empresas fortalecem, crescem e ganham espaço no mercado, com solidez e estabilidade.

Referências
Estratégias Empresariais para Pequenas e Médias Empresas. São Paulo: Ser Mais, 2015, p. 273 - 280.

Sites
Pesquisa Global Entrepreneurship Monitor (GEM) coloca o país na primeira posição, à frente de nações como China, Estados Unidos, Reino Unido, Japão e França. Disponível em: <http://economia.ig.com.br/financas/seunegocio/2015-03-31/brasil-esta-no-topo-do-ranking-mundial-de-empreendedorismo.html>
Pesquisas sobre micro e pequenas empresas paulistas. Disponível em: <http://www.sebraesp.com.br/index.php/235-uncategorised/institucional/pesquisas-sobre-micro-e-pequenas-empresas-paulistas/mortalidade-das-empresas>

36

Autogerenciamento
As três chaves do empreendedor de sucesso

Autogerenciamento é o tema principal do texto, com destaque para as três chaves que o empreendedor possui: tempo, disciplina e financeiro. Como ser um empreendedor de sucesso? Como utilizar as três chaves? Todos podem tê-las? Como funcionam? Ótima leitura!

Sandro Duarte

Sandro Duarte

Formação em *Marketing* e *Coach* pela IA Performa, com certificação internacional pela FCU – Florida Christian University. Sócio Diretor da Clínica Indaiá Serviços de Saúde. Consultor e palestrante.

Contatos
www.clinicaindaia.com.br
sandrowow@gmail.com
oportunidade.certa@yahoo.com.br
(11) 3431-0725
(11) 95336-0141 - Tim

A primeira pergunta que faço é: "Você se considera um empreendedor de sucesso?" Se não se considera, o que falta?

O sucesso é algo que buscamos. Em qualquer atividade, buscar o sucesso é ter um diferencial no mercado. Para o empreendedor, ter sucesso é a realização pessoal e profissional. Você é um empreendedor de sucesso? Imagine que possui uma porta para abrir e tem três chaves. Como empreendedor, possui vantagem em relação aos funcionários e colaboradores. Portanto, escolha a chave e encontre o sucesso.

Chave 1 – Tempo

O funcionário de uma empresa não possui controle sobre seu tempo, que é vendido por determinadas horas. O contratante estabelece o horário que deverá ser cumprido. O tempo é valioso na vida. Quando perguntamos: o que é perder tempo? Imediatamente, a maioria das pessoas responde: "perder dinheiro." Esta é uma crença de que se você não está fazendo algo, não ganha dinheiro e, se não está ganhando, está perdendo. E, quem disse que, ao deixar de fazer algo, se perde dinheiro? Ou que trabalho é sinônimo de dinheiro? O que trago neste artigo é que, quem tem tempo, tem vida. Este é um conceito que muda completamente nossa crença sobre produtividade.

Ou seja, quanto mais vida se tem, mais qualidade possuímos. O empreendedor consegue ter vida com maior qualidade ao terceirizar suas atividades. Essa é a primeira chave do empreendedor, administrar seu tempo para que tenha mais qualidade de vida. Muitos empregados desejam ter mais tempo com sua família, porém não conseguem. Tempo é o grande diferencial do empreendedor. Portanto, ter controle do tempo é importante. Se souber utilizar com eficiência e eficácia, fará sucesso. Para que você, empreendedor, tenha sucesso no seu desenvolvimento do tempo, três coisas são importantes lembrar:

1° Planejamento – é importante ter uma agenda com as prioridades, com os melhores horários para ser produtivo.

2° Habilidade – administrar o tempo que temos é indispensável. Muitos começam seus planejamentos, porém não praticam. A habilidade vem do conhecimento e da prática para que possa ter a desenvoltura e o resultado que se deseja. Praticar é a melhor forma de se alcançar a habilidade.

3° Determinação – para planejar e praticar de forma sistemática, o empreendedor precisa ser determinado. Seu plano será sustentável agindo de forma determinada.

Tudo o que precisa ser feito, faça. Pois, o menor esforço gera resultado. Agora, imagine um esforço com planejamento, habilidade e determinação!

Quanto melhor for o planejamento, maior será o desempenho do tempo. Planejando uma tarefa e seguindo o horário estabelecido consegue-se evitar o agir por impulsividade. As pessoas desperdiçam seu tempo, deixando de produzir para fazer outra atividade com prazer momentâneo. Quem deseja ter sucesso não perde tempo, não perde vida!

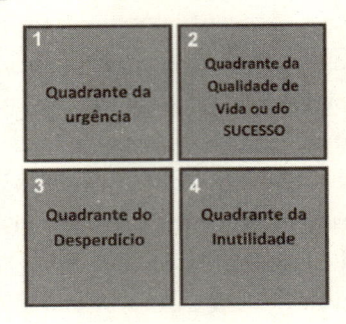

Figura 1 - Quadrantes da vida

Preste atenção no quadrante 01. Veja quantas vezes as pessoas perdem tempo correndo atrás de algo para resolver ou pelo desejo de ficar mais um pouco na cama antes de levantar pela manhã ou adiar algo para o dia seguinte. Como organizar o quadrante da urgência em relação ao nosso tempo? Tudo o que é urgente e importante gera estresse e não traz resultado, geralmente foge do nosso controle. Veja que, no quadrante 02, existe tempo para trabalhar, para brincar, para a família, para os amigos e para si mesmo, pois há planejamento. As ações são planejadas e o trabalho é planejado. Você gostaria de estar no quadrante do sucesso?

Acompanhe o quadrante 3, do desperdício. Quantas pessoas perdem tempo com assuntos banais. Lamentam pela chuva ou pelo sol, por lavar a louça e por tudo que fazem. Perder tempo é perder vida. Quantas vezes você se deixa roubar por outros ou rouba a vida de outro com banalidades?

Posso sair a hora que eu desejar, abrir meu negócio o horário que eu quero, marcar a reunião para outro dia, faltar sem avisar - sou o dono ou o sócio -, gastar meu dinheiro sem previsão - sei que meus clientes virão -; se o cliente não vem mais, ele que perde de ser atendido por mim; se perco um cliente, vem outro; posso atrasar o pagamento do funcionário, pois podem esperar; falo com meus funcionários do jeito que quero; considero bobeira chamar empregado de colaborador; faço um favor ao funcionário de dar o emprego; não tem problemas o colaborador chegar atrasado; sem problema ele sair mais cedo todos os dias, afinal eu posso terminar; delegar função é besteira; registrar o funcionário é jogar dinheiro no lixo; pagar imposto para quê?; vou levando a vida do jeito que dá para viver; o estresse faz parte dos negócios; informatizar não é para meu negócio; inovação é trabalhar todo dia, o resto é baboseira são exemplos de desperdício de tempo.

Veja que existem afirmações diversas para quem está à frente de um negócio e, se uma dessas colocações fazem parte de seu dia a dia no trabalho, você está nos quadrantes 01 e 03. Que tipo de pessoa já se interessou por seu negócio: um empresário bem-sucedido ou outro na mesma situação que você? Como é que ele está? Quer uma vida maior ou dividir a falência?

Você achou que desperdício é algo complicado? Então, o que acha das pessoas que vivem na inutilidade? O quadrante 4 mostra o quanto de vida as pessoas perdem com redes sociais, jogando, conversando sobre nada que agregue valor, brigando por inutilidade. Quanto tempo poderiam ter usado para produzir ou fazer sua sorte acontecer enquanto jogam sua vida pelo ralo?

O que uma pessoa que desperdiça seu tempo faria no sucesso? Nada! Continuaria a desperdiçar vida até voltar à situação em que se encontrava antes, pois não está preparada para ser um sucesso. Estas são crenças que destroem, na vida pessoal e na empresarial. Como alguém que vive correndo para apagar fogo consegue ter tempo para pensar em uma solução inovadora em seu negócio? Os maus hábitos tomam o tempo até em atos corriqueiros como postar em redes sociais e trocar mensagens em celular. Tempo é mais do que dinheiro, tempo é produtividade sem estar se ocupando; e ocupação não é necessariamente produtividade e acima de tudo, tempo é vida. Vida com a família, amigos, sociedade, empresa e tudo mais que desejar.

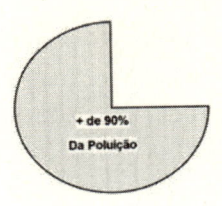

Figura 2 – Mais de 90% da população

Por meio do gráfico, veja que mais de 90% da população tem uma vida de urgência, desperdício e inutilidade. As pessoas correm atrás de coisas que eram para ter feito, jogam vida fora com algo que as fazem felizes no momento, porém as fazem sofrer a longo prazo. São fixadas em programações diárias que as deixam alienadas a uma rotina interminável e não conhecem seu real potencial. Vivem camufladas na pequenez das rotinas e das falácias sem ação. Para ter Sucesso é preciso ser Líder de Si. Como pode não ser líder de si e querer liderar? Tempo e Vida são para as pessoas de Sucesso.

O que pretende fazer? Como trabalhará seu tempo/vida? É líder de si? É uma pessoa de sucesso? Esteja disposto a mudar o padrão de vida que leva, gerenciando as atividades do dia a dia e tornar – se um sucesso no seu negócio. Não existe nada de anormal para alcançar estes resultados, é preciso estar disposto a colocar-se em ação, sair da massa pensadora e ser diferente. De acordo com o gráfico acima, há muito espaço para pessoas de sucesso.

Chave 2 – Disciplina

O sucesso do empreendedor está no autogerir suas atividades. O empreendedor com autodisciplina pode criar novos hábitos de pensamento, ação e linguagem para ajudá-lo a obter suas metas e atingir seus objetivos.

A disciplina de como fazer as atividades é o que diferencia o empreendedor do colaborador. Ter autodisciplina ajuda o empreendedor a alcançar novas metas, por meio de pequenas tarefas específicas, auxilia na estabilidade em como enfrentar novos desafios com um esforço positivo. É a chave para seguir um planejamento bem elaborado de seu negócio, com as orientações de tutores preestabelecidos.

O empreendedor precisa ver com clareza seus objetivos, saber como se encontra na empresa, aonde deseja chegar ou o que quer alcançar. Visualizar o que se deseja é tão importante quanto entrar em ação, de forma que esteja claro tudo o que irá realizar. Os objetivos devem estar descritos em sua estratégia de negócio. Assim como metas audaciosas. Já viu algum empresário não ter metas? Os fracassados não têm. Mas o empreendedor de sucesso têm metas audaciosas. O processo de autogerenciamento da vida profissional dá a capacidade de traçar a estratégia correta para a super meta.

Existem dois tipos de indivíduos, os que dão desculpas por terem negócios falidos e aqueles que traçam uma ação e buscam resultados sem contar historinhas. Qual deles está sendo no seu negócio? Está contando histórias para justificar seus resultados ou busca, mesmo que em desafios, escrever uma nova história para o empreendimento? A decisão será sempre sua, o impacto de uma ação como empreendedor reflete em muitos outros, qual você está causando?

Toda pessoa bem-sucedida tem um motivo para suas realizações. Outro assunto é o motivo pelo qual desenvolve seu negócio, que sentido ele tem para você? Se este não for o maior motivo de seu trabalho, deve ser um deles: a satisfação dos clientes / colaboradores. O empreendedor é o indivíduo que se esmera com a satisfação do cliente. É a pessoa que ajuda seus colaboradores. Está atento aos acontecimentos em relação ao seu negócio. Sabe o que os clientes esperam dele e surpreende. Por ter uma atitude exemplar e acompanhar seus colaboradores, satisfaz seus clientes, com sua presença e conhecimento de causa sobre o negócio. Para isso, é necessário disciplina.

De acordo com o que vimos na figura 1, ter disciplina para gerir tempo e negócio é essencial. Para ter sucesso, é preciso que o empreendedor seja um sucesso. Se você está sendo um sucesso, outros verão e o seguirão. As pessoas gostam de estar com aqueles que possuem sucesso.

Você é um empreendedor de sucesso? Veja que a chave 1 e a 2 estão intrinsicamente ligadas. Quando se tem tempo/vida, consegue ter planejamento e segui-lo com disciplina, trazendo excelência nas atividades.

Chave 3 – Controle financeiro

A terceira chave dos empreendedores de sucesso é algo desafiador. É o que diferencia os empreendedores dos empregados.

Ter controle sobre suas finanças. Saber quanto entra e quanto sai é simples. Quando algo é simples de se fazer, também é simples de não fazer. Até esse ponto, o colaborador pode fazer, porém usar seu tempo para aumentar seus rendimentos é algo que faltará aos funcionários.

Controle financeiro dá a visão completa de como está o negócio. Essa chave desafia por suas crenças e valores em relação a pessoas e negócios. Saber como agir em diferentes ciclos que o mercado apresenta é ter a capacidade de adaptar-se a diversas ocasiões que possam interferir ou não no negócio. Quem está aberto para serviços e produtos sempre está sujeito às interferências macroeconômicas que possam atingir o negócio. Estar preparado financeiramente é como ter uma blindagem sobre o que faz.

A disciplina para gastar menos do que se ganha parece simples, só que somos humanos e as relações não são tão simples quanto parecem. Qualquer alteração no emocional, desencadeia uma ação de querer suprir as necessidades por meio do financeiro. As compras agem como uma espécie de fuga das emoções. Para o empreendedor, essa é uma armadilha quando não possui um plano de ação. A preparação do plano financeiro é a chave que faltava para o empreendedor ter o sucesso esperado. Precisamos lembrar que, para termos sucesso financeiramente, é preciso disciplina. Não importa quanto entre em sua conta, saber utilizar o recurso é importante.

Como está seu controle financeiro? Você tem anotado tudo o que compra e tudo o que vende? E os custos pessoais? Sua conta empresa é separada de sua conta pessoal? Consegue ver a cor do dinheiro? Tem poupado 10% de seus ganhos? Se não conseguiu responder às perguntas, procure um profissional para ajudá-lo. Ter sucesso é utilizar as três chaves que comentamos: tempo + disciplina + financeiro = sucesso.

A receita é simples. Basta ser exemplo no que faz, agindo de forma sustentável para alcançar os resultados e o planejamento como estratégia para atingir o sonho ou o objetivo. A habilidade de autogerir é uma capacidade que se aprende. Lidar com situações adversas ao negócio são experiências que o fazem cada vez mais sucedido. O empreendedor tem interesses diversos, objetivos e conflitos. Saber usar as habilidades de autogerenciamento na vida dá destaque ao profissional, pela forma de pensar e se comportar diante de cada situação.

Um empreendedor que gerencie seus negócios com maestria torna-se exemplo prático de vida que corresponde a resultados sustentáveis. Todo negócio advindo de uma estratégia de conduta de autogerenciamento gera resultados focados e direcionados ao sucesso. Sucesso, empreendedores campeões!

37

Em perspectiva: o desenvolvimento de competências do empreendedor corporativo

Este artigo é destinado àqueles que buscam uma abordagem sobre o desenvolvimento de competências do empreendedor corporativo, com foco para a compreensão de questões relevantes que deem suporte ao desenvolvimento e à atuação desses agentes de transformação, capazes de responder, de forma empreendedora e inovadora, aos desafios cada vez mais complexos que se impõem aos profissionais e às organizações

Sheila Malta Santos

Sheila Malta Santos

Graduada em Psicologia, pelo Centro
Unificado de Brasília (Ceub). Especialista
em Administração de Recursos Humanos,
pela Fundação Getulio Vargas (FGV);
Educação Continuada e a Distância, pela
Universidade de Brasília (UnB); Direito e
Gestão dos Serviços Sociais Autônomos,
pelo Instituto Brasiliense de Direito Público
(IDP); Mestre em Psicologia Social e do
Trabalho, pela Universidade de Brasília
(UnB). Possui experiência profissional
na área clínica, em docência no ensino
superior, na formação profissional e
coordenação acadêmica, além de atuar
há 25 anos na área de Gestão de Pessoas.

Contatos
sheilamaltabiel@yahoo.com.br
(61) 9213-8681

> *"...nunca [...] plenamente maduro, nem nas ideias nem no estilo,*
> *mas sempre verde, incompleto, experimental."*
> Gilberto Freyre. *Tempo morto e outros tempos,* 1926.

Uma das mais evidentes exigências para as organizações e seus profissionais na atualidade tem sido aplicar a concepção de empreendedorismo no âmbito organizacional para que possam atuar, de forma inovadora, em um mundo com desafios cada vez mais complexos. Observa-se o rápido avanço tecnológico e mudanças imprevisíveis que tornam imperativo o preparo das organizações para a sobrevivência, competitividade e crescimento. Nesse contexto, destaca-se a necessidade de agentes de transformação – empreendedores corporativos –, reconhecidos por sua capacidade incessante de buscar oportunidades e de inovar não apenas para atendimento às demandas emergentes de forma mais ágil, flexível e diferenciada, mas também para contribuir com mudanças significativas em seu contexto social.

Há estudos sistematizados sobre o fenômeno empreendedorismo, com classificações em correntes ou escolas, que contemplam diferentes abordagens, além de ser um tema de grande interesse para um crescente número de profissionais. Vale ressaltar que esse mesmo cenário potencializa a necessidade de uma abordagem simples, clara e direta sobre o empreendedor corporativo, especificamente sobre o desenvolvimento de competências empreendedoras e as estratégias organizacionais adotadas para estímulo e suporte ao pensar e atuar de forma diferenciada.

Uma lente sobre o empreendedor corporativo amplia o desafio organizacional de revisão de seus processos, com destaque para a gestão de pessoas, que deve contribuir com um modelo que torne evidente e intensifique a relação entre o desempenho profissional e os resultados organizacionais. Destaca-se o modelo de gestão de pessoas por competências, que considera a necessidade de desenvolvimento de competências individuais para viabilizar competências organizacionais, tendo a aprendizagem um papel determinante. De forma enfática, Prahalad e Hamel (1995) destacam que as portas das oportunidades futuras se abrem para as empresas que desenvolvem competências. Além disso, afirma que, para que uma organização possa ser considerada empreendedora, qualquer que seja seu nível de maturidade, deve contar com profissionais com competências empreendedoras.

Nesse momento é preciso destacar algumas concepções sobre as competências. McClelland (1972) sustenta que o estoque de conhecimentos, habilidades e atitudes é que define o nível de competência de um indivíduo, cujas habilidades são traduzidas em resultado prático. Le Boterf (1994) aborda a competência a partir de três componentes fundamentais: o saber agir, o querer agir e o poder agir. Para Fleury (2002), além do saber agir, a noção de competências está associada a saberes múltiplos e complexos, saber aprender, mobilizar recursos, se engajar, assumir responsabilidades, à visão estratégica e à geração de resultados por meio de entregas. Dutra (2004) afirma que toda competência é contextualizada, tendo em vista que o indivíduo a adquire ao longo de sua experiência profissional, mas que vai perdendo eficácia com a mudança de contexto. Para Zarifian (2001, p. 72), "a competência é um entendimento prático de situações que se apoiam em conhecimentos adquiridos e os transformam à medida que aumenta a diversidade das situações". Lenzi (2008) argumenta, ainda, que as competências empreendedoras são originadas de resultados constantes dos empreendedores corporativos e não apenas de ações pontuais. Reforça-se, assim, que empreender envolve saberes, aprendizagem contínua, aplicação de competências em vários contextos de trabalho e de forma contextualizada, além de geração de resultados constantes, o que torna o desenvolvimento e a gestão das competências empreendedoras estratégias administrativas relevantes, estejam inseridas no escopo da gestão de pessoas ou das universidades corporativas.

Diante da decisão de desenvolver tais competências, é preciso garantir a compreensão sobre algumas questões básicas.

1 - O que é o empreendedorismo corporativo?

Partindo da compreensão de que o empreendedorismo é caracterizado por um processo de busca de oportunidades e pelo fazer algo novo, diferente, a partir da aplicação criativa de recursos disponíveis, assumindo riscos calculados para agregar valor e inovar, adota-se, aqui, a concepção de Dornelas (2008, p.38) de que o empreendedorismo corporativo é o "processo pelo qual o indivíduo ou grupo de indivíduos, agindo independentemente ou como parte do sistema corporativo, criam as novas organizações ou instigam a renovação ou inovação dentro de uma organização existente." A partir dessa visão, o empreendedorismo corporativo não fica restrito a um único indivíduo ou à criação de uma nova organização. Drucker já enfatizava (1987) que o empreendedorismo também está associado a grandes empresas já existentes, que podem fomentá-lo como forma de alavancar inovações tecnológicas de seus produtos e/ou serviços, o que sugere a presença de empreendedores corporativos, reconhecidos por suas características especiais.

2 - Quem são os empreendedores corporativos?

Para Dornelas (2008, p.61), "são pessoas diferenciadas, que possuem uma motivação singular, gostam do que fazem, não se contentam em ser mais um na multidão, querem ser reconhecidas e admiradas, referenciadas e imitadas e querem deixar um legado."

No entanto, não é fácil identificar esses diferenciados profissionais. Lenzi (2008) destaca essa dificuldade, principalmente a partir de suas personalidades, e propõe, com base em competências empreendedoras predominantes na literatura, a elaborar e testar uma escala de mensuração, a fim de identificar a existência e o predomínio dessas competências em empreendedores corporativos.

Embora sem apresentar uma abordagem sobre competências, Pinchot (1989, p.29), que cunhou o termo *intrapreneur*, afirma que "ser um empreendedor é um estado de espírito não necessariamente estabelecido na infância e que qualquer um pode ser um empreendedor, podendo ser desenvolvido em qualquer ponto da vida, diante do desejo e da oportunidade". Assim como o perfil do empreendedor corporativo não está vinculado a uma condição inata, não é exclusividade de profissionais de um determinado nível organizacional, área, cargo, função ou do porte, forma de estruturação e mercado de atuação de uma organização.

Abre-se a perspectiva para qualquer profissional desenvolver-se como um empreendedor corporativo, cujos comportamentos e formas de aprender, pensar e agir, devem ser melhores compreendidos e adquiridos (Dornelas, 2008). Com isso, assume-se que é preciso preparar profissionais para empreenderem, tornando-se fundamental a identificação e o desenvolvimento de competências empreendedoras específicas.

3 - Que competências são características desses empreendedores?

Vários esforços têm sido feitos para a identificação de um conjunto de competências empreendedoras. Mitchelmore e Rowley (2010) levantaram o estado da arte sobre essas competências mas, considerando estudos nacionais, é Lenzi (2008) quem evidencia a diversidade de abordagens e tipos de competências empreendedoras encontradas na literatura, destacando os modelos de Spencer Junior e Spencer (1993) e de Cooley (1990) como os de abordagem mais completa e adequada. Os pioneiros na apresentação de um modelo de competências empreendedoras, Spencer Junior e Spencer, destacam as competências: realização, pensamento e resolução de problemas, maturidade pessoal, influência, direção e controle, orientação para os outros e competências adicionais (LENZI et al., 2011). Para Cooley (1990), cujo modelo tem sido bastante referenciado na literatura e utilizado em programas de desenvolvimento, são dez as competências empreendedoras: realização (busca de oportunidade e iniciativa; correr riscos calculados; exigência de qualidade e eficiência; persistência; comprometimento), de planejamento (busca de informações; estabelecimento de metas; planejamento e monitoramento sistemáticos) e de poder (persuasão e redes de contato; independência e autoconfiança).

Sem se limitar necessariamente a essas referências, muitas organizações identificam a predominância de competências empreendedoras em seus profissionais e investem em ações sistemáticas e programas de desenvolvimento, de forma a capacitá-los a empreenderem em suas atividades, geralmente por meio de um processo permanente de aprendizagem, fundamentado por abordagens teórico-metodológicas convergentes com a construção coletiva, o diálogo aberto e a criação de redes interativas de pessoas, sendo imprescindível a consideração dos pilares para a Educação do Século XXI: aprender a ser, aprender a conhecer, aprender a conviver e aprender a fazer (Delors, 2003).

4 - Como desenvolver competências do empreendedor corporativo e dar suporte à sua atuação?

Para desenvolver competências, há uma diversidade disponível de soluções de aprendizagem, formais e informais, que podem ser ofertadas aos profissionais sob a forma de ações e programas, tais como: *workshops*, palestras, cursos on-line e presenciais, visitas a organizações empreendedoras, desenvolvimento de pacotes gerenciais, *coaching*, atividades de cooperação, dinâmicas de grupo, filmes, discussões, jogos, indicação de leitura de informativos, de material didático e de outras publicações sobre o empreendedorismo. Adicionalmente, deve ser estimulada a participação desses profissionais em atividades que permitam a aplicação do conhecimento adquirido, a criatividade, a experimentação, a discussão de ideias, a redução do medo de errar, a melhoria da comunicação, o conhecimento de iniciativas de outras empresas e a elaboração de projetos com ênfase na inovação.

Alerta-se, entretanto, para a não responsabilização exclusiva dos profissionais pelo desenvolvimento de suas competências empreendedoras. A premissa é de corresponsabilidade, cabendo às organizações a revisão de seus processos, políticas e práticas de gestão de forma a favorecer uma cultura intraempreendedora e reduzir obstáculos à atuação do empreendedor corporativo. Entre os mecanismos organizacionais para estímulo de um ambiente empreendedor, Dornelas (2008) relaciona: visão empreendedora definida e reforçada constantemente; sistema de recompensas e reconhecimento; incentivo da melhoria de desempenho, assumindo riscos calculados e sem penalidades por falhas, excetuando diante de repetições; redução dos níveis hierárquicos e de segmentações de unidades organizacionais; existência de pequenas unidades de trabalho com equipes multifuncionais; estabelecimento de papéis variados às pessoas, estimulando a iniciativa e a experimentação; altos níveis de *empowerment*; acesso irrestrito à informação; fundos corporativos para novos negócios; trazer para dentro da empresa (em todos os níveis) a voz do consumidor. Aos profissionais, cabe o protagonismo, a busca e o aproveitamento incessante de oportunidades de aprendizado e de aplicação de suas competências empreendedoras no trabalho.

Por fim, pergunta-se: há perspectivas para o desenvolvimento de competências empreendedoras?

Referências

COOLEY, L. *Entrapreneurship Training and the strengthening of Entrepreneurial Performance. Final Report. Contract.* No. DAN-5314-C-00-3074-00. Washington: USAID, 1990.

DELORS, J. Educação: *Um Tesouro a Descobrir*. 2 ed. São Paulo: Cortez Editora, 2003.

DORNELAS, J. C. A.. *Empreendedorismo corporativo: como ser empreendedor, inovar e se diferenciar na sua empresa*. 2 ed. Rio de Janeiro: Elsevier, 2008.

DRUCKER, P. F. *Inovação e espírito empreendedor*. Pioneira Thomson Learning, 2005.

DUTRA, J. S. Competências: *Conceitos e instrumentos para a gestão de pessoas na empresa moderna*. São Paulo: Atlas, 2004.

FLEURY, M. T. L. *As pessoas na organização*. São Paulo: Gente, 2002.

LE BOTERF, G. *De la competence: essai sur un attracteur étrange*. Paris: Éditions d'Organization, 1994.

LENZI, F. C. *Os empreendedores corporativos nas empresas de grande porte nos setores mecânico, metalúrgico e de material elétrico/comunicação em Santa Catarina: um estudo da associação entre tipos psicológicos e competências empreendedoras reconhecidas*. Tese de Doutorado do Programa de Pós-Graduação em Administração, da Universidade de São Paulo – Faculdade de Economia, Administração e Contabilidade, 2008.

_____; SANTOS, S. A.; CASADO, T.; RODRIGUES, L. C. *Talentos inovadores na empresa: como identificar e desenvolver empreendedores corporativos*. Curitiba: Ibpex, 2011.

MITCHELMORE, S., ROWLEY, J. *Entrepreneurial competencies: a literature review and development agenda*. International Journal of Entrepreneurial Behavior & Research, v.16, n.2, p.92-111, 2010.

PINCHOT, G. *Intrapreuneuring: por que você não precisa deixar a empresa para tornar-se um empreendedor*. São Paulo: Harbra, 1989.

PRAHALAD, C. K.; HAMEL, G. *Competindo pelo futuro*. Rio de Janeiro: Campus, 1995.

SPENCER JUNIOR, L. M.; SPENCER, S. M. *Competence at work: models for superior performance*. New York: John Wiley and Sons, 1993.

ZARIFIAN, P. *Objetivo competência: Por uma nova lógica*. São Paulo: Atlas, 2001.

38

Empreendedor não é um cargo e sim estado mental

"Para empreender é preciso fazer diferente. Não basta apenas ser eficiente, é necessário ser eficaz"

Thayana Benmuyal Barroso

Thayana Benmuyal Barroso

É Psicóloga e especialista em Gestão de pessoas. *Practitioner* em *Coaching* e *Master Coach* de carreira, além de ser consultora da ferramenta DISC, licenciada pela Thomas International. Possui experiência de 11 anos na área de Gestão de Pessoas, atividades de treinamento, desenvolvimento, recrutamento e seleção. Atua como gerente de Recursos Humanos em uma empresa de varejo de grande porte no Pará. Realiza atendimento de *coaching* individual e em grupo, via presencial e à distância para todo o Brasil. Sua meta principal é ajudar as pessoas a terem mais sucesso em suas carreiras e em seus negócios.

Contatos
www.thayanabarroso.com.br
contato@thayanabarroso.com.br
Skype: Thayana Benmuyal Barroso

Empreender consiste em reunir as melhores competências e habilidades com vistas agregar valor e qualidade em determinada atividade, inovando em relação ao que anteriormente vinha sendo praticado. O empreendedor é alguém que pega o seu sonho e constrói um produto para oferecer alguma solução à sociedade com o mais alto diferencial para os seus clientes. Empreendedor não é um cargo e sim estado mental.

Se olharmos ao nosso redor, perceberemos que são muito poucas as pessoas que podem, de fato, serem consideradas empreendedoras. São raros os produtos ou serviços que vemos com algum diferencial efetivo no mercado.

Vivemos em um mercado em que as pessoas buscam não apenas preço por aquele produto ou serviço, mas também valor ao que estão sendo oferecidos. Além da qualidade, querem um diferencial a mais, a certeza de que aquilo que estão adquirindo não é igual ao mesmo produto que seu vizinho adquiriu, seja pelas especificações técnicas, pela forma de atendimento, pelo pós-venda, entre outros. Além de características técnicas, os consumidores querem mais.

Nesse contexto, empreender passou a ser determinante para o êxito da atividade de cada um de nós. Em tempos de globalização, somente aqueles que conseguirem empreender de forma eficaz serão capazes de se consolidarem e se manterem num mercado competitivo, como o nosso.

O empreendedor tem que incorporar e constitui sua riqueza financeira e intelectual, a partir da potencialização de suas melhores habilidades. Hoje, quem tem poder é quem tem conhecimento e força de vontade para fazer acontecer.

Atualmente é possível encontrar exemplos de pessoas que fogem da mesmice e ser uma excelente forma de inspirar e modelar para que seus objetivos sejam alcançados da melhor maneira.

Os melhores empreendedores, investidores, trabalham continuamente com um profissional *coach*, não importa onde quer que esteja iniciando ou já terem conquistado um grande sucesso em seus negócios.

O *coach* é o profissional que ajuda empresas e indivíduos a fugirem da monotonia pelo estímulo à criação e ao pensamento autônomo. Muitos profissionais, no Brasil e no exterior, já utilizam a metodologia do *coaching*, seja ela presencial ou à distância, como forma de alcançar seus objetivos pessoais, profissionais, da equipe, da empresa, sempre de forma empreendedora.

Mas, afinal, o que é o *coaching* e como ajuda as pessoas a empreenderem de forma eficaz?

O *coaching* é uma metodologia que ajuda as pessoas a conseguirem o autoconhecimento, definir objetivos com mais clareza e alcançá-los com mais fluidez. A fórmula pode ser descrita da seguinte maneira: aumenta-se o potencial (por meio da descoberta dos talentos) e diminui as interferências (falta de foco, medo, ansiedade, insegurança, dentre outros). *Coach* é um termo em inglês que, quando traduzido para o português, significa "treinador". No nosso caso, atuamos como treinadores e buscamos, por metodologia, ferramentas e técnicas específicas e diferenciadas, promover o autoconhecimento do empreendedor, de modo que o mesmo possa expandir seus horizontes pessoais e profissionais, alcançando sucesso.

Coaching, um termo em inglês que une a palavra "*coach*" e o sufixo "*ing*", denota ação, sendo o processo pelo qual o cliente passará que o levará ao autoconhecimento. Existem várias definições para *coaching*, Timothy Gallwey, fundador do *Coaching* e pioneiro no movimento da Psicologia aplicada ao esporte e ao mundo corporativo, define o processo como "uma relação de parceria que revela / liberta o potencial das pessoas de forma a maximizar o desempenho delas. Sir John Whitmore, um pensador em liderança e processo organizacional define o termo como a liberação do "potencial de uma pessoa para incrementar ao máximo seu desempenho. Consiste em ajudá-la a aprender em vez de ensiná-la".

Em suma, *coaching* é um processo que objetiva o desempenho de um indivíduo (grupo ou empresas) aumentando os resultados positivos por meio de metodologias específicas, em uma parceria sinérgica e dinâmica com o cliente (o *coachee*). Portanto, é uma atividade que é arte e ciência, tornando-se um conjunto de conhecimentos, ferramentas e técnicas que visa a facilitar o alcance de resultados extraordinários, desde que utilizadas por um profissional habilitado. É uma metodologia que proporciona expansão significativa da *performance* profissional da produtividade pessoal e da inovação, levando o indivíduo a sair de um ponto - estado atual - e chegar a outro ponto - estado desejado.

Para que tal processo seja bem-sucedido, alguns elementos são necessários: exercícios focados em perguntas que levam a reflexões e conscientização; descoberta pessoal de suas qualidades e pontos a melhorar; aumento da capacidade de se responsabilizar pela própria vida.

O processo de *coaching* tem foco no futuro e na realização de objetivos a partir de ações do agora. O profissional *coach* não se aprofunda nas causas dos problemas que seu cliente enfrenta, mas nos objetivos a serem conquistados e nos meios mais eficazes para tal. Para empreender é preciso fazer diferente, não bastando apenas ser eficiente, é necessário ser eficaz! É indispensável fazer as coisas certas, ser eficiente, mas sobretudo, fazer a coisa certo para ser eficaz!

Peter Drucker define os termos da seguinte forma:

> *"A eficiência consiste em fazer certo as coisas: geralmente está ligada ao nível operacional, como realizar as operações com menos recursos – menos tempo, menor orçamento, menos pessoas, menos matéria-prima, etc…"*

> *"Já a eficácia consiste em fazer as coisas certas: geralmente está relacionada ao nível gerencial."*

No processo de *coaching*, *coach* (treinador) e *coachee* (cliente de *coaching*) traçam as metas juntos, com base em uma análise comportamental. Assim, é possível estipular, na primeira sessão de *coaching*, objetivos condizentes com o perfil do indivíduo ou da empresa e dar prosseguimento às próximas sessões, nas quais, juntos, trabalharão para atingir os resultados determinados, sempre de forma empreendedora e eficaz.

O *coach* não diz à pessoa ou à empresa o que fazer, seu trabalho é ampliar a percepção do *coachee*, fazendo com que ele mesmo descubra a melhor forma para chegar ao objetivo colimado. Ralph Waldo Emerson, escritor, filósofo e poeta, afirmou "nosso principal objetivo é encontrar alguém que nos motive a fazer tudo que somos capazes."

Em cada sessão, cliente e *coach* trabalham com um foco de conversação. O *coach* é responsável por contribuir com observações, questionamentos, *feedback*, técnicas e ferramentas para o aprimoramento intelectual, comportamental, mental e emocional do cliente. A interação entre *coach* e cliente cria um ambiente seguro para clareza de valores, definição de metas, estratégias, tomada de decisões, planejamento de vida, de carreira e, principalmente, de ação.

Entre os benefícios de tal interação está o fato de que, se o cliente se dedicar, pode alcançar seus objetivos em várias áreas em que deseja, tendo resultados que o beneficiam, de modo tal a promover realização, satisfação pessoal e profissional, equilíbrio interno e aumento da qualidade de vida. Alguns poderiam definir esse conjunto em uma só palavra: felicidade.

Atualmente desenvolvi um programa de oito semanas, chamado de *Mindset* para Alta *Performance*. Esta metodologia é baseada em cinco pilares que convergem para o empreendimento eficaz: a) Descoberta pessoal; b) Levantamento dos valores e crenças; c) Identificação da missão; d) Planejamento e ação; e) Análise dos resultados e Melhoria contínua. Vejamos, sucintamente, cada um desses pilares.

Descoberta pessoal: neste pilar, é conduzido um processo de autoconhecimento e autodesenvolvimento para aqueles que buscam crescer pessoal e/ou profissionalmente. São analisados os talentos do cliente (pessoa física ou jurídica), para que consiga potencializar suas ações. Algumas pessoas passam a vida toda sem saber no que são realmente boas; outras, insistem em aprimorar suas deficiências, esquecendo que o aprimoramento de seus pontos fortes pode ser o caminho mais eficaz para alcançar o objetivo pretendido.

Levantamento dos valores e crenças: neste pilar, é realizado um trabalho para descobrir quais são as crenças e valores, adquiridos no decorrer de nossa vida. As crenças são o que acreditamos de verdade e como percebemos tudo em nossa volta. Os valores são os critérios pessoais relevantes; com base neles, tomamos nossas atitudes. Quando alteramos algumas crenças negativas, do tipo: "Isto não é para mim", "Sou assim mesmo e não tem mais jeito", conseguimos mudança de comportamento.

Identificação da missão/objetivo: a missão orienta o nosso plano de vida, justifica a motivação para traçarmos nossas metas e objetivos. Precisamos saber o que queremos e aonde queremos chegar, pois o destino não é o caminho que nos é dado e sim o caminho que escolhemos. Valho-me aqui de famosa passagem do livro *Alice no País das Maravilhas*, em que Alice, perdida, pergunta ao gato risonho qual o caminho certo a seguir. Ele responde perguntando para onde ela quer ir. Ao receber a resposta de que *"tanto faz, não importa muito para onde"*, ele responde: *"Então, não importa qual o caminho a seguir, qualquer um serve"*. A propósito, não saber seus objetivos não é algo incomum, pois as pessoas fazem confusão entre objetivo meio e objetivo fim. Observo, por exemplo, muitas pessoas dizerem que seu objetivo é ser rico. Mas por que querem ser ricas? Querem apenas dinheiro ou uma possível tranquilidade/estabilidade que o dinheiro pode trazer? O objetivo é dinheiro na conta ou tranquilidade, estabilidade, liberdade?

Planejamento e ação: neste pilar, é necessário definir e executar o caminho a seguir para a consecução do objetivo. Identificado o objetivo do *coachee*, é fixado um período de tempo para conquistá-lo.
Análise dos resultados: Aqui são analisadas as ações que deram certo ou não e quais são os recursos que a pessoa tem agora para conseguir seus objetivos. O *coach* dá assistência e oferece as ferramentas necessárias para que o cliente trilhe o próprio caminho de crescimento, de forma independente.

Melhoria contínua: este aspecto é focado na melhoria contínua do *coachee*. Preocupar-se com isso é necessário para um crescimento contínuo e sustentável. Nesta última etapa, a pessoa já consegue ter um amplo direcionamento e realizar as ações que aprendeu durante todo o programa.

Albert Einstein afirmou: "insanidade é fazer sempre a mesma coisa e esperar resultados diferentes". Portanto, às vezes é necessário pensar diferente, pensar por si mesmo, encontrar seus objetivos e lutar para realizá-los. Apenas quando se decide fazer diferente é possível se destacar positivamente.

"Identifique, planeje, execute e siga adiante."
"Se você tem um objetivo, siga adiante."

39

Consultoria: empreendimento necessário

O mercado de consultoria no Brasil é uma realidade no cenário do comércio e as oportunidades têm surgido constantemente. Neste capítulo, relatamos uma opção para quem quer empreender no mercado que cresce cada vez mais devido às constantes necessidades encontradas pelas empresas que carecem de soluções especializadas

Valter Rito & Robertson Alves

Valter Rito

Mestrando em Educação Corporativa; Especialista em Ciência da Educação; Graduado em *Marketing*; Analista de Inteligência Competitiva e Associado da ABRAIC; Sócio – Diretor da Íkonos *Marketing Consulting*; professor de graduação e pós-graduação; Administrador responsável do Núcleo de Capacitação do CRA-PE: 9367, Responsável pelo Núcleo de Capacitação do CRA-PE, *Instrutor In Company* SENAC-PE, palestrante nas áreas de Inteligência, *marketing*, e estratégia.

Contato
valterrito@ikonos.com.br

Robertson Alves

Mestrando em *Design* Institucional. Formação superior em Administração com habilitação em *Marketing*. Especialista em *Marketing*, *Design* da Informação e em Educação do Ensino Superior, mestrando em *Design* Instrucional. Membro e analista de Inteligência Competitiva da ABRAIC (Associação Brasileira dos Analistas de Inteligência Competitiva). Mais de 20 anos de experiência de marcado com atuação em gestão, *marketing*, publicidade e propaganda. Sócio diretor da ÍKONOS, consultor empresarial, professor acadêmico de graduação, pós-graduação e palestrante.

Contato
robertsonalves@ikonos.com.br

Atualmente, sabe-se que o mercado cresce de forma constante, acelerada e acompanha o ritmo da evolução tecnológica. Quando nos referimos a esse fator, notamos que as empresas também tiveram que acompanhar as constantes mudanças advindas dos ambientes externos: político, cultural, social, natural, tecnológico e concorrente. Os gestores atuais estão com uma visão mais abrangente, com foco em todos esses fatores para não perderem clientes para a concorrência. A preocupação com a qualidade dos produtos, atendimento, procedimentos, preços, locais de venda e poder da marca são fatores cada vez mais preocupantes em um cenário tão competitivo.

Os grandes problemas vêm de uma momentânea dificuldade de perceber as causas das suas debilidades e a consequência é não conseguir enxergar as soluções para suas empresas, já que estão convivendo com os problemas. Com isso, o consultor passa a ter um papel fundamental e eficiente, pois é um agente externo à organização e tem condições de perceber os pontos críticos que, para os membros da empresa, não são visíveis. Esse tem sido um dos fatores a elevar o crescimento do mercado de consultoria, o qual vem tomando grandes proporções nos últimos anos.

Perfil de um consultor de sucesso

O consultor tem o que chamamos de "cérebro particionado", que significa ter habilidades necessárias para atender a diversos gestores, com pensamentos e opiniões diferentes, empresas com cultura e foco diferentes, com clientes e mercados diferentes. Mesmo um consultor que atue em única área como, por exemplo, de consultoria financeira, deparará com vários tipos de clientes, com empresas de diversos portes e com necessidades diferentes.

Elencamos algumas características de como um consultor pode definir a empresa:

1. **Área de atuação:** para não ficar perdido e sem foco;
2. **Equipe de sucesso:** unir-se com outros profissionais competentes, com pensamentos, foco e conhecimentos complementares
   dentro de uma mesma área;
3. **Responsabilidade com horários:** agora você terá vários "patrões";
4. **Busca de resultados expressivos:** os clientes esperam resultados significativos de seu trabalho;
5. **Capacidade de encontrar soluções:** os clientes o contratarão
   com o objetivo de enxergar o que não conseguem;
6. **Agilidade e proatividade:** antecipar-se sempre ao cliente, não
   deixar que o mesmo solicite, sugerir antes que ele faça;
7. **Ética:** o seu trabalho é sua reputação. O que você faz hoje resultará
   no amanhã. Seus resultados têm propagação por meio dos clientes;
8. **Bom negociador:** a habilidade de negociar de um consultor é fundamental: uma das características mais exigidas pelo fato de estar em
   constantes reuniões e fechamentos de contratos com clientes de vários ramos de atuação;
9. **Conhecimento do serviço oferecido:** o consultor deve estudar
   muito e ser prático a respeito do serviço a ser vendido. O cliente quer
   saber os fatores positivos e negativos de sua consultoria.

Essas dicas podem ajudá-lo a ser um consultor conhecido pela qualidade
de seus serviços. Se souber trabalhar as ferramentas exatas com a comunicação correta, estará à frente de outros consultores.

Infelizmente, encontramos vários problemas com alguns consultores que
deixam erro à mostra, seja na não comunicação da rede, na falta de relatórios
mensais para um cliente ou na estrutura funcional. Esteja preparado para
atender aos caminhos da oportunidade que o mercado de consultoria pode
proporcionar. Tenha foco, meta e dedicação.

Seja um consultor de sucesso.

Criando uma empresa de consultoria

O primeiro passo para abrir uma empresa de consultoria é definir o mercado de atuação e as pessoas necessárias para trabalhar na consultoria.

Eis alguns detalhes importantes para ter uma empresa com início con-
solidado e com poder de consolidação no mercado que quer atuar:

1. **Processo e metodologia de trabalho:** elabore a metodologia de seu trabalho em consultoria. Quais os procedimentos de negociação, valores, formatação e etc.;
2. **Horário de trabalho:** o fato de ser seu negócio não quer dizer que vá trabalhar a qualquer hora do dia;
3. **Local:** você pode ter um espaço físico ou trabalhar *home office*. Devido às visitas serem nas empresas, não é necessário o cliente visitar o consultor;
4. **Registro:** você deve registrar legalmente sua empresa. O tipo de registro vai depender de como quer atuar. Procure qual a mais viável, MEI ou Simples Nacional. A empresa de consultoria trabalha com reputação e deve ser visível ao cliente;
5. **Metodologia de prospecção de clientes:** por meio de envio de *e-mail marketing* com *portfólio*, organizando eventos ou começando com sua *network*, em que poderá informar aos clientes e parceiros que trabalhou em empresas sobre seu projeto e portfólio. Se fez bom trabalho anteriormente, será solicitado para prestar novo serviço à empresa;
6. **Redes sociais:** a empresa deve ter um perfil profissional nas redes sociais, bem como um site bem estruturado para ajudar a vender seus serviços. Ferramentas como *Google Adwords, e-books,* compra de *mailings* têm importância para manter um relacionamento com a rede;
7. **Material de apresentação de sua consultoria:** faça um projeto gráfico objetivo, mas com eficiência na comunicação. Cartões de visita inovadores também fazem parte de sua apresentação;
8. **Contratos:** os primeiros clientes serão um marco para seu novo projeto, pois fornecerão as primeiras bases tecnológicas. Porém, saiba a virada para novo ciclo. Caso seja necessário, renove o contrato, buscando sempre o melhor para a empresa, a qual será sua melhor propaganda;
9. **Métodos de trabalho:** mostre ao cliente como são os processos da consultoria, do início ao fim;
10. **Calendário de ações:** mostre ao cliente o que será feito em cada etapa da consultoria.

Existem muitas pessoas com a ideia de abrir uma empresa de consultoria e milhares atuam hoje no Brasil. Tenha conhecimento do que estão fazendo na sua região, quem são seus concorrentes, quais prazos e metodologias usadas por eles. Saber desses fatores permitirá duas coisas: conhecer seus concorrentes e estar atualizado com o que há de mais novo no mercado. Assim, poderá criar algo que seus concorrentes ainda não têm, seu diferencial competitivo, sua vantagem em relação aos demais.

Por que fazer o mesmo que todo mundo se sua empresa está começando agora? Será um pouco mais complexo ganhar fatia de mercado dos concorrentes que já estão há anos no mercado. Nosso conselho é que, antes de tudo, estude seu mercado.

Se deseja prestar consultorias sobre processos e produção para padarias, visite-as. Fale com o gerente e faça uma pesquisa com clientes. Se quer abrir uma consultoria em *marketing*, faça uma pesquisa sobre que área quer atuar. Verifique o que tem competência para oferecer ao cliente. Busque cursos, qualificações e traga para a localidade. Ser pioneiro faz com que ganhe mercado quanto aos concorrentes.

Nossa consultoria procurou buscar algumas áreas pouco exploradas na região, identificando as principais necessidades locais. Portanto, se unir necessidade com excelência no atendimento, ética dos consultores, trabalho sério e competência certamente será líder e sua empresa de consultoria será referência.

O valor a ser cobrado pela consultoria varia muito de região para região e tipo de serviço. Normalmente, o consultor cobra por hora de serviço prestado. Porém, esse modelo pode deixar o cliente bastante preocupado com as horas. Tome cuidado quando for negociar com os clientes. Há o formato por *job*, que significa por tipo de trabalho, como uma consultoria *in loco*. Por exemplo, uma pesquisa de clima organizacional, que é cobrada apenas pelo serviço individual da atividade da pesquisa. Você pode fechar contrato trimestral, semestral ou até por tipo de consultoria, desde que esteja bem claro ao cliente o tempo de duração. Existe também a possibilidade de valores gradativos. Como uma consultoria precisa de um tempo de análise para conhecimento da empresa e os processos da mesma, você pode cobrar um valor gradativo. No início, o cliente pode achar que não está tendo retorno do investimento, porém se a consultoria for bem feita, dará o resultado esperado.

O mercado de consultoria sempre está sedento de oportunidades. As necessidades são muitas e você poderá focar em um que dê rendimentos favoráveis para sua empresa. A busca incessante por mercados inexploráveis, inovações e novos modelos de negócios são práticas reais da vida do consultor do séc. XXI.

A formatação estrutural que dará a sua organização é primordial para que a equipe entenda o "DNA" de sua consultoria e replique para os clientes, com maior grau de excelência possível.

As dicas dadas abordam várias maneiras de como uma empresa de consultoria pode ganhar mercado perante os concorrentes. Basta identificar o alvo, definir as ferramentas necessárias, construir uma equipe de campeões, replicar pelos canais de comunicação mais atuais e assertivos, definir sua estrutura de negócios e atendimento ao cliente. Siga as dicas e sua empresa terá sucesso nas negociações e tramitações que o mercado proporcionará em cada fase.

Lembre-se: há oportunidades no mercado. Sempre haverá mercado para consultores e empresas de consultoria. Ache o caminho certo, seu diferencial, a necessidade de um nicho e monte as estratégias para que os clientes solicitem seus serviços.

Referências

CONCISTRÉ, Luis Antônio. *Consultoria uma opção de vida e carreira.* Elsevier. Rio de Janeiro, 2012.

CORREA NETO, Muniz. *Consultoria Empresarial às Pequenas Empresas. Reestruturação Organizacional.*

GOMES Feitosa, Marcos Gilson; PERDENEIRAS, Marcleide. *Consultoria Organizacional.* Atlas, 2010.

MOCSÁNYI, Dino; SITA, Maurício. *Consultoria Empresarial.* São Paulo: Ser Mais, 2013.

SCHEIN, Edgar H. *Princípios de Consultoria de Processos. Para Construir Relações que Transformam. Instituto Fonte para o Desenvolvimento Social.* São Paulo, 2008.